陈铭德、邓季惺与《新民报》

杨雪梅◎著

中华书局

图书在版编目（CIP）数据

　陈铭德、邓季惺与《新民报》/杨雪梅著.—北京：中华书局,2008.8
　（报人时代）
　ISBN 978－7－101－05712－6

　Ⅰ.陈… Ⅱ.杨… Ⅲ.①陈铭德—生平事迹②邓季惺—生平事迹③新民报—史料 Ⅳ.K825.42　G219.296

　中国版本图书馆 CIP 数据核字（2007）第 078853 号

书　　名	陈铭德、邓季惺与《新民报》
著　　者	杨雪梅
丛 书 名	报人时代
责任编辑	刘树林
出版发行	中华书局
	（北京市丰台区太平桥西里 38 号　100073）
	http://www.zhbc.com.cn
	E－mail:zhbc@zhbc.com.cn
印　　刷	北京未来科学技术研究所有限责任公司印刷厂
版　　次	2008 年 8 月北京第 1 版
	2008 年 8 月北京第 1 次印刷
规　　格	开本/630×960 毫米　1/16
	印张 16　插页 2　字数 150 千字
印　　数	1－6000 册
国际书号	ISBN 978－7－101－05712－6
定　　价	28.00 元

目录

目录

序　言

　　1986 年,陈铭德病危,以为将不久于人世,在向亲人话别时,他对妻子邓季惺说:"来世我们再做夫妻。"大概是老天爷有感于陈铭德与邓季惺五十多年的风雨同舟,竟让他奇迹般地生存了下来,直到 1989 年 2 月病逝,享年九十二岁。

　　他病逝的这一年,上海的《新民晚报》迎来了自己的六十岁生日。《新民晚报》一直把自己的生日追溯到 1929 年 9 月 9 日,那一天陈铭德与他的几位同事在南京创办了一份当时并不起眼的报纸——《新民报》。

　　1989 年时《新民晚报》的日发行量已经创纪录地达到一百八十多万份,超过《羊城晚报》,成为当时发行量最大的晚报。这个数字即使放在全国的报纸中也是相当可观的,仅仅位于《人民日报》与《经济日报》之后。报社的同事们抚今追昔,决定好好庆祝一下这个来之不易的生日。

　　一生经历无数风雨的陈铭德却没能赶上这个有象征意义的"甲子"庆典。不知道在生命的最后时刻,他有没有再想起自己当年亲手缔造的那份辉煌——在抗日战争后期,重庆、成都两地《新民报》的日、晚刊最高日发行量曾超过十万份,影响力为后方报业之翘楚。日本投降后,

《新民报》南京版率先复刊,上海版、北平版相继开办,在短短一年时间,"新民报系"不断扩大着自己的版图,创纪录地拥有了五社八版,成为当时旧中国最大的民营报纸。陈铭德与邓季惺也因此被称为是"报业大王"和"报界鸳鸯"。

曾经在《新民报》上海晚刊工作过的吴祖光在一篇回忆文章中称陈铭德为"创造历史的人",他的理由很简单,在上世纪三四十年代那样动荡的年代,政治形势扑朔迷离,经济环境日益恶化,即使是个人的生存也要付出高昂的代价,况且是一张标榜"民间立场"、时时同统治集团唱对台戏的私营报纸!据统计,进入民国以后,一张报纸的生存期限平均不超过三年,存活期限超过五年的报纸多半是有后台的党报、官报,在1948年每天被政府以各种理由封禁的报刊多达五十多家。而以陈铭德为核心的一群新民报人能够在坚持"出自己的汗,吃自己的饭,说自己的话"理念的同时,做到在五个城市出版八种报纸,这样的规模与气势,不仅在我国是史无前例的,即使在当时的世界也并不多见。

《新民报》常常被陈铭德比作"先天禀赋不足,后天营养失调"的婴儿,它是在一批报人呕心沥血的努力下和常人难以想象的艰难中成长起来的,到1949年全国解放时它才刚刚度过自己的二十岁生日,正是风华正茂的黄金年代。然而戴着"报业资本家"这顶帽子的陈铭德与邓季惺在历次政治运动中都担惊受怕,1957年双双被打成右派,"文革"中也属于"牛鬼蛇神"之列,所幸的是他们被认为是"死老虎",才没有受到太多的冲击。

但从此他们便遗憾地离开了施展抱负的大舞台,曾和他们休戚与共、血肉相连的《新民报》与他们的人生不再有关系。在孙辈眼里他们只是慈祥的爷爷奶奶;在普通大众的眼里他们只是谦逊的长者,他们的朴实无法让人联想到他们曾经出版发行过旧中国最大的民营报系,中国历史上发生的许多重大事件是和他们的报纸联系在一起的,在他们的旗下曾经大将云集，在重庆这个抗战的大后方，《新民报》是百姓最爱看的报纸，中国共产党的主要领导人曾经接见过报纸的重要人物赵超构、张恨水……

落尽繁花春早歇，西风苦自吹黄叶。改革开放后，都市报与晚报获得了巨大的发展，《新民报》连同它独特的新闻风格一次次被提起，一去不复返的"三张一赵"的豪华阵容又一次被人们津津乐道，活在许多人记忆中的那一段历史终于一页页打开了。人们知道曾经有一对夫妇、有一群报人为了办好一份民间报纸鞠躬尽瘁，有一群自由主义者曾经为了实现"出自己的汗、吃自己的饭，说自己的话"这个崇高的理想竭尽全力。然而他们之中的许多人已经离开了人世，剩下的也已经垂垂老矣……

新闻史本该对他们进行浓墨重彩的铺陈。陈铭德、邓季惺夫妇在中国报业史上有着极为重要的地位，《新民报》辉煌时期形成的"五社八版"，堪称跨地域的"大报业集团"，形成了当时中国最著名的"新民报系"，这样的报系在以后很长的时间内成为绝版，直至今天也是独一无二的。他们的办报经历和兴衰成败无论从哪个角度讲，都有着不可忽视的经典意义，是不可复制的范本，对于我们研究那个年代的新闻环境、新闻政策、新闻报道都是不可多得的素材。

这也是我们执意要找回那段华彩乐章的原因。而且随着你一步步亲近那些发黄的、残缺不全的、甚至是劣质（抗日战争时后方的报纸很长一段时间只能用粗糙的纸来印刷）的报纸，那些国恨家愁、人情世态和着巴山夜雨便一起鲜活地呈现在我们面前。毫不夸张地讲，通过《新民报》那些行云流水的文字、古典精致的标题，我们完全可以重新回到那风雨如晦的岁月……

第一部分
报人夫妻

在中国的新闻事业史上，夫妻办报的例子并不多。

在陈铭德与邓季惺之前，邵飘萍与夫人汤修慧创办的《京报》在北方十分畅销，后来邵飘萍不幸被军阀杀害，汤修慧一人独立支撑《京报》，苦心经营多年后被迫放弃。陈铭德与邓季惺的办报经历显然要比他们复杂得多，持续的时间更长，取得的成绩自然也不可同日而语。

陈铭德求贤若渴，长于"外交"，他用北大校长蔡元培"兼容并包"的方针办报，无论信仰如何只要文章写得好都可以来《新民报》作记者、编副刊，因而报纸一度荟萃了文化界的大量名流。同时他在政界、工商界、军界也有大量的朋友，为《新民报》在错综复杂的政治环境中赢得了较为宽松的生存和发展的空间。

邓季惺，被称为陈铭德的女诸葛，是罕见的经营管理奇才，有名的女报业大王，"新民报系"的鼎盛有她一半的功劳。是她以自己的远见、果断、精明使《新民报》走上企业化道路，最后发展成为旧中国最大的民间报系。

况且，和大多数的报人相比，他们夫妇两个人的长处并不在于舞文弄墨,而在于报纸的经营管理,他们既坚持了同人办报所追求的"文人论政"的理想,又摆脱了同人办报单纯"言论报国"的模式,在经营管理中取得了骄人的成就,成为发行量与广告收入都非常可观的报纸;和其他"在商言商"的商业类报纸和官办的党报相比,他们因为追求经济的独立与"超党派"的民间立场而享有较高的公信力和影响力。

他们当年的结合就曾经让世人大开眼界,既是那样的顺理成章,又多少出乎大家的预料。他们把自己在南京的新居起名为"鹣庐"(鹣,音jiān,比翼鸟)。陈铭德喜好美食,邓季惺擅长烹饪,一桌的川菜常常吊足大家的胃口。高朋满座时,新朋旧友莫不感慨他们的性格迥异却又珠联璧合,他们的传奇足以让所有人羡慕……

一、侠义老板陈铭德

广交游、轻货财、重然诺、急人之所急,这是中国古代对于侠客的标准描写,也是陈铭德所具备的性格特点。但与陈铭德共过事的人都说,初见这位个头不高的老板时,谁都不会把他与侠客联系在一起。

曾有一些报界老人认为陈铭德有用人之心,也有容人之量,只是在识人方面略乏慧眼。其实从《新民报》的发展来看,陈铭德亦有识人之眼,否则一张小小的报纸如何能够召来济济人才,令人叹为观止?

众所周知,在旧中国想要办一份成功的民间报纸非常不容易,想让这份报纸健康成长更不容易。陈铭德并没有多么显赫的家世和背景,也没有雄厚的资本与财团支持,他最终成为名副其实的报业大王依靠的是什么呢? 如果说《新民报》是他一生最大的奇迹,那起点又在哪里?

早岁已知世事艰

人们习惯称陈铭德为"刘备",只是这个刘备在创业之初连"刘皇叔"这样的虚名都没有,他有的只是一份办报的理想,一份为实现理想而有的灵活与坚持……

陈铭德的家庭同当时中国上千万的家庭一样普通。他是四川长寿县人。六岁那年,在重庆一家川货庄当职员的父亲,去汉口做生意亏了本,被东家诬陷为贪污营私。一时间有口难辩,刚烈的父亲以死来表明自己的清白。

这件事不但使陈铭德幼年失怙,而且影响了他的一生。父亲的朋友挺身而出,让东家给了一笔不多的抚恤金,从此一家人就靠这笔钱和亲友的资助艰辛度日,陈铭德也得以接受完备的教育。小学毕业之后,他独自一人去重庆上中学,1919年只身出川考入北京政法大学,专攻政治经济学。受"五四"精神的影响,立志追求中国的民主、自由与富强。1922年还是大学生的陈铭德经谢持、张继介绍,与王昆仑一起加入了国民党。

这样的出身与家境居然也成为陈铭德的财富,成为他能够招贤纳士用人所长的原因之一。因为家境贫寒,资质中等,又没有过人的才气,他要想成就一番事业必须聚众人之力。这样的家庭背景也给了他足够的坚韧,在任何困难与挫折面前都能够冷静对待,从不轻言放弃;这样的背景也使他能够平易待人,几句寒暄就给人以如坐春风的感觉。

还在学校时陈铭德便在课余兼任北京《国民日报》的编辑,开始从事新闻工作。1924年陈铭德从北京政法大学毕业。北京对陈铭德的影响无疑是很大的。当时在北京有林白水、邵飘萍等大批杰出报人。邵飘萍1917年10月以个人的力量在北京创办大型报纸《京报》,希望能够"平社会之不平,苟见有强凌弱,众暴寡之行为,必毅然伸张人道,而为弱者吐不平之气,使豪暴之徒不敢逞其志,不能不屈伏于舆论之制裁"。报纸的最高发行量曾达到六千份,是当时北京地区发行量最大的报纸,创刊两年就自建了两层楼的馆舍。邵飘萍十分重视利用社会力量来办报,1924年《京报副刊》出版,孙伏园主编,以新文学的内容为主,改变了副刊过去"报屁股"的形象,特别受到学生的欢迎。《京报》后来出版过

邵飘萍

《莽原》等二十三个副刊,集中了一大批学者与作家,大大提高了副刊的质量与地位。邵飘萍不但采访有方,管理有度,而且一生仗义疏财,颇有些千金散尽还复来的大气。1926 年他因上书直言被军阀杀害,是我国新闻史上以言罹祸的最大悲剧。

上世纪 20 年代中期,著名报人成舍我亦在北京从事办报活动,他利用军阀统治的混乱局面,在一年半的时间里接连创办了以"世界"命名的晚报、日报、画报,创造了北京历史上一个人同时出三份报纸的先例,在华北地区影响颇大。成舍我创办《世界晚报》,就是因为积蓄太少不够维持日报的开销。当时晚报的工作人员只有三个半,社长成舍我,总编辑龚德柏,经理吴范寰,编辑张恨水(兼职)。1926 年,盘踞在北京的军阀对发表不利于他们言论的新闻记者进行了暴力镇压,成舍我也被逮捕,经孙宝琦向张宗昌求情后才得以保释。成舍我随后来到南京寻找新的出路,于 1928 年创办了《民生报》,发行量最多时达三万份,超过了南京《中央日报》。

应该说邵飘萍和成舍我的办报经历对陈铭德是有影响的。当年傅斯年曾对胡适说:与其入阁,

成舍我与家人

不如组党，与其组党，不如办报。办报是当时知识分子参与政治的一种方式，以民间的独立地位来参政议政也在一定程度上实现了知识分子"治国平天下"的理想。陈铭德正是在那时确立了办报的理想，他在解放后曾回忆说："办报是民主政治下光辉的事业，出自己的汗，吃自己的饭，说自己的话，既清高又有利于往上爬，就决定走新闻工作的路吧，把办报作为一生生命的归宿。"

陈铭德从北京回到四川，先后在成都法政专科学校教新闻学、任成都《新川报》总编辑和《大中华日报》主笔。1928年又被邀请去南京国民党中央通讯社作编辑，一度还兼任《华北日报》驻京特派员。到中央通讯社工作不久，陈铭德便对刻板的工作方式和国民党钳制舆论的做法产生了不满，他认为国民党的新闻政策与孙中山先生倡导的民主自由思想相去甚远，创办一份民间报纸的想法越来越清晰。

陈铭德的想法得到了曾经一同受聘于《大中华日报》的四川籍同事刘正华、吴竹似的支持，他们立刻开始了筹备工作。陈铭德辞去了中央通讯社的职务，回到四川筹措办报所需要的资金。

在四川，陈铭德得到了军阀刘湘的支持。刘湘资助他启动资金两千元大洋，以后按月支付津贴五百元大洋，同时还给陈铭德个人活动经费每月二百元大洋。有了这笔资金再加上刘正华、吴竹似的支持，《新民报》便于1929年秋天创刊了。"新民"取自《诗经》，有"作育新民"的意思，同时还含有继承与发扬孙中山先生在同盟会时期创办的《民报》的精神。报头上的"新民报"三个字，就是由精于书法的吴竹似从孙中山先生的遗墨中摹写下来的，就连报纸选在9月9日这天创刊，也是为了纪念孙中山先生领导的第一次武装起义。在《新民报》创刊两周年时，陈铭德在纪念专刊中撰文，提出以四事与同人共勉：一是传达正确消息，二是造成健全舆论，三是促进社会文化，四是救济智识贫乏。然而要实现这一目的谈何容易？天下没有免费的午餐。拿了人家的钱自

《新民报》的三位创始人,从左至右:刘正华、陈铭德、吴竹似

然要替人家说话。当时的《新民报》,经常刊登的内容便是中央社的稿件和刘湘集团的文治武功,这和他理想中的报纸显然差得太远,在报馆如林的市场也根本无法立足。刚开始发行只有二千份,大部分还是赠阅,广告收入每月只有二百来元。陈铭德和吴竹似、刘正华只好经常到夫子庙的茶馆扮演忠实读者的角色,在人堆里争购刚刚出版的《新民报》,乘机向周围的人宣传《新民报》如何如何好看,言论如何如何公正。

陈铭德从一开始便四处化缘,来维持报社的开支。陈铭德回忆说:“说来可怜,机器等纸开印,伙房等米下锅,这样的日子是常有的啊。”陈铭德对报社大大小小的伙计,无不解衣推食,真诚相待,很有些桃园结义的味道。许多职工因为《新民报》根本无法给他们发工资,只好在外面兼一份工作,业馀时间再到《新民报》来工作,甚至把从别处挣到的钱投到《新民报》。报社的一个会计因为会做四川咸菜,就在报社旁边开了一家“川香远”的咸菜铺,仅有的收入也贴补了这张新创刊的报纸。陈铭德说自己刚刚做好的衣服来不及穿,就不得不送到当铺,其艰苦可见一斑。

报纸创办不久,总编辑吴竹似便因为生病前往北京休养,而刘正华也因为条件太艰苦离开了报社。陈铭德一个人的心情是相当苦闷的,他这个刘备需要左膀右臂,需要诸葛亮,报纸也需要走出困境。

黄金累千不如揽得一贤

好雨知时节,当春乃发生。

陈铭德在最困难时得到了第一员大将——张友鸾。

这员大将是位不可多得的办报全才,虽然几次离开《新民报》,但在《新民报》发展的关键时刻总是适时出现,对报纸的发展起了极为重要的指导作用,《新民报》的发展带有明显的张氏印迹。

张友鸾是安徽安庆人,就读于北京的平民大学新闻系,是当时难得的受过正规新闻教育的报人,深得邵飘萍、成舍我的赏识,曾在《京报》编辑文学周刊,并在成舍我的《世界日报》、《世界晚报》担任总编辑。张友鸾对民间报纸同样情有独钟,他誓言要做一个"超政治的新闻记者",这和陈铭德的主张不谋而合。

张友鸾代替吴竹似担任《新民报》总编辑之后做的第一件事便是明确报纸的读者对象。他与陈铭德商量,报纸应该以青年学生、社会中下层知识分子为主要读者对象,更广泛的刊登一些青年喜欢阅读的东西,宣传民主思想提倡爱国主义,为平民百姓讲话,揭露批评社会弊病。在编辑方面,他提出文章要短小,标题既要讲究文学性,同时又要通俗易懂,诗词曲赋谚语民谣均可入题。他还特别强调要注意编排版面,版面要显得疏落有致,灵巧活泼。这些观点便成为《新民报》最初的风格。

陈铭德毕竟是一个书生,他最缺乏的其实是政治斗争的经验。随着"九一八"事件的发生,民族危机日益严重,国际国内的形势都日趋复杂,一张报纸确定怎样的言论方针,如何对国内国际大事发言,成为陈铭德考虑最多的问题。言论报国,如果言论发生偏差,不但报不了国,而且会让报纸死无葬身之地。陈铭德迫切地感到自己需要一个志同道合的助手为他廓清迷雾,为他掌握航船的方向。

1935年罗承烈加盟《新民报》,这让陈铭德喜出望外。罗承烈是四川涪陵人,与很多四川籍的名人都有交情,曾任北京《实话报》编辑。1928年他还在重庆创办过《新社会日报》,任社长及总编辑。该报同样以青年学生和广大市民为主要读者对象,敢于批评地方恶势力,很受欢迎。罗承烈曾经和四川军阀刘文辉关系密切,对国家大事颇有见地,处事亦比较得体。一年之后罗承烈升任《新民报》主笔,继而任总主笔。罗承烈和陈铭德一起参与了报社的大政方针的制定,经常一起协调各方关系,延揽各种人才,是陈铭德十分依赖和信任的重要帮手。《新民报》的老人说,罗承烈对《新民报》来说甚至比后来的"三张一赵"更重要。罗承烈主持《新民报》笔政达十六年,报社上下除陈铭德、邓季惺夫妇外均尊称之为"罗哥"。

言论有了把关人,很快《新民报》的副刊"新园地"也破土了,并及时得到了田汉、阳翰笙、洪琛等人的支持。这个副刊表面的负责人是赵纯继,实际上由徐悲鸿推荐的阳翰笙任主编。陈铭德与同为四川人的徐悲鸿关系非常好,每年《新民报》创刊纪念日,徐悲鸿都要作画纪念。陈铭德与邓季惺结婚时,徐悲鸿也作画相贺。徐悲鸿不仅是一个大画家,也是一个热爱国家关心政治的爱国者,时不时会给《新民报》写一些稿件。有一次吃饭时,陈铭德向徐悲鸿抱怨现在的《新民报》缺乏新意,副刊的面孔太陈旧,与时代脱节,徐悲鸿正好知道田汉、阳翰笙等人正需要阵地宣传反帝反封建的主张,也需要一份工作来填饱肚子,于是向陈铭德推荐了两人。

陈铭德从善如流,立刻诚心诚意地去请田汉和阳翰笙。两人很快答应了,他们果然给《新民报》带来了生机。且看《新园地》的发刊词:"我们不称赞牡丹,因为它太富贵了;我们也不种植古槐,因为它长得太老朽了;我们更不要栽培玫瑰,因为它的刺太多了。我们需要种植健丽蓬勃的花草,我们更要栽培能够经得起雷雨风霜的大树。"这样的发刊词令南京的读者耳目一新,副刊的局面终于打开了。不久张慧剑加入

《新民报》，陈铭德又增添了一员猛将。

短短几年，《新民报》便有了新的气象与面孔，在南京赢得了属于自己的空间。

《新民晚报》的前总编辑赵超构，也是《新民报》的老人，他在晚年曾感慨地说，铭公是颇有些养士的风度的。

《新民报》西迁重庆后，为了请到张恨水加盟，在张恨水到达重庆时，陈铭德专门派人到码头去迎接。张恨水加盟《新民报》后，住在重庆郊外的南温泉桃子沟，陈铭德特许他不必每日都来上班，只要派人将副刊所需的稿子拿来即可。而且只要张恨水进城，陈铭德必请他到家中去吃饭，改善生活。逢年过节，陈铭德总不忘给张恨水送些薄礼。张恨水五十岁生日时，陈铭德派人将张恨水全家接到城里吃西餐。抗日战争胜利后，《新民报》要在北平办报，请张恨水担任总编辑。但张恨水七年没有回家看望母亲，陈铭德就先派邓季惺去北平打前站。邓季惺在北平不但选好了报社的房子、购买了出报的机器，还替张恨水买好了可供全家安居的大院子，等着张恨水的到来。正是这样的礼遇使张恨水在《新民报》踏踏实实地呆了十年，兢兢业业地工作了十年，他后期著名的小说与散文大多刊登在《新民报》上。

著名编辑郑拾风加入《新民报》、离开《新民报》之事颇能说明陈铭德的容人之量。郑拾风原是桂林《力报》的编辑，有一次到《新民报》来谈话，恰巧有一稿件需要编辑。编辑方奈何便请他动笔改稿。稿件说的是山城重庆原本地势险恶坎坷不平，而且盖的楼也高高低低，都建在陡峭的山崖上，一遇风雨很是危险。郑拾风当即改好并作了标题：山城到处蠹危楼，更那堪几番风雨。方奈何立即欢迎他加入《新民报》。虽然郑拾风不修边幅，但张恨水等人对他的文学素养十分赞赏，陈铭德自然也对其十分器重。后来郑拾风也成为《新民报》的骨干。抗日战争胜利后，郑拾风离开《新民报》与张友鸾去办《南京人报》，《南京人报》被关

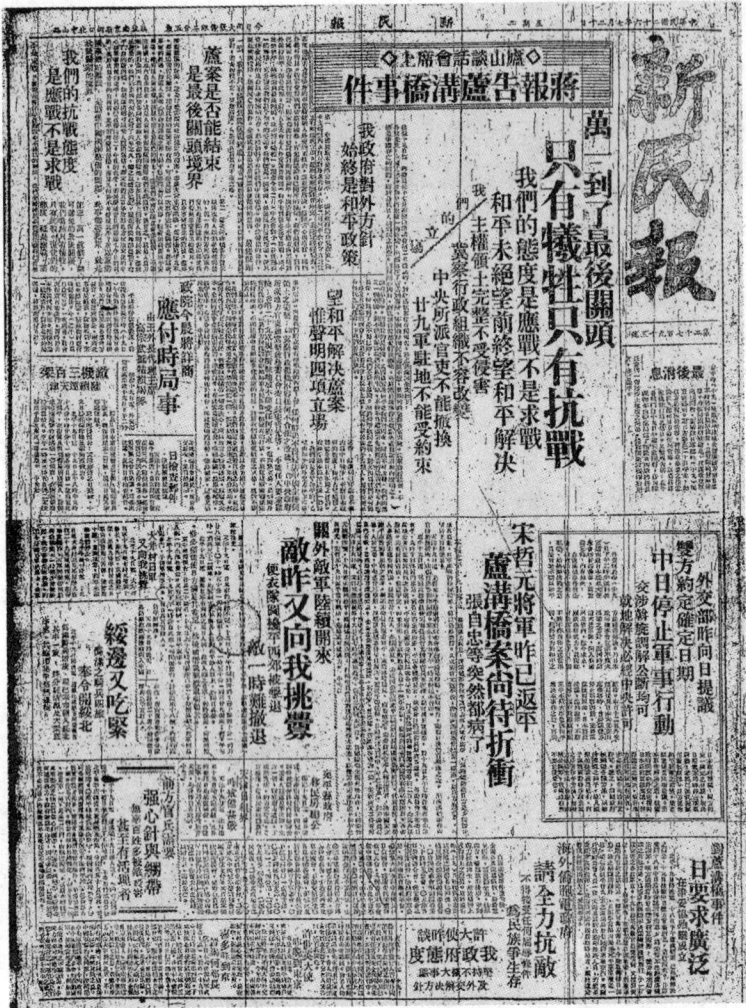

1937 年西迁前的南京《新民报》头版——典型的厚题薄文

闭后流亡到香港,无依无靠,陈铭德负担了他在香港的全部生活费用,并期望他日后能够再回《新民报》工作。

当年重庆新闻界"四大名旦"之一的浦熙修也是陈铭德在偶然的机会发现的。浦熙修一开始只是在《新民报》做发行工作,后来又转到广告科,有空的时候就给副刊投投稿。1937 年 4 月 29 日,首都女子学术研究会要在中山陵旁边的流徽榭举行周年纪念大会。《新民报》临时知道了这事,决定要报道。可是记者都出去了,派不出人来。陈铭德没有别的办法可想了,决定派浦熙修去"救场"。她不辱使命,所写的报道《流徽榭畔一盛会——女子学术研究会周年大会别记》刊登在 5 月 2 日的报纸上,"文笔流畅洗练,吸引了读者,博得同行的赞许"。这一次成功,使她从广告科调到了编辑部,成了《新民报》第一位女记者。后来被提拔为采访部主任,在多次重大报道中表现出色,成为《新民报》的一张王牌。

陈铭德十分注意为报纸补充新鲜血液。《新民报》常给校对人员、刚到报社的普通记者以删稿子做标题的机会,遇有表现突出者立即重用。陈铭德使用人才不拘一格,他曾对招聘人员说:"如遇真才,可立即延聘,免被他报所得。"抗日战争爆发后,北平燕京大学迁移成都,成都《新民报》出版时,恰恰新闻系的应届毕业生要到各报实习,《新民报》一次就来了韩铣厚、吴亦兰、余理明、刘洪升等五人,其中三人以后即留在报社工作。《新民报》还在燕京大学新闻系设有奖学金,以扩大报纸的知名度,吸引青年才俊加入报社。

据陈理源在文章中回忆,《新民报》曾先后从复旦大学新闻系、燕京大学新闻系、民治新专、西南联大、浙江大学吸收新鲜血液。报社主要成员大都在南京的《南京人报》、《民生报》、《朝报》,上海的《立报》、《晨报》,北平的《世界日报》,长沙的《力报》,成都的《华西日报》,重庆的《新蜀报》工作过,有的还曾在延安的《解放日报》、桂林的《救亡日报》工作过。这些来自五湖四海的记者编辑大都已经是成熟的新闻工作人员,有自己的风格与经验,在《新民报》宽松的环境中得以多样化地发展,为报纸增添了多元的色彩。

抗战期间,重庆是陪都,也是战时全国新闻业的中心,报业鼎盛时,有二十三家报纸同时出版,竞争相当激烈。报纸的竞争说到底还是人才的竞争,重庆的各大报哪个没有一百零八将?《新华日报》有潘梓年、胡绳、章汉夫、乔冠华、夏衍、许涤新、张友渔、石西民、陆诒等人,著名的《大公报》人才阵容更是蔚为壮观,范长江、孟秋江、萧乾、张高峰、朱启平、彭子冈、高集、徐盈都是新闻界的活跃分子。然而大家对《新民报》阵容之盛无不投以艳羡的眼光,张恨水、张友鸾、张慧剑、赵超构"三张一赵"聚于一报,成为战时大后方新闻界的美谈。能干的女将浦熙修在重庆的新闻圈也是独树一帜,经常可以采访到独家新闻。重庆西迁的文化人中如夏衍、谢冰莹、沈起予、施白芜、碧野、黄苗子、郁风、吴祖光、陈白尘、聂绀弩、陈迩冬、孙伏园、李兰、秦瘦鸥、姚苏凤、范寄病等,都先后担任过《新民报》的主笔或副刊主编;至于郭沫若、田汉、阳翰笙、施复亮、徐悲鸿、老舍等人,是抗战之前就参加过报社工作或长期为《新民报》撰稿的。国民党人何香凝、柳亚子、吴稚晖、于右任、王昆仑等,也常为副刊写稿。连冯玉祥也愿意将自己写的诗送到《新民报》发表。

海纳百川有容乃大

陈铭德对待自己的下属总是十分周到,非常爱护,从来不会因为他们给报纸添了麻烦就怒发冲冠,有时甚至宁肯自己受委屈也不会责备工作人员。

《新民报》编辑陈理源当时二十刚出头,言必称"苏俄",《新民报》同人戏称之为"理源洛夫"("洛夫"是苏俄式的后缀)。1943 年 3 月的某晚,记者浦熙修发来两篇稿件,一篇讲女公务员生活困难,要求增发平价米,遭到孔祥熙的拒绝;另一篇是孔大小姐飞往美国结婚的消息,文中言及孔大小姐的嫁妆绣花旗袍"皆由财政部妇女工作队数十人日夜赶制"。当班编辑"理源洛夫"看到这两条消息就两眼放光,兴奋异常,他特意将这两条消息并置在一起,并作了这样的标题:孔大小姐飞美结婚,女公务员为米请愿,孔副院长予以拒绝。此君还不理睬国民党新闻检查所对两文"删登"、"免登"的指令,决意一字不动,全文照登。第二天,消息刊出,反响自然强烈,但这"漏子"也捅大了。陈铭德只得四处奔走,打躬作揖,托人说项,好不容易才化解了危机。风波甫定,报社同人起哄要"老板请客",于是一同前往冠生园;可陈理源却拒绝"赴宴",陈铭德、邓季惺先后去请,他都毫不领情。时隔不久,"理源洛夫"结婚,特意挑在中苏友好协会办婚宴,这回陈铭德也拒不出席,以此来报本家小子上次罢宴的"一箭之仇"。尽管如此,后来上海《新民报》创刊,陈铭德还是派陈理源去当了副总编辑。

上海版《新民报》停刊后,陈铭德多方奔走,动用了上上下下的关系,上海当局才同意复刊,但提出了三个苛刻的条件,一是由国民党中宣部介绍一人充当上海版总编辑,二由国民党方面的潘公展、方治各介绍记者一至二名来报社工作,三是要《新民报》辞退上海社的赵超构与南京社的浦熙修二人。陈铭德对于前面两条忍气吞声同意了,但坚决地拒绝了第三条。陈铭德说:"赵浦两位在《新民报》工作多年,从来没有不正当的活动,也绝不是共产党员。如果以不用此二人为复刊条件,上海、南京两社的许多朋友都要为之心寒,不愿再在《新民报》做事了。你们如果坚持,我无法交待,报纸只好不出。"陈铭德的态度如此强硬,上海当局也只好作罢。

从陈铭德对高语罕的态度我们也可以感受他的兼容并包。高语罕,也就是高一涵,是中共最早期的党员之一,一生追随陈独秀,1929年因与陈独秀等八十一人联名发表《我们的政治意见书》被开除中共党籍。1937年,陈独秀出狱后,高语罕一直伴随陈独秀住在四川江津。1942年,陈独秀病故,高语罕无事可做,经张慧剑等人介绍为《新民报》撰稿,并寄居在陈铭德家中。陈铭德没有因为高语罕特殊的身份而对高有任何的冷淡,相反礼遇有加,还请他为孩子们补习语文,只不过高语罕写的一两篇反共的文章陈铭德认为有过激之处,没有发表。1946年《新民报》在南京复刊,高语罕也一同前往,他的自传《九死一生记》就是在《新民报》连载的。

陈铭德有时给人很有城府的感觉，因为他对所有的人都无缘无故地好，反而让那些恃才傲物的知识分子很看不惯，觉得很虚伪。《新民报》重庆版晚刊的总编辑程大千家累很重，陈铭德除了经常给他红包之外，还破例让他在别的报纸兼职。程大千虽然全盘接受却并不领情，反而对老板的行为多有猜测，陈铭德并不在意，依旧多方照顾。一次陈铭德语重心长地说："大千啊，别人说我对你好是假的。你想想，我就算对你是假的，这假了那么多年，假的也变成真的了。"

1947年2月20日，上海《新民报》晚刊由吴祖光主编的《夜光杯》刊出了署名为"愚者"的讽刺诗，诗是根据国民党党歌即代国歌改编的，题为《冥国国歌》，这首诗对原国歌只改动了很少的几个字，但却对国民党反动派发动内战，离心离德进行了辛辣的讽刺。第二天，读者好评如潮，反响强烈，函电交加，拍手称快。但国民党上海市党部主任委员方治却被气得暴跳如雷："渠口口声声效忠党，结果竟有如此妄行，显系大

上海《新民报》晚刊因为刊登冥国国歌而被停刊

逆不道,实有干犯党纪之处,应以党纪予陈氏以制裁!"随后又把陈铭德、邓季惺、赵超构一同召去,责骂不止,并正式提出要上海《新民报》自动停刊,交出《冥国国歌》作者等要求。陈铭德虽然当众受辱,心里十分郁闷,但他并没有责怪吴祖光半句,而是埋头疏通关系,在坚持"只能道歉不能停刊"和"不负交人的责任"这两条原则的基础上,多方交涉,最后才以"自动停刊"一天并登报道歉而了结。几十年后吴祖光谈及此事还感慨万千:"我从来没有遇到过这样的老板,闯了这么大的祸,他一个字也不怪你,全是他去给人打躬作揖,把事情给了了。"

蒋文杰和宣谛之是经常给《新民报》惹事的两个人,正是他们两个的"左倾"表现导致南京版《新民报》最终被永久停刊。陈铭德虽然对他们有些怨言,但也只是苦笑着对他们说:"我算是交了两个好朋友,一个是你蒋文杰,一个是宣谛之。打个比方,我有两间房子,让你们来开店:一间开面馆,一间开饭馆,结果你们一个卖鸦片,一个卖白面。"事实上当报纸被封后,他最先做的事情是安排蒋文杰、宣谛之两个出逃。

当时陈铭德请许多名流写稿,每次总是亲自登门,敬致润笔费、车马费,郭沫若抗日战争后期在重庆闲居,没有收入,陈铭德四时八节都有所馈赠。

所谓物以类聚人以群分,聚集在《新民报》旗下的人越来越多,这些同事与陈铭德都有着基本相同的人生诉求,对政治都不热衷。对于《新民报》同人来说,这张报纸不是用来进行党争和索取个人利益的工具,只是一个代民立言的岗位,他们追求所谓超党派、超政治、纯国民的立场。在这样的旗帜下集结的是充满自由主义色彩的知识分子,即使有些地下党员,也是以无党派面目出现的。陈铭德虽然入了国民党却从未参加任何党务活动,只是挂个名,也未担任任何要职。据统计,报社同人百分之九十以上都没有党籍。

据报社的老人讲,《新民报》同人进了报社很少跳槽,这里虽然工资比官方的报纸要低一些,但因为陈老板宽容大量,同事之间感情一直十分融洽,彼此因为思想接近,工作起来减少了很多的磨擦。

海纳百川有容乃大。一心想通过报纸来推进国家民主富强的陈铭德,也许没有为我们留下名垂青史的言论,但他为一批文化人搭建了一个伟大的平台,通过他们的笔影响了历史的进程。

二、精明女管家邓季惺

1949年在《新民报》创刊二十周年出版的纪念特刊中,陈铭德对报社的主要人物进行了总结性的概括,而第一个提到的便是邓季惺。他十分诚挚地说:"邓季惺先生事实上是成都、南京(复员以后)、上海、北平四个社的创立人,找社址、买机器、买报纸、安排人事,甚至一颗螺丝钉的装设,一张凳子的安置,都经过她的眼,透过她的心。她是铭德的妻子,然而就事论事绝不应该因她与铭德的关系就抹杀了她在本报的业绩,她的贡献是最大的。"

1937年邓季惺正式加盟《新民报》。这一事件被报界形容为陈铭德得到了一个女诸葛。此言并非夸大其辞。作为《新民报》事业的奠基人之一,邓季惺通过自己独有的方式在报纸的发展史上留下了自己的印记。

一家三代企业家

和陈铭德比较复杂的人生阅历相比,邓季惺一直活得比较单纯,比较纯粹,直来直去,严谨而务实,坚强而充满活力,她的能干更是得到大家的钦佩。她似乎天生就是一个企业家,一个实干家。邓季惺的风格和她的家庭有着直接的关联,正是由于父祖两辈的熏陶,邓季惺对于企业经营管理有着与生俱来的才能。

邓季惺的祖辈在清初由河南南阳入蜀,曾经卜居于川东的奉节,从她的祖父起移居到重庆等大城市生活。她的祖父邓徽绩于重庆开埠通商的那一年,即1891年把自己和同乡在日本开办的火柴厂搬回了重庆,办起了四川第一家近代工厂——森昌泰火柴厂。这个火柴厂是四川最早的民族工业之一,它和另一家聚昌火柴厂的工人人数加起来占到全国火柴业工人人数的三分之一。四川及邻省的火柴主要由它们两家供应,在19世纪90年代曾有效地抵制了洋货。

她的父亲邓孝然一生创办了煤矿、织布、造纸、养蜂等众多实业,后来当过公务员和成都中国银行行长。她的叔父邓孝可是四川著名的立宪党人,曾经担任当时颇有名气的《蜀报》的主笔。四川保路运动是推翻清朝帝制建立中华民国的直接导火索之一,邓孝可便是保路同志会的副会长,和当时许多的爱国人士为争取川汉铁路权而并肩战斗。

但父亲的实业做得并不成功,到1907年邓季惺出生的时候,她的家庭只是一个小康之家。邓季惺的性格受母亲吴婉的影响更大。吴婉的父亲也是个商人,她的兄长吴梅修却弃商从政,随孙中山先生加入了同盟会。吴婉在兄长的影响下,阅读了许多新文化的书籍,她认定女子要想摆脱受压迫的命运,就必须有知识。吴婉进了北京女子高等师范学校学习,毕业后在重庆创办了第一所女子学堂。出生在这样的民族资产阶级家庭,耳闻目睹,邓季惺对平等、民主以及经营管理有了最粗浅的认识。父亲很重视对她的教育,但在他看来,女孩子能够识文断字就可以了,完全没有必要到外面的学校去念书,以至于十四岁以前邓季惺一直在家读私塾。以后乘着父亲出四川的机会,由母亲做主,才考入重庆省立第二女子师范学习。

邓季惺在重庆二女师读书时,卢作孚、恽代英、张闻天、萧楚女都曾在那里任过教,萧楚女还曾经夸邓季惺的文章写得好,有思想。当年学校要解聘萧楚女时,学生们还闹风潮以示抗议。邓季惺求学期间,新文化运动已经进入了尾声,但科学与民主的观念已经相当深入人心,打破旧世界建立一个新世界成为大家追求的理想,邓季惺也不例外。她是

邓季惺就读的重庆第二女子师范学校

那个年代少有的接受了资产阶级民主思想的女性,她相信凭借自己的力量可以将这个不合理的社会改造得更好,正是这个理想使她最终成为中国最杰出的女性之一,在波澜壮阔的中国大舞台上留下了自己独特的背影。

1923年初,邓季惺和同学吴淑英等相约到南京,进南京暨南大学附中女生部三年级学习。吴淑英的弟弟吴念椿当时在读金陵中学,两所学校都在鼓楼附近,暑假里,季惺和淑英经常到鼓楼茶座去乘凉,吴念椿偶尔也到这里喝茶,于是邓季惺和吴念椿熟识起来。又过了一年,季惺去上海念中国公学大学预科时,吴念椿已经在复旦大学新闻系读书了。两人互生好感,自由恋爱了。因为爱慕友兰(季惺),吴念椿还将自己的名字改为“竹似”,寓意你与兰为友,我似竹高洁。1925年底,他们这对“兰竹”便走进了婚姻的殿堂,在闸北春云坊安了家。1926年两人回到重庆。吴竹似受聘于《大中华日报》担任编辑,认识了同在这份报纸工作的陈铭德。现在我们能找到的关于吴竹似的资料已经不多。吴竹似,江苏武进人,很有才华,中、英文均有卓越造诣,在《大中华日报》工作不久便与陈铭德一同到中央通讯社任职,和陈铭德一样对国民党控制舆论环境的做法颇为不满,于是在1929年9月9日,和陈铭德等人创办了《新民报》。

由于受着肺结核的折磨,吴竹似不得不中断工作养疴西湖。为得到更好的医疗，邓季惺又陪着他北上求医。但北方的空气并未使吴竹似身体得到康复。1931年7月，他英年早逝，而当时邓季惺只有二十四岁，还带着三个孩子，大女儿敬瑗五岁，二女儿敬瑜三岁，儿子敬琏只有一岁半。据说出殡那天，按照旧俗，子女们应该披麻戴孝在出殡的路上一步一磕头。可是邓季惺没有因循这个规矩，她说："死者已矣，活着的人还要继续活下去。长明（吴敬琏的小名）年幼体弱多病，这样做肯定要把他弄出病来。"在那个年代，她已显示出非同一般的勇气和理性。

竹似和友兰十七岁相识、十九岁结婚

由于吴竹似去世得早，三个孩子对他都没有太多的印象，而邓季惺也很少在孩子们面前谈及他们的生父，只是偶尔会带他们去西山扫扫墓。

这样的遭遇即使在今天看来也是极其不幸的，更何况在那个年代。邓季惺在别人的眼里是值得同情的不幸女性，她的漫长人生才刚刚开了头，她如何能将三个孩子抚养成人？以后的日子她将经受多少考验？但当陈铭德到北京看望好朋友的妻子时，他惊诧地发现，邓季惺并没有消沉度日以泪洗面，相反这个看起来很柔弱的女性，不但一个人很好地带着三个孩子生活，而且还在朝阳大学（现在的中国政法大学）法律系学习法律，梦想着以后做一个律师为别人打官司，为建设一个民主与法制的社会尽一份力。

1932年,邓季惺带着三个幼小的孩子在北平

陈铭德早在1925年就与范瑶宾在成都结婚,并育有一儿一女。1931年8月,陈铭德与范氏离婚,那时吴竹似刚刚去世一个月。陈铭德十分感佩邓季惺的力量,友善的关怀中增加了几多敬重,在敬重的同时又生出几多爱怜,他希望能为这个从不抱怨生活的女人分担些生活的重量。他一次次从南京到北平看望邓季惺和她的孩子,后来,慢慢地,两个人恋爱了,决定携手走过一生。

1933年1月,两人在南河沿欧美同学会礼堂举行了结婚仪式,男方三十六岁,女方二十六岁。一百多位亲友见证了他们的结合。他们刻了一对石章:海枯石烂,永不相忘,表明自己的决心。同时所有来宾都得到了一份新婚夫妇署名的协议:各人用各人的姓,即邓季惺不冠以夫姓,邓季惺带来的三个孩子依旧姓吴,婚后实行分别财产制,双方共同负担家庭生活费用。为了强化这份协议的权威性,他们专门把它印在粉红的卡片上。

亲朋好友们普遍认为这个协议是邓季惺的主张,那时陈铭德并不富裕,而邓家略有财产,吴竹似家的经济状况也不错,通过分别财产制,至少可以保证她和自己的孩子在任何情况下,生活都有保障,并且能够得到良好的教育。在当时,这是前所未闻的;于如今,那也是富于想象力的,它生动地说明了资产阶级的法治观念和平等观念对陈铭德与邓季惺夫妇的影响。邓季惺还有一个讲究就是不许别人叫她陈太太,只称呼她邓先生，朋友的孩子们也得叫她邓伯母而不是陈伯母，直到晚年她才不再坚持。

在接下来的半个多世纪里，两人琴瑟相和，风雨同舟，这个协议丝毫没有妨碍他们一生的不离不弃。

邓季惺刚开始并没有参加《新民报》的工作，她其实一直不想将自己的事业和丈夫的事业扯在一起，她有自己的爱好与理想。她十分热衷于妇女运动，曾和李德全、曹梦君、谭惕吾等成立了南京妇女文化促进会，进行女权运动实验。她们认为妇女之所以难以走出家门都是家务所累，为了将她们从家务中解放出来，1935年办起了南京第一托儿所，由邓季惺当所长。

陈铭德与邓季惺 1933 的婚礼很别致

邓季惺一生最相信的便是法律，立志通过法律改变中国的现状。1935年邓季惺在南京和镇江两地做挂牌律师，当时的江苏省高级法院在镇江，邓季惺经常要到镇江去。她做律师的时候，经常替根本出不起律师费的穷人免费打官司。改革开放初，邓季惺还曾想再成立一个律师事务所，为百姓提供法律援助，后来因为各种各样的原因被迫放弃了。

邓季惺和《新民报》最初的接触也并不是经营管理，而是文字。她和李德全等人承包了《新民报》新妇女周刊，宣传妇女解放，并主持《法律问答》专栏。成都《新民报》总编辑赵纯继的妻子陈琴仙当年就是《法

法律学士邓季惺（1933 年）

律问答》的读者。当年十九岁的陈琴仙遇人不淑，结婚以后被丈夫抛弃，经济上不独立又不知道如何开始新生活。幸亏她读过些书，经常看《新民报》的专栏，她抱着一丝希望给邓季惺写信求救，邓季惺看到她的信后，把她请到律师事务所，详细寻问了有关情况，替她在报纸上拟了一个离婚的声明，让她成为自由人。为了让她维持生计，还将她留在律师事务所工作。后来邓季惺介绍她与《新民报》的赵纯继认识，两人结为夫妻，恩恩爱爱过了一辈子。

邓季惺在当时是很少见的女律师之一。在当时极为轰动的孙传芳被杀案中，她的意见对于最后的判决起了一定的作用。1935 年 11 月 13 日，一个星期三的下午 3 时左右，天津城南的草厂庵内突然传出三声枪响。一度称雄江浙，号称五省联帅的孙传芳，应声倒在血泊中，这便是震惊中外的孙传芳凶杀案。刺杀孙传芳的青年女子叫施剑翘。十年前，孙传芳杀害了她的父亲施从滨，她是替父报仇的。施剑翘报仇之后并未逃离，神情自若地等着警察赶到，承认了杀死孙传芳的事实。11 月 25 日，天津地方法院开庭审理施剑翘杀死孙传芳一案。由于施剑翘持枪杀死孙传芳的事实清楚，施剑翘本人也供认不讳，第一次审理开庭不久就休庭了。第二次开庭时，原告律师要求法庭从重以杀人罪判处。施剑翘的辩护律师胡学骞当即发表辩护意见，认为被告有自首行为，可以减刑；报父仇与其他原因不同，在现今时代，此情孝义可嘉，应按《刑法》酌情减刑。12 月 16 日，天津地方法院下达了判决书，确认了施剑翘自首行为成立,判处施剑翘有期徒刑十年。

一审判决下达几天之后,原被告都不服,向河北省高等法院提出了上诉,河北省高等法院对施剑翘案进行了复审。在孙家的活动下,复审判决否定了施剑翘的自首行为,自首行为不被认定,施剑翘将要面临严刑惩处。不公正的复审判决,引起了全国民众的关注。社会各界正义人士纷纷出来表态,要求政府特赦。邓季惺在《新民报》发表了对《施剑翘判决书之意见》的文章。她认为孙传芳是祸国罪首,按照《危害民国紧急治罪法》本应处极刑,国民政府也曾通缉在案。诛杀国法不容之人,古今均不为罪,施剑翘一弱女子,诛杀了因租界荫庇,政府无能追捕的凶犯,法庭却判以重刑,实欠公允。

与此同时,冯玉祥、李烈钧、张继等国府委员也联合呈请政府特赦。1936 年 10 月 14 日,南京国民政府迫于舆论,发布命令,念施剑翘"以其父施从滨为孙传芳所惨害,痛切父仇,乘机行刺,并即时坦然自首,听候惩处。以一女子发于孝思,奋不顾身,其志可哀,其情尤可原",依《中华民国训政时期约法》第六七条之规定,宣告原判处有期徒刑的施剑翘予以赦免。这一轰动全国的大案终于有了一个圆满的结局。

建设一个法治的国家是邓季惺一生的追求,这也是后来 1948 年她执意竞选国民政府立法委员的主要原因。她一生都认为一个国家的富强民主离不开法制的建设。

刘备得到女诸葛

如偶然走过《新民报》经理室门外,常常会听到一阵像打长途电话似的,用高而拖长的调子在谈话,内中夹杂着一个女人的声音,慢条斯理地用悠长的调子说着四川话,即使是生气的刹那,也依然是那么悠扬动听,似乎没有一点急躁的表现……这就是《新民报》的总经理邓季惺先生。

这是董显光在《新民报女老板——邓季惺》一文中对邓季惺的描

写,为我们提供了当时新闻界同行对这位女老板的直观印象。

1937年6月,在陈铭德的劝说下,邓季惺正式加盟《新民报》,掌管经营和财务,担任《新民报》副经理。邓季惺后来说:我在1937年6月,正式参加南京的《新民报》,除几次重病请假,前后都与她休戚与共,血肉相连,她的发展也就是我的生命的发展。

其实在1936年《新民报》的发行额已经迅速增长到一万六千份左右,广告收入占到营业总额的百分之五十以上。由于发行激增,平版机已经不能适应印刷需要,经理张君鼎和陈铭德、邓季惺夫妇还特意去日本,向《读卖新闻》购回该报的旧轮转印报机一部,并置备有关印刷设备,改换字模。由于印刷质量提高出版时间提早,增加篇幅为两大张,版面内容较前更加充实,发行量自然很快上升到二万份。报社经济达到收支平衡,可以自给自足,不再俯仰由人,整天看那些给津贴的人的脸色过日子了。正是在这时邓季惺向陈铭德建议,成立股份有限公司。

把原本属于个人的事业变为公司组织,夫妻俩是经过一番激烈的思想斗争的。因为在政治上《新民报》受到了国民党当局越来越大的压

早期的报纸印刷

力,仅凭个人的微薄之力看来难以抵挡随时而来的政治风险,在夹缝中左冲右突的《新民报》如果想在事业上有较大的发展,必须在政治与经济上充实自己的力量。于是在业务发展需要和政治环境的双重打压下,《新民报》最终决定成立股份有限公司。在当时的政治形势下,既要找些人来替自己挡风遮雨,掩护这个事业,又想让这些合作的人不过分干涉报社的内政,让报纸有充分的自由,是要冒一定风险的。几经酝酿,权衡再三,公司于 1937 年 7 月 1 日宣布集资五万元依法成立。

股份公司的成立不仅使《新民报》在政治上有了一些依靠,而且使《新民报》脱胎换骨,从个人的小作坊式经营走上了现代化的管理之路,也为后来的大踏步发展奠定了基础。可以这样说,在邓季惺加盟《新民报》之前,陈铭德对于《新民报》的设想还是很简单的,他压根儿就没想过这份报纸到底会发展成何等的规模,产生多大的影响。当时的大多数报人对于如何将一份报纸办得更长远更成功并没有多少经验,那时的民营报纸许多还停留在作坊式的手工生产模式阶段,如果能够通过广告与发行实现自给自足就相当不错了。或者说陈铭德只是将报纸当作一个文人论政、同人发言的舞台,他并没有想到要把报纸当作一个现代化的企业来经营管理。

中国当代著名的经济学家吴敬琏在回忆自己的母亲时不止一次强调说,"我母亲比我父亲更现代化"。吴敬琏所说的"现代化",是指在经营管理《新民报》的过程中,陈铭德更多的是依靠他的个人关系,而邓季惺更多的是依靠严格的规章制度。因为邓季惺将《新民报》首先看成是一个企业,她的首要目标是将这个企业管理得井井有条,"她是以企业家的姿态实现自己的人生追求的"。

她最先做的事情就是建立健全了财务会计、广告发行、印刷等方面的制度,使报纸走上了企业化经营的道路。例如过去报社对每天刊登的广告没有登记,广告费的收集没有严格的准则,现在每天刊登的广告由专人一条一条剪贴起来,每天都做一张报表,财务科就根据这一张报表收钱。现金支付的全部入账,广告拖欠的款项就记债权债务,一个月下来,广告部就把外欠讨来的钱拿来对账。发行每天也有日报表,现金回笼是每天必做的功课。邓季惺建立的严格的财会制度在十年后帮了《新民报》大忙——上海解放前夕,地下党派人员到《新民报》,要查明这家报纸是否民营,他们在楼顶上翻看账册,发现报社的每本账册都是一目了然的,《新民报》的经济来源不言自明,所以在接收时定性为民营。

后来《新民报》发展到五社八版,职工人数也增加至三百馀名,但每笔账依旧干干净净。在数百名员工中,经营管理人员约占一半,却很少发生贪污渎职一类的经济问题。《新民报》五个分社在经营管理上统属南京《新民报》股份有限公司总管理处,总管理处向各社派出常驻稽核,规定各分社常驻稽核每届月终应将后列事项之审查结果按规定表式填报经理、转送总务备查:一、会计报表之审查情况,二、库存现金之审查情况,三、库存材料之审查情况,四、广告发行业务之审查情况,五、副业方面之审查情况,六、印刷方面之审查情况,七、办事手续之审查情况。

早期印刷厂的铅排车间

这些不是官样文章,各分社是连报销单据都要按月寄到南京总管理处以备查考的。各分社职工任免及薪金、员工借支薪金和费用报销等都有明细条文。

邓季惺作为一个女经理,能够科学地管理这么大一份产业,确非易事。她制定的政策虽然严格,但对大家一视同仁,对事不对人,大家亦心服口服。

邓季惺对《新民报》的广告与发行也进行了有针对性的开拓。特别是西迁到重庆后,《新民报》十分注意发行,在有车船到达的地方尽量设立分销处,先是加强重庆周围如长寿、涪陵、綦江、江津、璧山、合川等邻县的工作,稍后又沿长江上下游、嘉陵江上游、成渝公路、川黔公路等水陆交通线向外发展,后来推广到雅安、西昌、贵阳、昆明等地。在邓季惺的倡导下,发行部门建立了订户卡片制度,一则掌握报纸发行情况,一则及时向订户寄送到期续订通知,以后又改进为每月中期和末期登报通知两次,在一定程度上保证了订户的稳定性。

报纸企业化在当时是潮流,在版面上的表现就是广告在版面上占有重要地位,《新民报》在重庆时广告收入经常占总收入的40%左右。四开报纸的篇幅本来就不是很大,可是广告经常与新闻、副刊平分秋色,有时候连副刊也被挤掉,只登张恨水所写的一小块儿连载小说。社会新闻版有时只压缩到版面的二分之一,报头左右的报眼原为等最后消息而设,却永远被广告占据。有的时候为了收取高额广告费,《新民报》还把广告编成新闻的形式刊在新闻中间。

1938年《新民报》在重庆举行过一次义卖献金活动,取得了很大的成功。从许多的细节我们可以看出以邓季惺为首的《新民报》管理人员的经营头脑和管理才能。在《新民报》举行义卖之前,重庆已经举行过几次支援抗战的献金活动,如果准备不充分,很难引起人们的兴趣。况且大家的日子都不好过,谁喜欢三天两头去捐献?

早期的报纸广告

　　《新民报》决定在 12 月 25 日进行义卖,当天的报费与广告费全部捐献。当时的报纸价格为两分五厘,义卖日的报价基数定为每份一角,力求在义卖中超过此数,多多益善。那一天的报纸称为荣誉报,在要闻版的上端加印圆形纪念章,标明二十七(民国二十七年)十二(月)二十五(日)《新民报》义卖献金;这天的广告称为荣誉广告,照常价至少增加一倍,地位大小、次序先后由报社按广告客户献金多寡编排。这些办法在义卖日前几天即在报端广为宣传,并另登启事两则,一为"盼望各学校团体参加义卖,协助推销;能多卖得一分钱,国家便可多一分钱买军火,备粮秣",一份为敬请文化教育界人士合作,请文化界人士将书籍杂志,赐予本报同时发售,所得款项一并捐献。为了使义卖取得圆满成功,《新民报》还出版义卖特刊,请社会知名人士撰写文章进行宣传鼓动。

　　由于准备工作充分,义卖日到来之前,收到的捐赠书刊已经上万册,报名参加义卖的新闻出版部门、文艺团体、中小学校近百个。义卖

为抗日献金活动搭建的"献金台"

从早晨6时开始,到下午6时结束,报纸印数原计划为两万份,最后售报两万五千多份,出售书刊六千多册。当时重庆共有十多家报社举行过义卖,日销报纸上万份的只是少数,很多只有千份而已,《新民报》的数目是最多的。而申请刊登荣誉广告的,23日就已经满额,最少者每户十元,最多者为一百五十元。《新民报》对于每个客户都十分尊重,登载荣誉广告的单位与个人一律登报公布以示表扬,而义买报纸者无论个人与单位,凡每份报纸出资一元以上的都陆续在报纸刊登他们的姓名。从这份名单中我们可以找到许多熟悉的名字:董必武、吴玉章、秦邦宪、潘梓年、熊瑾玎、沈钧儒、戈宝权、邹韬奋、黄炎培、张伯苓、卢作孚、胡子昂、马寅初、沙千里等等。这次义卖,共收入现金上万元,如果按一份报纸两分五厘计算,相当于卖出了四十万份报纸,算是一次不小的胜利。

今天我们已经无从考察"荣誉报纸"与"荣誉广告"的点子是谁先想出来的,但这的确是一个好点子。而《新民报》对于个人与单位微薄贡献的充分尊重也值得我们学习。

除了以报养报外,《新民报》还围绕报纸这个主业充分开展副业,承印书刊是主要的业务之一。《新民报》承印过生活书店出版的《全民抗战周刊》、黄炎培主办的《国讯旬刊》、全国文艺界抗敌协会孔罗荪主编的《文艺月刊》,以及商务印书馆正中书局发行的一部分教科书。报社还直接印刷出版自己的记者编辑写的丛书,如张恨水的《八十一梦》、《大江东去》、《偶像》,赵超构的《延安一月》,张慧剑的《辰子说林》,程大千的《重庆客》、《重庆旁观者》等等。印刷副业的收入最高时曾经达到过营业额的30%左右。

邓季惺对物资供应有一种职业的敏感。战争期间,纸张供应十分紧张,而报纸销路激增,她就委派了四五个青年,专司其职,负责购买纸张以保证报纸的正常出版。邓季惺总是居安思危,在条件允许时及时地购进报社所需要的纸张和木材等物,并注意及时把所赚的钱换成美元或黄金,以防货币贬值。

后人称赞邓季惺具有"法律家的眼光,理财家的手腕,报人的见识,还有一种女人才有的坚韧持久的工作耐力和一般女人没有的遇事果断的魄力"。

开疆拓土勇拔头功

《新民报》的发展是跳跃性的,比如成立股份有限公司仅仅七天,卢沟桥事变便爆发了。西迁到重庆出版好容易抢得个"开门红",不久又赶上了敌人频繁的大轰炸,重庆的各大报不得不出版联合版,为了打开局面,《新民报》只好出版晚刊以另辟蹊径。然后又是很偶然的机会使《新民报》把版图扩展到成都。应该说这样的成功给了陈铭德与邓季惺空前的信心,抗日战争还未胜利,他们已经开始规划《新民报》的未来蓝图:"我们是不是可以大胆设想一下,《新民报》今年明年可以出十个报。我们从南京逃难到四川来,是一个报,第二年一个变两个:重庆出了日晚两刊。第五年就出了成都版的晚刊,第六年又出日报,不是一个变四

1945 年 8 月 14 日,日本天皇在议会宣布向盟国投降

个了吗？今年或是明年元旦,回南京去复刊,还是先出晚刊后出日刊。北平报纸少,可以先出日刊后出晚刊。"

在别人看来这也许有些白日做梦,但因为有着邓季惺的支持,一切就都有可能了。1945 年 8 月 15 日,日本天皇裕仁以广播"终战诏书"的形式宣布投降,这一天对于报人来说,不光是战争的结束,更是报业复兴的信号。当时远在后方的各大报纸都酝酿着自己的复员计划。早在1944 年 5 月《新民报》股份公司就增资为一千二百万元,1945 年 3 月,苏军才攻克柏林,陈铭德与邓季惺再一次为《新民报》增资二千万元。1945 年 6 月间,为了准备胜利后在上海创刊,他们另组了一家重庆新闻公司,集资三千万元。这些资金虽然说不上雄厚却也足够《新民报》大展鸿图。当时《新民报》人才济济,有足够的人手让陈老板"沙场秋点兵":邓季惺、张友鸾、郑拾风等人去南京收复南京版;张恨水、方奈何、王文卿等人去北平创办北平版;赵超构、赵敏恒等人去上海创办上海版,老成持重的罗承烈等人镇守成都与重庆版。

一马当先打头阵的便是陈铭德最为信任的邓季惺。邓季惺这员女将任务最艰巨,不但要恢复过去的南京版,还要把创建北平版与上海版所需的各种物资准备齐全,这包括选择办公地点、购买印刷设备、招兵买马等。

1945年9月18日邓季惺一人由重庆率先飞回南京。1946年元旦,《新民报》南京版的晚刊率先出版。除了国民党的《中央日报》,《新民报》是在南京复刊的头一家报纸。邓季惺办事效率之高,令报业的同人们大吃一惊。被派往南京帮助邓季惺复刊的张友鸾、郑拾风等人由于没有搞到机票,只好坐船由水路前往南京,当他们还在路上缓慢行走时,邓季惺已经将所有的工作安排妥帖。当他们历经艰辛抵达南京时,南京《新民报》的工作已经步入正轨,几个人在吃惊的同时,也萌生了去意,张友鸾一直惦记着自己的《南京人报》,就带着郑拾风一起去复刊《南京人报》了。同年的10月10日,《新民报》南京版的日刊复刊。

邓季惺忙完南京的事情便赶到了北平。她在北平要寻找合适的房子做社址,要为张恨水与自己购置两处宅子,要接洽印刷设备。此时平津两地原来的敌伪报纸已经由国民党中宣部接收,一些设备较好的私营印刷厂也被掠夺一空,想在北平找一处合适的社址非常不易。在北平寒冷的冬日里,邓季惺早出晚归,利用自己有限的关系,仅仅用了二十多天就把一切都搞定了。她购置了东交民巷瑞金大楼作为社址,并备妥了印刷设备。

《新民报》在上海是没有任何基础的,但上海作为中国最发达的商业城市和对外通商口岸,从清末便是全国报业最集中的地方,这里一方面有着得天独厚的办报条件,一方面又有着比其他任何城市更为激烈的报业竞争。当时上海有二十多家日报、六家晚报、四五十家小型报,任何一张报纸想在这里生存都不会很容易,而一张报纸一旦能够在上海滩站稳脚跟,那它就成功了一半。上海版的创办本由赵敏恒负责。

赵敏恒先后在美国密苏里大学新闻学院、哥伦比亚大学新闻研究生院读书,后毕业回国任美联社驻南京特派员,1928 年起任路透社中国分社、重庆分社社长,是最早向世界报道"九一八"及"西安事变"等重大新闻的记者,1944 年在重庆《新民报》连载长篇通讯《伦敦去来》。因文中揭露英帝国主义在非洲殖民地的高压政策而受到路透社的非难,被迫辞职。然而赵敏恒一到上海转而就应聘担任了《新闻报》的总编辑。《新民报》上海版的工作一直等到邓季惺拍马赶到才重新开始。1946 年 5 月 1 日,《新民报》上海社成立,发行晚刊,经理邓季惺,总主笔赵超构,总编辑程大千。

陈铭德与邓季惺对于上海情有独钟,他们认为上海是东方大港,要在国内及世界报坛上取得地位,必须在上海有一席之地,因此虽然报纸亏损厉害,但从未放弃。陈铭德一直呆在上海,与报社的同人不懈努力,直到其销量与先期出版的其他报纸持平后才放心回到南京。邓季惺则经常往来于上海、南京两地,兼顾两边的工作,在上海她并没有自己的房子,只好暂住在报社的宿舍,直到1948 年逃亡香港之前,她总是在沪宁铁路上过夜,一面忙着将南京的资金拿到上海救急,一面将在上海采购的印刷物资运往南京。

上海版出版后,《新民报》在全国已拥有五个社,日、晚刊共八种,号称"五社八版"。不久《新民报》总部迁回南京,各社在经营管理上同属一个公司,都用"新民"作为报名。在半年多的时间里,完全自力更生,依靠自己的积累,《新民报》便完成了报纸的扩张与发展,一跃而成为中国最大的民营报业集团,创造了中国报业发展史上的奇迹。

回顾《新民报》的历史,我们会发现,自从邓季惺加盟《新民报》后,《新民报》便走上了一条正确的、快速发展的道路,报社的每一个决策都变得合理起来,报社的每一步都能走在别人的前面。他们最早决定从南京撤退迁入当时的陪都重庆,而当时许多报纸优柔寡断,迟迟下不了决心离开南京,离开南京后有的报社将报纸迁到了桂林、贵州等地。当时在"陪都"重庆,报业之间的竞争是相当激烈的。《新民报》的成功固然是因为当地的百姓将之视为四川自己人的报纸,而他们在新闻的竞争与广告的营销策略各个方面确也有高出一筹的地方。

邓季惺的勤奋令人印象深刻。吴敬琏后来回忆说:我的生父英年早逝,去世时只有二十四岁,我自己又从小体弱多病,母亲对我的珍惜疼爱的感情,是我从小就能感受到的。然而即使如此,她总是把《新民报》的事业发展放在第一位,因此很少有时间与子女共享家庭生活的温馨。在我幼年时代,清晨醒来,经常会发现母亲和继父已经在床头开始了对《新民报》的发展规划和日常经营采编事务的讨论,匆忙吃过早饭,他们便分头上班或出门办事,要到很晚才能回家。

其实1936年邓季惺加盟《新民报》时才刚刚三十岁,到解放后她离开《新民报》,一共在《新民报》操劳了十五载,这恰恰是她人生中思想最成熟精力最旺盛的十五年,她把它们都奉献给了《新民报》。据《新民报》的老人回忆,邓季惺喜欢穿绸缎旗袍,头发是那时候流行的巴巴头——长发用棉花条在脑后卷起来的那种。她总是穿着高跟鞋,说话慢条斯理,但逻辑性极强,反应极快,处理各种问题非常干脆,敢于坚持原则,也不怕得罪人。白皙端庄的脸上,永远有一种沉静的美,恬淡中自有一种不怒而威的气势。抗日战争胜利时邓季惺也不过才三十八岁,因为得过伤寒,服用了大量的金鸡纳霜,导致耳朵失聪,因此说话时因为重听而更加慢条斯理。

从抗战胜利后的1945年9月出川不到一年时间,邓季惺开疆拓域,帮助《新民报》扩展为五社八版,一跃而成为中国当时最大的民营报社,堪称奇迹。她本人的能力与作为在当时确属凤毛麟角。连当时国民党中央宣传部部长董显光都对邓季惺赞不绝口:"多年以来,能够踏踏实实,肩负重担,没有怯懦,没有衰退,这不仅在中国新闻界是少有的,在中国妇女中也是少有的人物!"

《新民报》南京社的同事总是模仿陈铭德给邓季惺打长途电话的腔调——每次邓季惺到其他分社去工作,陈总经理在布置完工作后总会说:"季惺,我好想你噢——!"但偏偏邓季惺耳朵比较背,听不清,陈铭德只好在众目睽睽之下再重复一遍。一同和邓季惺到上海创办《新民报》的赵超构多年以后多次感慨:像邓季惺这样的人太少了。他是有感而发的——1980年,当时已停刊十多年的《新民晚报》终于被允许复刊了,但"四大皆空",房子、人才、票子、设备样样奇缺,复刊的路走得分外艰辛,他不由得想起邓季惺的办事效率,想起当时《新民报》收复南京版与开创上海版的迅雷不及掩耳,再和眼前的窘境一对比,愈发地佩服邓季惺的能干。

其实《新民报》这样短时期的四处扩张给陈铭德与邓季惺带来很大的压力。五社八版的局面给《新民报》的管理带来许多新的难题。我们都可以想象到这些难题:首先是资金的捉襟见肘。报纸想要保持规模,甚至扩大再生产,资金必须非常充分,而《新民报》的开疆拓土几乎耗去了所有的储备,购买厂房、机器设备、纸张无不需要大量的资金,再加上整个国内经济形势的恶化,除了重庆与北平,其他各社广告与发行并没有想象的好,《新民报》一度需要与银行天天交涉才能维持运转。其次是人事管理上的漏洞。陈铭德与邓季惺不得不在五社之间跑来跑去,很少有时间完善管理制度。而各社由于备受国民党的排挤,经常出状况,为了息事宁人,不得不经常互换干部,这样各社的人事一直不够稳定。最后由于所有的利润都投放到扩大再生产中了,职工的福利自然不得不牺牲了,大家难免会有所抱怨。

五社八版的辉煌带给陈铭德与邓季惺的固然是理想实现的满足,但在夜深人静时他们也会觉得身心俱疲,为了这份事业他们投入了所有的时间、精力、智慧与仅有的家当,然而这份事业在日益变化的现实面前是那么的脆弱，随时有倾覆的危险，这使得他们在废寝忘食的同时，总掠过一丝丝的忧郁。

三、委曲求全觅生路

"我们可怜的总经理不止一次地被官方召见：训斥、警告、处罚……当然总经理也不乏手眼通天的本领，能够软磨硬泡，赔礼道歉，求饶认错，走门路托人情，把封门减为停刊，长停改为短停，大事化小，小事化了，夹缝里求生存，死路里夺生路……当然最后终难免于报社被查封的命运。"吴祖光在一篇回忆陈铭德的文章中写下这样的文字。

在我们今天看来，陈铭德并没有《大公报》张季鸾那样过人的才气，能写出一字千钧的言论；他似乎也没有《申报》史量才那样的胆识，和蒋介石面对面地较量；和"世界报系"的成舍我相比，陈铭德的开拓精神也略显不足。总之他的事业不是一鸣惊人的，也不是如日中天的，他能够聚沙成塔，完全靠的是坚忍不拔的精神和委曲求全的度量。

与其求诸人不如先求己

上世纪三四十年代，中国的新闻事业还不够发达，办报是一个有很大风险的事业，而报人随时会有"因言获罪"的危险。陈铭德将之称为中国报业无法克服的先天不足。在苦闷之时，陈铭德对于我国新闻事业不能发达的原因曾经进行过认真的思考与分析，对内在的、外在的因素都进行了全面的考察，正是这些深思熟虑使他选择了与他人不同的办报方式。

1936年2月25日，陈铭德应邀在南京的"冬令讲学会"上作《我国的新闻事业》的演讲，这也是我们今天可以找到的较为完整的出自陈铭德的惟一演讲：

> （中国新闻事业不发达）内在的原因，是从事新闻事业者自身的努力程度不够，外在的原因，是政治社会诸方面客观条件的缺

乏。先说外在的原因。第一是社会上一般人民的教育程度问题。教育普及、人民知识程度都在水平线之上，对于各种政治经济社会消息，当然特别注意。于是无论贫贱老幼，都以看报为不可须臾离的家常便饭。试问中国能读报章杂志的有若干人？据说，中国能读报的不过四十万人。这虽不是确切的统计，但与欧美日俄等国相比，当然相去太远。人民既无读报的知识与兴趣，哪能不影响新闻事业之发达呢？第二是交通不便的问题。交通便利的国家，火车轮船航空无线电等，密布各地，取费极严，传递新闻与送达报纸，都是假借飞机电话电报等极迅速的方法，所以同样报纸可以出若干不同的地方版，分别供给当地人民的需要，无论地方如何远近，当天都可以读到新鲜的消息。第三是政治环境的问题。政治的权力当然可以影响任何合体，譬如宪法上规定人民有言论出版之自由，但这自由二字，每每随政治环境问题而异其程度。在邦无道的国度里，谁相信言论出版是绝端自由呢？言论出版若果有自由，那封闭报馆逮捕记者轻则下狱重则枪毙的事就根本不会发生了。办新闻事业的人，都感到邦无道危行言逊，没有勇气为社会立言，试问新闻事业如何可以发达呢？第四是经济问题。国家富裕，国民经济发达，办报的人自然可以谋扩充改良，使其事业蒸蒸上进。同时报纸的广告主顾也会一天一天的增多。假如在不景气的时候，平时看两份报的，也缩减看一份了。衙门办公室有报看的，他家中也索性不订了。商业和私人的广告也日益减色起来。所以社会经济对于新闻事业前途也有甚大的关系。以上所说教育程度交通工具政治环境社会经济等情况都是属于外在的原因。至于谈到内在的原因，便是属于新闻事业本身的问题了。新闻事业的对象，原为极复杂的全社会。社会是什么呢？人与人和人与物之间所发生之诸种现象行为，都可以包括在内。新闻事业既以全社会为其对象，所以从事新闻事业者必须能眼光注射到全社会,乃能魇其欲望,而无愧于"为社会立言"之原则。但这是谈何容易的事,因此谋内在条件之充分完成,那是一件极难的工作。内在条件是些什么呢?如何在新闻的本身上谋正确翔实,如何在材料方面求新颖,时间方面如何求迅速,立论方面如何求公正平允等等,那正是极不容易的技巧工作。此外如编辑方法、拼版式样,发行广告等,同为构成内在条件之一。内在条件完全没有缺憾,新闻事业也可以依其向上发展的"社会进化自然规律"而蒸蒸日上,发扬光大。中国的新闻事业不发达,大概以外在原因为最多,尤其受政治影响,使舆论界得不着十分的保障,大家就兢兢业业,连什么话都不敢说了。报纸原是民众的喉舌,喉舌受了钳制,他如何可以发扬光大呢?譬如就采访言之,不要说大人先生们很不愿意见新闻记者,到处饷以闭门羹,即使幸而偶有收获,但一切消息非经检查后不能发表,于是发表的消息,各报千篇一律,结果大家用不着特别采访,大家也用不着多读报纸,报纸既不能载登特别消息,又不能随便立言,新闻事业之无从发达,便是意料中事。

从这段话我们不难看出陈铭德对于中国的现实是有着极为清醒的认识的。国民党的宪法上规定人民有言论出版之自由,但这"自由"二字,总是随政治环境的变化而程度不同。政治环境平和、当权者的统治略微稳固时,言论出版自由可以作为民主的点缀,而当局势严峻时,开天窗、封闭报馆、殴打记者、逮捕记者,轻则下狱重则枪毙的事就时时发生。

知其不可为而为之,勇气才可嘉。陈铭德对中国的新闻事业有如此明确的认识,依旧坚持报纸的经济独立,坚持不依附于任何党派,坚持办一份代民立言的纯粹的民间报纸,这是多么不现实的选择,又是多么不容易的选择,这也决定了他的一生要处在两难的境地。"宁为玉碎,不为瓦全",这是中国知识分子坚守的信念之一,而上世纪四十年代的《新民报》是自由主义知识分子荟萃的地方,他们之所以走到一起是有着共同的理念的,即"出自己的汗,吃自己的饭,说自己的话",怀抱着"铁肩担道义棘手著文章"的使命感的。与这些自由主义知识分子不同的是,陈铭德虽然也认同这些观点,但他首先是一个报纸的发行人,是报纸的老板,他考虑的首要问题是报社的生存,如果报纸被封掉,"皮之不存,毛将焉附"?

　　1939年重庆连续多日遭到敌机的轰炸,各大报纸常常不能正常出版。有一日轰炸过后各大报都暂时停刊,而陈铭德让职工用人力手摇印刷机,硬是印出一万多份报纸到街头去零售,在他的心里,也许报纸必须每天都出版吧。1942年6月7日,重庆又一次遭到了空袭,在这一次大轰炸中,《新民报》在七星岗的四层楼房的社址和比邻的职工宿舍都中弹被毁。而莲花池的宿舍被炸时,一颗炸弹正落在陈铭德与邓季惺的卧室里,整所房子都被炸塌了。报社的财物包括移置在防空洞的纸张、器材以及多年以来报纸的合订本都付之一炬,损失无法估计。记者们成天冒着炮火采访,编辑们就蹲在防空洞里在微弱的烛光下编稿,排字工人每日都要清理被炸弹震乱的字钉,发行人员途中遇到空袭的警报,最先保护的总是报纸,从来不会扔下报纸自己避入防空洞。这样的工作精神也是我们今天难以想象的。

　　陈铭德经常对同事说这样一句话:"一个办报的人,他不是为了办报而办报,他是为了有人读报而办报。若果这报纸是得不到读者的,或者读的人太少了,这报馆是终归要关门的。"他还在一篇文章中写到:"不要说富于商业性的报纸,或含有某种政治作用的报纸,是要希望有多数的读者,他才可以赚钱,或达到宣传煽惑的目的。便是专为某一个人所办之机关报,不一定以赚钱或推销为目的,若果他的内容真正不堪一读,其结果也只是只有寿终正寝一途。"读者的多寡是决定《新民报》

陈铭德发表在《新民报》上的文章

生存空间的重要因素，要想让读者喜爱自己的报纸，就必然得刊登那些反映民生疾苦、揭露腐败的报道，就不得不报道正在崛起的、代表未来发展方向的共产党的新闻，但这样又会大大得罪当局者。鱼与熊掌不可兼得。陈铭德就是在与国民党当局既抗争又合作的过程中为《新民报》争取发展的空间的，为了进一步不得不先退三步，这个平衡还真的不好掌握，需要有走钢丝的高超技艺。于是我们在《新民报》的版面上就经常会看到它的立场常常自相矛盾，不但今天与昨天的言论可以九十度大转弯，而且在同一天的版面上，头版的立场与后面副刊的文章也是各说各的理，其实这正是当时舆论环境的真实写照。在相对逼窄的活动空间内，一张报纸既要生存又想不违背良心和客观事实表达自己的声音，只能在夹缝中左右逢源觅得一线生机。

与其求诸人，不如先求己。陈铭德既然选择了成为一个报人，为民立言，他就做好了付出一切的准备。

能屈能伸大丈夫

前文曾经提到，《新民报》因刊登了有关女公务员请发平价米被拒和孔大小姐嫁妆事的新闻而大大得罪了国民党当局和孔祥熙本人。报社的编辑与记者们包括张恨水、邓季惺在内，一直都很蔑视达官贵人的嚣张气焰,觉得终于出了一口恶气,炮轰一次发尽了国难财的孔副院长,真是大快人心。浦熙修与陈理源更是一副敢作敢当的硬汉形象,保证文责自负。陈铭德自然舍不得责备如此优秀的记者编辑,也不会真的让他们去国民党的新闻检查所受气,他所能做的只是一个人在外面四处奔波,一方面说服新闻检查所对《新民报》这次的违检事件网开一面,一方面要走门路,请党国要员孔祥熙高抬贵手,不要陷《新民报》于绝境。在所有的人都可以大义凛然拍手称快的时候,陈铭德既要感谢记者编辑们客观报道新闻的勇气,又不能让《新民报》因此撞得头破血流,争取将损失减少到最小。经过四处的请客送礼,新闻检查所终于发话了:"只要孔副院长认为不是问题,我们就可以放行。"孔副院长当然不会任自己的名誉受损,结果由官方拟定了两个更正,由《新民报》刊登。而且关于孔大小姐飞美结婚的更正,要由《新民报》以本报讯的形式刊登,声称赴美不是结婚,将入彼邦大学深造,嫁妆一事系出误会,精制新衣更系误传等等。而且两则更正刊登后,陈铭德还得亲自去向孔祥熙道歉。

1946年1月31日,政协会议闭幕,2月10日,重庆各界在重庆校场口举行庆祝大会。国民党当局对于政协会议通过的各项决议十分不满,便派出特务打手混在群众中,破坏会场秩序,并对民主进步人士大打出手,李公朴、马寅初、郭沫若等人和一些民众及前往采访的记者均被打伤,酿成了震惊中外的校场口事件。《新民报》日、晚刊对特务暴徒的残忍行径痛加揭露和抨击,但中央社却进行了失实报道。这篇报道激起了重庆新闻界记者的愤怒,四十二名记者联名写信质问中央社的失实报道,重庆新闻从业人员随后还发表了《保障人权忠实报道》的意见书,谴责一些官方记者"妄自执言,是非颠倒,于记者失去记者身份,于个人亦失去个人人格"。签名者达二百人之多,《新民报》有四十多名编辑、记者、印刷工人、会计也在其列。

1946 年 2 月 10 日,校场口"陪都各界庆祝政协会议成功大会"现场

　　这可给陈铭德出了一道难题,如果不发表记者们的公开信,会使报纸失去民心失去公信力,报社如何还能有吸引力与凝聚力,而且在报社的发展史上也会留下一个永远抹不去的污点。但中央社的萧同兹是《新民报》的董事长,是《新民报》的一顶保护伞,也是自己多年的老朋友,对《新民报》照顾很多,在朝野上下经常替《新民报》说好话,也不好太不给面子,于是他和罗承烈等人想出一个两全的办法,在广告版以启事的形式免费刊登由石西民、浦熙修等四十二人联名发出的《重庆各报记者为校场口事件致中央社的一封公开信》。

　　事情过去之后,陈铭德对于以浦熙修为首的记者们将中央社当作靶子的行为略感不安,因为校场口事件是国民党当局一手策划的,中央社也只是按上级领导的意思办,萧同兹本人并不能做主。为了给萧同兹一个面子,也为了以后新闻界和平相处,他出面请《新民报》、《大公报》、《新华日报》和中央社的记者一起吃饭,席间他提议让浦熙修给大家敬酒,浦熙修自然不可能一点儿面子也不给萧同兹,当着大家的面将他漏掉,只好不情愿地寒暄着敬了杯酒。萧同兹只能大人大量,不再追究这件事。在不经意间陈铭德就将这件闹得沸沸扬扬的大事抹了过去,让双方都有了台阶。过了几天,《新华日报》的潘梓年才悟出这是陈铭德的鸿门宴,其用心良苦也。

屈辱复刊与永久停刊

时局的发展使得《新民报》这样的民间报纸生存的空间越来越小。1947年5月25日,国民党当局借口制止"为共党张目"和"维护社会治安",悍然查封了上海《新民报》晚刊,同时被查封停刊的还有《文汇报》、《联合晚报》。从在报纸上开天窗、登报道歉到勒令停刊一天、停刊三天,直到永久停刊,可以说,《新民报》的命运一直是迂回曲折的,而其最终的命运和所有中间派报纸一样,从开始就注定了结束。从这个意义上讲,陈铭德的努力带有更多的悲剧色彩。

虽然同为私营的报纸,民间的报纸,但资金的来源却是大不相同的。如果是大资本家出资,某个党派出资,关门也好,销路不畅也罢,名义上的发行人是不关心的,但《新民报》不一样,它完全是依靠自己的发行与广告来维持生计的,虽然许多民族资本家有投资,但这些投资并不是一掷千金,只是积少成多而已。《新民报》的发展凝聚了陈铭德与邓季惺太多的心血,不是说放弃就能放弃的。这也是为什么同时被查封的三张报纸只有陈铭德最后采取了妥协政策,申请复刊。

陈铭德为了这个报纸吃的苦比谁都多,封报纸他最心疼。他总是有决心把已经触礁沉没的船再捞上来,进不了前门进后门,为了报纸的出版他宁愿赴汤蹈火。

申请复刊的过程是屈辱的,也是艰难的。陈铭德先后找过他们的四川同乡、行政院院长张群,给陈立夫、吴铁城写过信,跑遍了上海市政府、市参议会等机构,但大家都推来推去,并不真的出力管事。陈铭德只好一面不放弃活动,一面请《新民报》的南京版、成都版进行支援,发表社评从舆论上对政府施加压力。然而报社的许多职工却反对复刊，情愿到《新民报》系的其他地方工作，邓季惺也已经发放了一部分遣散费，但陈铭德却不惜力地奔跑着，在他的眼里，只要努力了肯定能打通关节，使上海版死而复生。

对于《新民报》，国民党政府是有自己的打算的。在一本关于陈布雷的传记中，笔者意外发现，原来《新民报》上海版的停刊是陈布雷下的命令。陈布雷自己以前做过报人，了解陈铭德对于这份家当的认真与执著，知道陈铭德为了报纸的生存可以做很多妥协，正好可以利用这一点逐步将《新民报》纳为己有，或者使其转变立场。经过多方奔走和舆论的支持，《新民报》上海版终于复刊了。

复刊后的上海版处处受牵制，自然也难有多大的作为，但值得庆幸的是，正是由于陈铭德的忍辱负重，《新民报》在上海终于保留下一块宝贵的阵地。解放后随着局势的发展，五社八版的其他各版都完成了自己的历史使命，以各种各样的方式退出了历史舞台，只有上海晚刊这一支创刊起就最动荡不止的报纸存活至今，一线单传，并发展为中国最有影响的晚报，使得新民的传统得以延续。今天的《新民晚报》和国内的其他晚报相比，依然保持着原来《新民报》晚刊副刊作者队伍庞大、杂文与散文玲珑剔透、鸟语花香无所不包的特点，能够带给读者莫大的精神享受，就从这一点，我们也应该理解陈铭德的牺牲与坚持，感谢他所做出的各种努力。

陈铭德心情最为沮丧的一天应该是1948年7月南京版永久停刊的那一天。蒋介石判决《新民报》永久停刊的手令7月8日下午就发出了。手令由国民党中央政治会议代秘书陈布雷、中宣部长李惟果、军务局长俞济时组成的三人小组，直接下达给内政部。内政部奉文后，马上指令首都警察厅和社会局，克速执行。晚上9时多，由首都警察局会同南京社会局人员，将这份标以"内政部（三十七）安肆一〇二五六号代电"的公文,正式送达。文称:"查南京《新民报》屡次刊载为匪宣传、诋毁政府、散布谣言、煽惑人心、动摇士气及挑拨离间军民及地方团队情感之新闻通讯及言论。近更变本加厉,在豫东军事紧张之际,企图发动舆论,反对空军对匪部之轰炸,显系蓄意摧毁政府威信,中伤军民感情,有计划之反对戡乱步伐,实违反出版法第二十一条第二三两款'出版品不得损害中华民国利益及破坏公共秩序之宣传或记载'之规定。依照出版法第三十二条规定,应即予以永久停刊处分……"陈铭德出门去接收,来人却十分顶真地说:邓季惺是南京《新民报》的直接负责人,这个命令一定要她亲自签收。

张友鸾的《南京人报》1948 年 7 月 9 日曾发表通讯《沉痛的一天》,为我们记录了这黑暗的一天,也得以使我们体会陈铭德的心情:

> 九点多,中山东路的《新民报》社,来了很多的人,一部分是社内同事,听候总经理的报告,一部分是同业和朋友,前来慰问。桌上电话铃,响个不停,每个电话都是关心者的探问。

> 陈铭德先生始终在苦笑,没有别的表情。他绝不说一句埋怨的话,汗湿透了他的衬衫,和平常一样亲切地招待客人,似乎忘记了疲乏,一位报社同事偷偷地说:总经理这两天差不多一点饭都没吃。

> 有人安慰他,说到什么"事业"一类的话,他只是摇头,并不作答,摇头,是他昨天除了苦笑以外惟一的表情。

> 经理邓季惺先生原是学法律的,她手拈那纸命令,只是出神。命令中有两句话:"依照出版法第三十二条之规定,应即予以永久停刊处分。"这命令援引的是北洋政府留下的出版法,而出版法正是行宪立法院将考虑审查的一个单行法,偏巧,邓又是立法委员,所以她有些迷惘。

> 业务部向各报送出停刊启事,要通知其他分社同人安心,同时

准备清理账目,莫不汗流浃背。

十时左右,陈、邓、彭总编辑,王总编辑,全体同人,聚集在编辑部里,鼻头发酸,互不忍看,只得看着窗外的黑暗。

陈把公文拿给大家看了,他始终带着苦笑。他说话是一种令人心弦也发生叩击的腔调。他勉励大家不要难过,在人生的旅程上,在事业的创造上,这样的遭遇是随时可以遇到的。我们既然立心要做一个真正的新闻记者,我们要坚毅忍耐,那么我们将来必然有更远大的前途。小小的挫折,是算不得什么的。他更勉励大家,乘这个机会,多多检讨自己过去的缺点,多多读书学习。继续有人发言,然邓季惺一言不发,只是坐着。

即使如此,陈铭德也没有完全心灰意冷。当时迫于国内外的强大舆论压力,蒋介石没有敢对《新民报》其他四社斩草除根,而是发电请地方当局酌情处理,陈铭德立即觉得有机可乘。

他先是致电北平、上海、重庆、成都的国民党军政要员,请他们手下留情,尽量维持各地《新民报》的生存,同时要求《新民报》暂时收敛锋芒,不要再得罪当局。他还动员邓季惺组织立法委员四处活动,声明查封《新民报》不合法,要求当局撤销停刊处分。陈铭德不辞辛苦,分别给张群、陈布雷、吴铁城等高官写信,晓之以理动之以情,请他们设法周旋,替《新民报》说情。他甚至找到视新闻自由为立国之本的美国大使的顾问,企图让司徒雷登出面向国民党施加压力。陈铭德还请章士钊、江庸等六名律师代撰万言书,要求内政部复议和撤销停刊处分。在陈铭德看来,只要自己把工作做足,关系用足,南京的《新民报》也可以像上海《新民报》那样复刊。他甚至让律师在万言书中强调,南京《新民报》的日刊确实有报道失实的地方,但晚刊却还算中规中矩,不能因为要查封日刊"连坐"至晚刊,能不能先让晚刊复刊等等。这些努力其实在略懂政治的人看来,都是极其天真的,完全是文人的幼稚想法。在蒋介石政权即将分崩离析的狼狈日子,有谁还会看什么万言书? 在一觉醒来可能"城头变幻大王旗"的复杂局势下,人人自危,哪个高官会有心思替一张报纸求情? 在一个原本缺乏民主和法律的国度,合法或者不合法又有谁会较真?

自然这些努力只会石沉大海般没有任何回音,但陈铭德依旧没有丧失东山再起的信心。他一面将南京社的人员妥善遣送,部分调往其他分社任职,一面又通过关系搞到一张《江南晚报》的登记证,留下部分人员暂时出版这份报纸,也算是为报纸的复刊储备力量,等待时机再恢复原来的报名。直到自己上了黑名单,才不得不化名逃亡。

在旧中国热衷于办报的人,根据其出身至少可以分为三类,一为官人,二为商人,三为文人。落魄官员办报以明志始于清末,最著名的是清末江西铅山知县陈范,因办理教案被清廷革职后,愤官场之腐败,思以清议救天下,在上海接办了《苏报》;商人办报大多是另辟一条赚钱的渠道,或通过报纸来宣传自己的商(企)业,走的是"以报养业"的路子,如当年经营茶叶和棉布生意的英商美查兄弟因生意亏本,决定办一张像《上海新报》一样的"销路好,有利可图"的报纸,于是创办了《申报》,但当他认为办报不如办厂获利时,便将报馆全盘出售。而文人构成了旧中国办报的主体,他们办报旨在"文章报国"和"为民请命",这也决定了他们与官人、商人完全不同的特点。

有很多人一直觉得陈铭德这个人不可测度。他一直是国民党党员,还当过国大代表,却处处揭国民党的短;他不仅重用张恨水、张友鸾等无党无派的文人,并由着浦熙修、曹仲英、陈理源等亲共派频繁接触中共要员,而且还大胆重用蒋文杰、宣谛之等地下共产党员,放手让他们搞边缘政策对抗国民党的言论钳制。如果仅仅是出于商业考虑,为了提高报纸的发行量,他完全可以不痛不痒地批评政府或者小骂小帮忙,何至于几乎是玩命地反对蒋介石政权? 既然制定了生存至上、遇礁即避的政策,为什么最后不但报纸被查封,连自己都上了黑名单?

只能说陈铭德是典型的文人办报。而文人办报最大的特点便是嗜报如命,除非遇到不可抗拒的原因,绝不轻言放弃。此报停刊再创新报,此地停刊再赴他地,天南地北,巡回办报,乐此不疲,似乎在办报之初就与报纸私订了终身。

四、半生襟抱付东流

《新民报》南京版被查封后,立法委员谭剔吾告诉邓季惺,反对国民党的立法委员有可能会被逮捕,邓季惺正在名单之上,而且国民党内部还有人建议将陈铭德、邓季惺交由"特种刑事法庭"治罪。1948 年 10 月,邓季惺在黄苗子的掩护下,侥幸地逃亡香港。据说国民党政府逃到台湾后,还对邓季惺发布了一纸通缉令。上海《新民报》总编辑赵超构等亲共人士也先后逃亡香港。到了 12 月底,陈铭德亦化名逃亡香港……

在香港的这段日子,陈铭德与邓季惺难得的清闲下来。他们对国民党已经彻底失望,也不打算与国民党共进退。他们开始思考在另一片天空下如何实现自己的办报理想。那时香港已经聚集了许多报人,陈铭德又开始春风满面地忙着请客吃饭,替《新民报》网罗人才。过去离开《新民报》去办《南京人报》的郑拾风就被盛情邀请重回《新民报》。邓季惺则认真学习着邹韬奋的著作,研究他当年经营生活书店时职工持股的办法,在他们看来邹韬奋是共产党喜欢和肯定的人,他的经营方法自然是可以效仿的。

"正当《新民报》受尽压迫临近窒息的关头,天明了,反动派垮了台,人民坐了江山,在光明的世界里,自由的空气中,照说我们的报纸,过去在反动派统治下抑郁难伸的报纸,应该可以扬眉吐气,获得无限制的发展了……"陈铭德在其自传中曾经这样憧憬着。

放弃办报退出历史舞台

然而在随后短短的几年间，陈铭德与邓季惺便彻底失望了，他们虽然没有"凌云万丈才"，但后半生的"襟抱"再也不曾有实现的机会。

据已经去世的老报人徐铸成日记记载，1949年10月8日，他曾与赵超构赴北京南长街陈铭德家中便宴，当时"铭德季惺深感能力无从发挥，对北京新民尤感不满"。

陈铭德邓季惺夫妇从1949年8月起，就向政府提出，要求将北京《新民报》收归公营或公私合营。他们的理由是，办报是一个尖锐的政治事业，我们是从旧社会里来的，对理论对政策过去都没有好好学习，对新鲜事物还不能充分接受和认识，故而难以承担这样的使命。他们怀揣着报社财产的有关证明，一次又一次找到政府，要求将报社的一切交出去。

这其中发生了怎样的转折？

邓季惺是在1949年的初春时节进入北京的。迎接她的却是一则《本报职工会重要启事》，启事中声称：本报前总经理陈铭德在解放前离开北平他往，本报与他完全脱离关系。前本报总经理张恨水、曹仲英前后解除职务。今后本报对内对外一切事宜均由职工会执行委员会负责。作为一个报纸的创办人，现在却丧失了对报纸的领导权。在职工的眼里，邓季惺现在是剥削者，是寄生虫，是资本家，而这样的身份是不能领导如此重要的阶级斗争工具的！陈铭德、邓季惺信任的干部也受到了质疑，浦熙修想留在《新民报》北平社，居然遭到工会一些人的反对，浦熙修最后只好去了《文汇报》。

既然还允许民间报纸存在，那么民间报纸又该如何办呢？就在这样的迷惑中，《新民报》迎来了自己二十岁的生日。陈铭德自认为只要对《新民报》做适当的改造，还是可以跟得上形势的发展，并为新中国出一把力的。毕竟北平将是新中国的首都，是政治文化中心，《新民报》在北平的发行量又相当的可观,《新民报》的同人们认为,以二十年庆祝为契机,《新民报》还可以再辉煌上二十年。

于是《新民报》二十年的庆祝活动搞得有声有色——谁也没有想到这也是他们最后一次大张旗鼓地庆祝生日。在为报纸创刊二十周年专门出版的纪念刊中,陈铭德对报社的主要人物进行了总结性的发言——题目是《二十年之回顾与前瞻》,这篇文章洋洋洒洒,回顾了报纸艰难的成长历程,对曾经与自己共同奋斗的"战友们"进行了感谢,他十分诚挚地感谢了邓季惺对于报纸不可抹杀的贡献,并且生平第一次对报纸的几大台柱子进行了毫无保留的肯定:

> 罗承烈先生、赵超构先生先后任本报的总主笔,坚持人民立场,不移于贫贱,不屈于威武,本报能以不充分的人力与物力,屹然树立民间报的地位,罗赵两先生主持笔政,功不可没。张友鸾先生是本报新闻编辑的导师,承他以后出任各社的总编辑,直接间接都承受他的教育与影响,处理纸面的方法,编排的风格与形式,今天仍承袭一贯的传统莫能易之。张慧剑先生先后主编西方夜谈、出师表、夜航船、夜光杯,网罗新旧贯串中西,爽朗的风格,进步的内容,深入浅出神工鬼斧,最为读者所欣爱激赏,重庆版晚刊,成都版晚刊,南京版晚刊和上海版晚刊的创始都是张先生打的头阵……

在纪念特刊上,他们刊登了中共领导人朱德、周恩来的题词,还有郭沫若、邵力子等人的文章。这些要人都对《新民报》的过去给予了充分的肯定,希望《新民报》在新的时代发挥出更大的作用,更好地为人民服务。当然大家不约而同地表达了这样一层意思,和国统区的其他报纸相比,《新民报》是进步的,帮了共产党很多的忙,但是和解放区的报纸相比,《新民报》便是落后的了,需要改进与努力的地方非常多。

陈铭德虽然习惯了在别人面前做各种各样的检讨,但毕竟在国民党统治时期,这种检讨都是口头的,完全是为了敷衍国民党的宣传部门,事后并不需要言行一致。但现在不同了,一个在国统区存在了二十年的报纸,怎么说也是落后的,想要找出些问题来太容易了,不做深刻的检讨恐怕是不行的。因此在二十周年的纪念刊上,陈铭德诚心诚意地对自己的中间立场进行了检讨——"在人民与反人民的斗争中,绝对无所谓'中',真理只有一面,断不能在是与非之间,找出不是也不非的答案来。"——他只是没有想到这样的检讨在解放后会成为家常便饭,而且越检讨会发现自己的错误越多。

陈铭德与邓季惺知道"识时务者为俊杰"的道理,知道凡事需要争取主动,于是在征求了一些他们认为对政治比较精通的、跟得上时代潮流的人士的意见后,很快又写了一份类似检讨书的东西,以求宽大处理:

> 二十年前《新民报》创刊于南京。创办《新民报》的同人,对于这张报纸,是抱着自以为相当进步的理想的。那时《新民报》的同人,沉溺于资本主义的新闻观念,相信新闻在其本质上是必当大公无私,而且幻想报纸是可以超然于阶级斗争,党派性之外,站在中立地位的。二十年来《新民报》同人多多少少都有着此种信念,作这职业报人,为新闻而新闻,为办报而办报,自居于民间立场,向反动统治者争取新闻自由。

这些话是大实话,解放前的报人无论真正的立场如何,办报的目的如何,都会标榜自己是民间立场,况且《新民报》同人确实一直坚定地抱有这种信念。而下面这一段把《新民报》说成是统治阶级的"帮凶帮闲",多少就有些勉强了:

> 从今天看,这种办报的态度,这种新闻工作的理想,完全是幼稚的,幻想的迷信的。一切资产阶级新闻教育都犯着共通的错误,他们有意隐蔽阶级斗争的事实,制造一个虚幻的民间立场,在这个虚幻的基础上,追求虚幻的公正,虚幻的中立,虚幻的自由,却忘记

本身在客观上已经成为了某阶级所利用的播音机。一方面我们的反帝反封建的倾向是明确的,我们不能过于自贬,说《新民报》过去二十年对于这方面的工作毫无表现;但是成为问题的是,我们仍然受了资本主义民主观念的束缚,仍然醉心于英美式的民主,仍然梦想英美式的言论自由……

在今天来看二十年来的《新民报》,虽然主观上是追求进步的,客观上却有意无意地替统治阶级起了帮凶帮闲的作用。我们充分认识报纸是阶级斗争的武器,是政治斗争的武器,现在已不是书生办报或以办报为单纯职业的时代,所以我们《新民报》的工作人员,应当从思想到行动,努力改造自己,克服自己旧知识分子的缺点和劣根性,建立对人民负责的工作态度,以期报纸不断的进步,能对人民作更好的服务。

《新民报》创刊二十年了。摸索了二十年道路的《新民报》,今天见着光明了。解放区的天地是明朗的天地,解放区的报纸应该是干净的,坦白的,健康的,富于新鲜活力的。让我们在检讨过去的错误中,稳步踏上这一条应走的路上去吧。

这样的文字多少有些陌生,与过去《新民报》的社评所倡导的主义多少有些背道而驰。仔细读他们的检讨,是可以看出他们的真诚与努力的,毕竟他们是真的希望《新民报》可以在新的时代中找到自己的位置。

对于《新民报》的问题,周恩来总理也是非常关心的,他特别请胡乔木与夏衍来全权考虑《新民报》的前程。1949年9月,《新民报》在北平召开了平、宁、沪三社经理职工代表联席会议,胡乔木和夏衍都出席了会议。关于劳资纠纷,提出了劳资两利,做经理的要使职工兴高采烈地工作,职工也应使做经理的有积极性。这次会议还决定在总管理处下设一个临时管理委员会,让一部分职工参与对报纸的管理,但经理有决定权。然而职工代表依旧不满意,不明白为什么决定权还在经理手里,职工权益如何保障?

北平《新民报》的一些人最关心的是陈铭德与邓季惺的经济问题。他们在南长街盖的房子资金从何而来,这些年作为私营企业主他们剥削了多少贪污了多少? 他们的保姆甚至被关起来被逼着揭发他们的经济问题。

很快陈铭德便明白,自己过去做报纸的经验在新中国完全不适用,而要习惯新的办报模式并不容易。解放初期,我党对传媒内容实行了严格的管理制度,无论是报纸的内容还是报纸的经营管理,私营报业单独运行的氛围和土壤都已经不复存在。据 1950 年 3 月统计,全国私营报纸共有五十八家,分布于华东、华北、中南、西南、西北、东北等地区。但很快他们中的大多数就因经营难以为继或因工人反对等原因自动停刊。

当时私营报纸普遍存在销售量大减的现象。如上海解放前每日报纸销售量约为五十万份(最高曾达七十万份),到 1950 年 6 月仅有三十万份。老牌的上海《大公报》从解放初的十六万份锐减为 1952 年的六万余份;《新民报》也迅速从上海刚解放时的一万几千份下降到 1950 年 3 月的八千份。广告被称为私营报业生存的经济支柱,旧中国私营报纸的广告量常常占报纸版面的 40% 以上。解放初期,由于百业待兴,商业活动处于低谷,私营企业大多已停止广告活动,多数广告客户更信任党报等原因,私营报纸的广告收入从解放前的占营业收入的 70% 以上,降为解放初期的不足三分之一,经济支柱倒了半边,难以支撑报业生存。于是一部分私营报纸不得不陆续选择了公私合营的道路。到 1953 年,所有尚存的私营报纸都进行了公私合营。《新民报》也不例外。

1950 的 4 月,成都《新民报》自行停刊。4 月 30 日,南京《新民报》也因南京市由直辖市改为省辖市等情况而停刊。重庆《新民报》也因纸张

1950年4月12日,毛泽东、朱德在中南海颐年堂接见全国新闻工作会议代表

不能及时补充、工资不能如期发放等原因,勉强撑到1952年1月11日自动停刊。

北平《新民报》自然也选择了公私合营。1952年4月,北京《新民报》资财由北京市人民政府收购,改名《北京日报》;部分人员参加《北京日报》工作,邓季惺任顾问。

上海的《新民报》于1953年1月也实行了公私合营,重新组建了新的编委会,陈铭德被聘为副社长,邓季惺任顾问。他们俩人接受了聘书,但再没有过问过报社的大事小事。上世纪80年代《新民晚报》准备复刊时,才发现报社的工会基金还是陈铭德与邓季惺的私人存款。原来当年报社要成立工会,却没有资金来源,就向两位老板要了三千多元作为借款基金,此后就一直留在账上。《新民晚报》的财务部门致函两位老人,请他们收回这笔钱,邓季惺回信请他们继续用于《新民晚报》的事业发展。

在公私合营中，邓季惺与陈铭德还有《新民报》的一些股份，被戴上了资本家的帽子。他们没有拿定息与分红，全部捐给了工会。不过1952年的"三反"、"五反"还是吓坏了他们，虽然最后的结论是基本守法户，但从此后他们下决心与《新民报》不再有任何的关系。陈铭德被任命为北京市社会福利事业局副局长，邓季惺则从西南军政委员会的委员改为北京市民政局副局长。邓季惺负责建设了北京市第一个火葬场，陈铭德苦于北京的饮食太单调，忙着将他在上海、南京吃过的好餐馆介绍过北京来。

他们就这样不甘愿地放弃了自己的办报生涯。

好在邓季惺对家庭同样有着无限的热爱。这些年的奔波让她多少对孩子们有些愧疚，现在终于可以有所补偿了。

邓季惺喜欢盖房子是出了名的。1933年的夏天，邓季惺回到南京做的第一件事便是安一个温暖舒适的家。虽然邓季惺最让人称道的是她作为一个职业女性的独立性和作为一个企业家的才干，但她作为一个妻子和母亲同样十分称职。她给予家人最直接的爱便是无论走到哪里都尽可能地买地盖屋。她自己亲自参与设计盖了属于她和陈铭德的第一幢花园洋房，房子上下两层，有客厅、起居室、儿童房，一半自己居住一半用来出租。这房子还曾作为中国资产阶级的居住模式，接待过美国的参观者。他们为这个家取名"鹣庐"，鹣字出于《尔雅》，"东方有比目鱼焉，不比不行，其名谓之鲽；南方有比翼鸟焉，不比不飞，其名为之鹣"。鹣鹣鲽鲽，夫妻恩爱之谓也。

抗日战争爆发后，举家迁往重庆，邓季惺便在江北买了一块地，修了一幢二层小楼；1943年《新民报》到成都开创新天地，出版日刊晚刊，邓季惺需要经常在成都奔忙，便在华西坝的外边修了一所红砖二层小楼。刚刚解放时，他们住在北京西城石碑胡同一个四合院里，前廊、后厦,走廊,游廊,满院子花草。后来邓季惺又在南长街买了一块地,与中山公园只有一墙之隔,盖了一幢三百多平方米的三层洋楼,三楼只有一间房子,有一个宽阔的大平台,站在平台上就可以看到中山公园的花草树木,是当时公认的最好的洋楼之一。因为战争四处搬迁居无定所的一家人终于有了一个安闲舒适的家,这也是一家人住过的时间最长的一套房子。直到"文化大革命"爆发后,红卫兵进驻,邓季惺夫妇才不得不搬出来。

双双做了"牛鬼蛇神"

陈铭德、邓季惺虽然将报纸都交了出去,但在他们的心里一直是关心着报纸的生存与发展的,他们真的还是热爱新闻事业的。这在1957年的大鸣大放中暴露无遗,让人们看到了他们不死的"贼心"。

对于邓季惺的大鸣大放,大家一点也不感到意外,因为她一向直来直去,口无遮拦。她的很多观点大家在平时就多次领教。比如她主张多办同人报纸,应该把同人报纸变成报纸的民主党派,这样可以和党报竞赛,可以减少报道中的主观片面性。她对党报和非党报的待遇不同很有意见。她说,有人说党报是亲儿子,非党报是义子,不但记者采访时候受到不同的待遇,就是纸张的分配也有区别。听说分配给《人民日报》的纸张就超过了实际的需要。非党报的纸张不够用,纸的质量也不好。机器也是这样,党报有高速轮转机,非党报一直用着旧机器。最可笑的是,各报给邮局的发行费一样,都是25%,而邮局只给《人民日报》捆报,不给《大公报》捆报。

邓季惺的牢骚更多地集中在其他方面。她在一次发言中说:"我来北京九年了,我由《新民报》调《北京日报》当顾问,实际上好久没有事情可做;连报纸发行多少也不让知道,后来还是从黑板报上知道的。以后调到民政局任副局长,对局内好多事情也往往是报纸上发表了才知道。自己分工主管的工作会议不让参加……我提出意见,党员局长也不听。

久而久之,有些话我就不说了;因为在实际工作中,我说的不算,党员局长说的才算数,我要再说不是自讨没趣吗……在旧社会里,我没有当过太太、小姐,这几年在新社会里我反而好像成了个不劳而食的剥削者了。"

她一生都执著于建设一个法制化的国家,她说:"我认为应该把党的方针政策,缜密地规定到法律、法令和一切规章制度中去,然后由党来监督执行。这样,执行中也可以减少偏差。但是,现在还没有树立起法治精神,而是'人治'。不是依法办事,而是采用'心口相传,面授机宜'的办法。"

已经脱离办报生涯很久的陈铭德,一向以沉默示人,一切以服从为前提,但当人家请他发言时,他居然也毫不犹豫地大鸣大放起来。这些话一定压在他心里很久了,他一定以为这一次也许是又一次机会。

那是1957年5月17日,他说:"办报必须走群众路线,群众所需要所喜爱的,就应当予以满足。报纸是人民的精神食粮,新闻工作者正和厨师做菜一样,如果单纯讲营养价值,而不顾色、香、味,那是不能令食家满意的。"很显然他是觉得解放后的报纸不能令他这个挑剔的新闻美食家满意。

他又长篇大论地谈起旧的报纸的优点:"旧中国的报纸多数是反动的,落后的,但是也有一些进步的,或是比较进步的报纸,它们都是一些民间报纸,它们对民主革命,有过多少贡献也不去谈它。只谈谈它们在编辑、采访、经营管理等方面,似乎也还有可以取法之处,似乎不能一概抹杀,全盘否定。既然如此,我们就应该研究它们的经验与优点,加以承认,予以发扬。最好的报纸要和读者打成一片,替读者说出要说的话,不单是板着面孔训读者。这样,读者也爱护报纸,把报纸看作知心朋友……现在全国有几百家党报,但是非党的报纸仅有光明、大公、文汇、新闻、新民五家,非党的报纸不是太多而是太少了,报纸作为百花齐放的园地和百家争鸣的讲坛来说,多一片园地就能开出更多的花朵,多一个讲坛就能多明辨一些是非。"

"老报人的经验应受到尊重。几年来许多老报人,现在有改行的,有用非其材的,也还有没有得到安置的。我可以举出很多例子来说明。比如蒋荫恩先生,曾任燕京大学新闻系主任,桃李满天下,可是解放后被安排担任北大总务长,现在是校长助理,听说明年将开课;又比如顾执中先生,以前是民治新专的校长,他有很多东西值得我们学习。我愿再举张慎之这个例子。张慎之以前是《世界日报》的,是老报人,但是解放后他却在绒线胡同东口卖香烟三年,现在他不卖烟了,病倒在家,仅靠老爱人卖豆浆过活。人力大可发掘,应加以利用。"

从这段话中大家不费任何力气就能感觉到陈铭德的一生不曾改变的对人才的爱惜之心,他对于老报人的关爱之情溢于言表。想一想解放后他的境遇并没有好到哪里,空有一腔的理想无法实现,攒了一肚子的经验无处施展,自己就是典型的用非其材,可是他却首先替老报人们惋惜着。

"最近现代化的报纸差不多一两个小时就出一版,日本还出现了电话报告新闻的报纸。我们的社会日趋繁荣,而我们的北京却连一张晚报都没有。绝不是读者没有这个需要,而是新闻工作者没有替读者打算。因此我建议及早在北京办一份晚报,假如有人办一张晚报,如经营得法,我担保不会赔钱的。"

坐在底下的听众恍然大悟,原来陈铭德一直没有忘记自己的办报梦,每日依然关注世界新闻事业的发展,依然想着能在北京办一张晚报。他就差一点直接说,让我来办一份晚报,肯定不会赔钱的。

当然他们很快就不得不违心地做检讨了,并且双双当上了右派。直到1961年他们才有了新的工作——丈夫在全国政协文化俱乐部里当书画组顾问,妻子作小餐厅顾问。

早在 1960 年,全国政协就成立了书画组室,开展过多次书画活动。书画室由陈半丁老人担任主任,当时刚刚年过花甲的陈铭德任顾问,平时书画家们人来人往,随时挥毫,都由他操劳、安排。老一辈民主人士郭沫若、沈钧儒、陈叔通、马叙伦等为支持政协书画室,特地赠送名贵的字画和文房四宝,还亲自参加书画室的活动。画家吴镜汀、秦仲文、周元亮、董寿平四人合作,历时半个多月才完成,由郭沫若题书"风景这边独好"的巨幅国画,堪称珍品。可惜 1964 年政协就成了"四清"运动的重点,政协礼堂也变成"裴多菲俱乐部",书画室也关门大吉。

　　应该说是在这次"反右"斗争结束后,陈铭德、邓季惺才彻底放弃了继续办报的希望。但正如颜回居陋巷箪食瓢饮并不改其乐一样,陈铭德与邓季惺的家依旧是大家聚集的地方。赵超构每次从上海到北京都要代表上海《新民报》的同事看一看他们的铭公,陈铭德与张恨水、张友鸾保持了一生的友谊。上世纪六十年代初期,正是三年困难时期。陈铭德、张友鸾等老人去看望张恨水时,怕给他添麻烦,总要每个人带个菜。聚会时,一揭开饭盒,湖北味、江苏味、安徽味、四川味、广东味,香味四溢,汇聚一桌,都是各家的"拿手菜",其色香味绝不在一般饭馆之下。张恨水七十寿辰时,陈铭德照例为他在四川饭厅举行了庆祝宴会。

　　据章乃器的儿子章立凡回忆,他家经济拮据时,陈铭德每月都有所接济。他总是详细寻问章乃器的情况,并叮嘱说:"你父亲年纪大了,你在思想上划清界限,生活上还是要照顾好他。"

　　这对夫妻报人在解放后的命运其实是那个时代的缩影。据统计,与《新民报》相关的记者编辑在 1957 年"反右"及"文革"中的命运都很凄凉,有十几人被打成了"右派",有数十人被扣上了"反动学术权威"等大帽子。五社八版中一脉单传的《新民晚报》也被迫停刊,许多报人被迫远离了自己心爱的新闻事业,过着衣食堪忧的日子,亲朋好友也受到牵连。

20 世纪 70 年代初,陈铭德、邓季惺和孙女在一起

往事不堪回首月明中……

陈铭德与邓季惺把精力和热情全都倾注在了孩子们身上,尽量为儿女创造条件,帮助他们带大了孙儿孙女,让他们安心工作。老两口先后看护了七个孙儿女。据说邓季惺用管报纸的办法管理着自己的孙儿女们。她定期给他们称体重,量身高,还记录在案,按时按食谱吃饭。邓季惺的孙女们至今也无法想象,天天在家里给她们做饭的奶奶,以前经常拎着整箱子的钱从南京跑到上海去补上海版的亏损窟窿,动辄上千两黄金买房买设备。

如果走在街上,他们与一般的老头儿老太太没有任何区别,就是简单的"白发携孙两翁婆"。著名经济学家吴敬琏的女儿晓莲和晓兰回忆起小时候和爷爷奶奶在一起的日子是幸福的。由于爷爷奶奶的保护,1963 年出生的晓莲竟全然不知道"文化大革命"给家庭带来的灾难。在小孩子心里他们就是慈祥的爷爷奶奶,好像他们一生都是这个角色。

晓莲长大了到外地去上大学,到美国去读书和工作,她的信总是写到爷爷奶奶家……

在外人看来,邓季惺也许有些精明有些强悍,但她从来不是蛮不讲理的人,新凤霞曾经在一篇回忆文章中称她是最可爱的大姐,因为她是非分明,没有一般女人的小心眼,大事小事都能果断而迅速地处理,从不拖泥带水,让人觉得十分清爽。而且邓季惺是非常热情的一个人,居然有一般女人的通病,那就是特别爱做媒,爱当红娘,爱主持婚礼。而且她的儿女们个个事业有成,对国家贡献巨大,家庭美满和谐,这应该是她足以自慰的。

第二部分
《新民报》生命簿

1929年9月9日《新民报》在南京创刊。

9月9日这一天在中国的历史上总是会发生各种各样的事情，然而这一年的这一天看起来似乎非常普通。

如果按照目前通行的中国历史的划分，1929年正处于十年内战的特殊时期。

1927年4月，南京国民政府建立，经过宁汉合流、宁粤合流和一系列军阀混战，蒋介石和国民党逐步确立了在全国的统治地位。依靠其执政党的地位，国民党建立起了规模庞大、分布广泛、体制完备的新闻事业网络。这个网络在1928年前后初具规模，在1932年前后得到加强，形成了以《中央日报》、中央通讯社、中央广播电台为主干的、从中央到地方的有严密组织的宣传机器，这部机器在政治、经济上处于完全的垄断地位。

和中国历史上的其他执政者一样，国民党同样没有放松对舆论的控制。1929年的1月10日，国民党通过了《宣传品审查条例》，规定凡"宣传共产主义和阶级斗争者"，"反对或违背本党主义政纲政策及决议议案者"，都属于"反动宣传品"。这样的条例对于立志言论报国的知识分子来说，可不是一个好消息，在国民党刚刚建立统一政权才两年的光阴，一党专政已略显端倪。连身居上海的鲁迅都感慨"没有说话的地方了"，因为"没处投稿"，所以"极少写稿"。而这一年被查禁的刊物据统计有二百七十二种，比上一年增加了90%，这其中有一半属于共产党的刊物，另一半则是其他各种主义、各种政治派别的刊物。

这样的新闻检查条例无疑遭到了新闻界的强烈抵制，到9月16日，国民党政府不得不发布通令，声称停止新闻检查。12月28日，蒋介石更发出"《大公报》并转全国各报馆"的通电，表示要开放"言禁"，欢迎报界自1930年元旦起对"党务"、"军事"、"政治"、"外交"等弊病进行批评。应该说，国民党新政权的建立毕竟结束了旧军阀割据的局面，暂时取得了没有战争相扰的相对稳定的条件，给民族资本主义的发展带来了机会，私营报业也获得了比军阀混战时更为长足的发展空间，但对于言论的钳制却并未有太多的改变。随后的事实证明，蒋介石所谓的开放言禁只是一种粉饰太平，装点民主门面的姿态。

北方，尤其是平津地区，由于军阀的争夺以及日本帝国主义在东北的侵略带来的战争的恐慌，已经不复为中国报业发展的中心。随着全国的政治中心迁到南京，南京成为新的报业中心。据国民党中央宣传部的统计，1935年，南京一地有报纸三十八家，仅次于上海的四十一家。

当蒋介石在南京呼风唤雨的时候，各地的军阀并没有停止对权力的争夺。东北的张作霖、山西的阎锡山、广西的白崇禧都保持着相当的实力，他们不但在自己所统辖的地盘内，利用各种报刊充当自己的喉舌，为了宣传自己的政绩，扩大影响，巩固自己的地位，还把手伸到了处于国民党统治中心的南京。他们在那里培植势力、收买文人、利用民间报纸在人们心目中公正客观的印象为自己摇旗呐喊。和《新民报》早期的发展紧密相关的四川王刘湘便是一个实例。

刘湘出生于 1890 年,四川大邑人,四川陆军速成学校毕业。据说他为人剽悍,作战英勇,屡建战功,到 1918 年护法战争时,已跃升为川军第一师师长,成为四川军队中的一员主要将领。1921 年 7 月,被推为四川各军总司令兼省长。1923 年 5 月,被北洋政府任命为四川善后督办,驻军重庆。

四川大邑县刘氏庄园,刘湘、刘文辉均生长于此

刘文辉是刘湘的堂叔,但年龄却比刘湘小六岁。从保定陆军军官学校毕业后回到四川,刘文辉受到刘湘多方面的关照,在四川军队中一路官运亨通,仅三年时间就从上尉参谋升到川军第一混成旅旅长,成为四川军阀中的主要将领之一。到 1928 年,刘湘与刘文辉崛起为四川两个最大的军阀集团,形成了"二刘"共宰四川的局面。

一山难容二虎。1929 年,正是叔侄俩混战正酣之时,刘湘想要独占四川,需要"挟中央"以自重,需要在南京有一张替自己说话的报纸,这也是陈铭德能够从刘湘那里筹得二千元开办费和每月津贴七百元的主要原因。

1929 年,陈铭德已经三十二岁,正是大展鸿图的黄金年龄,《新民报》成为他事业真正的起点。

一、先天不足,后天失调

陈铭德多次用"先天不足后天失调"、"全无藉藉之名"来形容自己经营的这份报纸,其实这是当时中国所有同人报纸的共同特点,《新民报》创刊时面临的最大问题便是资金的捉襟见肘。

虽然通过刘湘,陈铭德拿到了不大不小的一笔资金,但办报处处需要花钱、每天都要花钱,尤其是在报纸众多竞争激烈的南京,一张新生的报纸想要在开办之初便崭露头角,没有雄厚的财力支持几乎是不可能的。

所以陈铭德扮演的角色之一便是四处化缘。好在国民党从来就不是一个统一的统治集团,党内、军内派系林立,他们之间的深刻矛盾也反映到当时的新闻事业中,他们纷纷将报刊作为一种舆论工具,进行着控制与反控制的较量,所以很多看似普通的报纸背后都有着这样或那样不为人知的复杂背景,而对于任何一家新的媒体,他们都希望可以和平共处。陈铭德一开始并不知道其中的奥妙,但经过细心的揣度,渐渐深谙其中的玄机,期冀在各派系之间的矛盾中寻求一条夹缝来生存。

孙科作为国民党内的实力派之一与蒋介石貌合神离,对于新创刊的媒体总是尽量拉拢。《新民报》刚创刊时,陈铭德经过努力搭上了孙科的船,孙科从孙中山文化教育馆经费中一次性拨给《新民报》津贴二千元,名义是在《新民报》刊登该馆季刊广告。国民党中宣部中不乏陈铭德的故友新朋,自然可以走走关系,给《新民报》一些顺水人情——中宣部以其所出版的《七项运动》周刊随《新民报》附送为条件,给月津贴八百元。这点杯水车薪的"馈赠"一直持续到 1932 年 6 月。

赢得"敢说话"的名声

1931年9月19日,南京刚刚走出酷暑,"九·一八"事变爆发的消息便震惊了正在吃饭的报社同仁,大家急急忙忙跑回报馆,出号外的出号外,准备写社论的写社论。第二天《新民报》的社论开宗明义,用《东北全非我有,亡国无日,请对日宣战》的大标题表明了报社的态度,极力呼吁大家置于死地而后生,坚决抗敌御侮。《新民报》旗帜鲜明的言论和宣传报道,大得人心,报纸影响力日益扩大,一个月内,发行数由二三千份上升到一万多份。1932年"一·二八"事变后,《新民报》又发表《请对日绝交》等社论,极力主张抗日,终于在6月19日第一次遭到国民党政府下令停刊一日的处分。

创办三年之后,《新民报》在南京为自己赢得了"敢说话"的名声。对于这种赞扬,陈铭德是有喜有忧。喜的是报纸的发行量与日俱增,影响力逐步扩大,忧的是报纸的激进态度会开罪于当局。在报社三周年纪念增刊上,他特意发表题为《本报三年来之检讨》的文章进行辩解:

> 吾人每当一日工作完竣之际,必自反念,今日之报纸有益于社会否耶?有害于否耶?积月累年,此种自念,未敢或忘。然此种此念之结果每每养成"只求无过不求有功"之心理。三年以来本报在社会上之地位,虽可于发行数目上以见其增长,然吾人初未敢以此测验本报对社会果有如何之功过也。对社会上并无所谓功过,而徒为博"敢说话"之名以开罪当局以至亲朋好友,或人必嘲其弗智。然说话为新闻记者之职责,吾人认为"应该说话"之时,更无暇而顾虑其环境如何……

"出自己的汗,吃自己的饭,求自己心安"是陈铭德的口头禅。正是这句口头禅为他招来了众多的文化人。张恨水一生卖文为生,颇为清高,最喜欢的就是远离官场,自食其力。赵超构一生没有加入什么党派,靠着一枝笔写到生命的最后,生平最得意的也是没有接受过"嗟来之食"。事实上这句话后来确实被《新民报》的同仁们常常挂在嘴边,以《新民报》为核心而形成的一个知识分子的群体大体是认同这个价值观的。

这些知识分子群体基本经过了自由主义思潮的洗礼。辛亥革命之后,特别是"五四"新文化运动期间,自由主义在中国获得广泛的传播,杜威式的自由主义在胡适的大力宣扬下,在中国文化教育界拥有了广泛的认同。张东荪所宣传的罗素的费边社会主义和基尔特社会主义也在中国大行其道,后来其主旨被信奉"第三条道路"的知识分子所坚持。自由主义在中国是介于保守主义与激进主义之间的派别,相对于激进主义,它"一点一滴"的改良主义显得过于保守;而相对于保守主义,其西化的主张又过于激进。

虽然《新民报》的资金来源看起来很复杂,但陈铭德等人还是标榜自己所办的报纸是"同人报纸",坚决反对"官报化"、"传单化"。所谓的同人报纸是指私人以自愿的形式结合起来所办的报纸,办报刊的人自称是"同人"或"同仁",以标榜自由结合,不受政府和党派的控制,显示其经济独立和言论独立。但实际上这种报纸的背后总有一定的政治背景和受一定社会集团的操纵。

"代民立言"是同人报纸最主要的特点之一。1931年9月9日,《新民报》的增刊刊登了陈铭德挚友王鳌溪的文章《报业革命之商榷》,文中有这样的话,令人过目不忘:

> 号称民众喉舌者,对民众之所欲言、之所不能言、之所不敢言者,应即大声疾呼,方无愧此喉舌,若竟不为民众说话,而反为民众公敌散布其麻醉剂,宣扬其赞美诗,以欺骗民众,则其人格之卑污,较雉兔而尤甚,更何论乎社会导师。何则?雉兔虽卖身,仅止于其本身而已,新闻记者一卖身,则本身之外,复强奸及民众意志,此其所以罪不容诛也⋯⋯

据报社老人回忆,陈铭德对于王鰲溪的观点极为推崇,对于王氏后来因为抨击蒋介石的不抵抗政策而惨遭杀害一直耿耿于怀,报社凡有新人加入,陈铭德常常会情不自禁地讲起王氏的事迹,并背诵王氏一些名句勉励后辈,如"人民喉舌要尊重,我辈头颅要看轻"、"世无公道全凭我,舌不自由枉有头"等等。

从这些细节我们可以看出,陈铭德早期的办报思想有着浓厚的理想主义色彩,这种理想主义使《新民报》创办之初便显示出自己的锐气。陈铭德曾说:"虽自知为负山之蚊,终不愿息其愚公之力,况且夫说话固言者之责,'说话'而曰'敢',是环境促成之耳,几何而为办报者之心愿?"

1935年北平爆发"一二·九"爱国学生运动,《新民报》发表社论《平市学生万岁》,声援北平学生的爱国壮举。但当时的国民政府不但不接受各地学生请求抗日的要求,反而在暗中逮捕了一些学生,12月17、18日,《新民报》刊登首都妇女救国会和南京学术团体救国联合会筹备处"寻找华北来京学生代表启事",暗示一些学生无故失踪,提醒学生们注意安全,实际则揭露了国民党当局暗害学生代表的罪行。这份启事着实惹恼了国民党当局,《新民报》受到了停刊三日的严厉处分,这是当时仅次于停刊的处罚。

然而这张报纸毕竟还没有完全的经济独立,表现在版面上依然带着浓厚的川味,这多多少少限制了报纸的发展。举凡刘湘集团的"文治武功",《新民报》都在显著位置刊发。刘湘当时虽然与蒋介石矛盾重重,但他姿态很高,积极向蒋靠拢,因此在二刘大战中,蒋介石暗中大力资助支持刘湘,打败刘文辉,统一川政。1935年2月,刘湘出任四川省政府主席。"九·一八"事变发生之后,蒋介石深感日本对我国的强大威胁,因此加紧了"攘外必先安内"的步伐,一面加紧围剿红军,一面试图将地方军阀势力控制在他的手中。同时,蒋介石意识到日本一旦发动全面侵华战争,首都南京必不能长保,必须寻找安全的"民族复兴基地"和一个战时首都。他看中的正是以四川为中心的大西南,战时首都则相中了重庆。蒋介石图谋入踞的四川新巢,正是刘湘的老巢,以重庆市为中心的四川东部更是刘湘发迹的根据地。重庆是四川的商业金融中心,刘湘的军工厂集中在重庆,他的财源也集中在重庆。因此,作为一个利益集团的领袖,刘湘对蒋介石势力渗透四川、威胁他的地位和利益,当然极力反对。然而,迁都是有利于中国人民坚持长期抗战的必要举措,符合中华民族根本而长远的利益。1935年秋,刘湘把四川省政府从重庆搬到了成都。

四川省政府迅速迁入成都,避免了国民党中央政府和地方政府间的一场直接冲突,为两年后国民政府迁都重庆准备了条件,对我国形成团结抗战局面的影响是正面的、积极的。它也充分表明刘湘关键时刻能将国家民族利益置于个人和小集团利益之上,爱国之心显而易见。

成都刘湘墓

"七七事变"发生后,刘湘顺应时代潮流,积极参加抗日,主动率川军出川抗战,由一名封建军阀转变成为爱国将领。不幸的是,1938年1月20日,刘湘在汉口万国医院病逝,匆匆结束了仅三个月的抗战生涯,赍志以殁,年仅四十八岁。刘湘死前留下遗嘱,勉励川军将士奋勇杀敌:"敌军一日不退出国境,川军一日誓不还乡。"死前他还留下亲笔书写的两句杜诗:"出师未捷身先死,长使英雄泪满襟。"刘湘死后,他的爱国正气得到世人的公认,国民政府为他举行了声势浩大的国葬。

建立现代化经营模式

但是《新民报》与刘湘集团的亲密关系还是令蒋介石深感不安,也给报纸埋下了地雷。1937年2月,《新民报》总编辑曹仲英离职回川,在成都也创办了一个《新民报》,资金和背景依然是刘湘,两家《新民报》相约,虽然同名但各自独立,经济、人事互不相干,遇有重要事情时可以相互声援。成都这家《新民报》与刘湘走得更近,反蒋的言论也更多更直接,让南京政府十分恼怒,但苦于鞭长莫及。1937年6月有人告密,说南京《新民报》是刘湘在南京的间谍机构,成都《新民报》的反蒋材料多为南京所提供,于是蒋介石下令查封南京的《新民报》。陈铭德与邓季惺提前得到消息,四处奔波求情,并在报纸上连登三天的启事,声明与成都之《新民报》是同名异主,没有任何关系。经过据理力争和多方周旋,南京《新民报》最后才涉险过关。

这次封门风波,虽然是虚惊一场,但却使陈铭德意识到,小小的民营报纸经济上再独立,政治上如果缺乏保障,关键时刻没有人撑腰,极其容易葬身在时代的大浪中,当权者要毁掉一张报纸,比踩死一只蚂蚁还容易。此时邓季惺正好在考虑成立股份制公司的事情,陈铭德觉得可以乘此机会,上上下下拉点关系,给方方面面的人一些股份,请他们担任报社的董事,既可以互相制约,也不至于过分干涉报社的具体事务,当风雨来临时他们至少可以给《新民报》通风报信,或者上下走动说说好话,充当一下保护伞,何乐而不为?

1937年7月1日南京《新民报》股份有限公司成立,资金五万元。成立股份制有限公司是一个标志性的事件,《新民报》不再是陈铭德一个人说了算的小作坊式经营,开始走上集体决策的现代化的经营管理之路。然而成立股份公司的意义远不止于经营管理上的飞跃。

《新民报》董事长、董事和监察人的名单包括了国民党统治集团的各派各系，从表面上看已经脱胎换骨，不再与刘湘有任何的关联。其中陈铭德精心布置的第一颗棋子就是选择蒋介石极为依赖的红人萧同兹作为董事长。

萧同兹原为国民党中宣部主管新闻宣传的秘书，湖南常宁人，1932年4月由蒋介石直接委任为国民党中央通讯社社长。正是在他的努力下，中央通讯社一步步淡化了国民党宣传工具的色彩，发展为全国性的通讯社，基本实现了工作专业化、业务社会化与企业经营化。萧同兹从未学过新闻，却以新闻工作做为"最得意的嗜好"。他担任中央通讯社社长之时，向国民党中央提出三项原则：一是中央社迁出中央党部独立为社会文化机构，二是自设无线电新闻专业电台，有自由发稿之权，三是社长有权决定人事。他制定了中央社的十年扩展计划，这个计划需要有强大的财力支援，萧同兹从不同的政府单位化缘，获得了相当多的支持，在一年之内完成了大家认为几乎不可能完成的"全国七大都市电讯网计划"。1932年时，中央社只有四个分社，到1936年已经增加至二十三个。他被大家认为是国民党内少有的能够"呼风唤雨"的社长，并因此奠定了自己在新闻圈子里的地位。萧同兹担任中央通讯社社长之职十八年，但为人低调，从不介入党争，并且对通讯社的记者多次叮嘱，他个人如果出现在某一新闻场所，除非特别重要的，一律不要报道。蒋介石曾经声称只要控制了中央通讯社就等于控制了舆论导向，因此对萧同兹十分器重，认为一个中央社的力量胜过几十家党营报刊。

陈铭德认为有这样的一个人担任董事长，《新民报》可以说是在大树下乘凉，至少可以间接知道"委员长"在宣传政策方面的底线，不至于处处碰壁时时触礁。事实上萧同兹对《新民报》也颇为照顾，在南京，中央社与《新民报》只有几步之遥，萧同兹经常踱步过来，向陈铭德吹吹风，透露一些内部新闻和老蒋的新动态，也时不时替《新民报》把把脉。

　　常务董事之一的彭革陈是国民党中宣部新闻事业处处长,也算是
《新民报》创刊时的支持者。到1946年国共内战时期,《新民报》的新闻
与言论屡屡引起当局的不满,中宣部决定派彭革陈到《新民报》去当"把
关人",陈铭德顺水推舟地同意了。陈铭德对彭革陈十分了解,知道他
是一个明白事理的开通人士,很正直,对新闻事业有一定的热情,容易
说服,而且宣传口上上下下的人都熟。表面上是陈铭德不得不接受上
级的安排,实际上是陈铭德多了一个帮手。《新民报》一出什么事情,陈
铭德就拉着彭革陈一起活动。彭革陈知道陈铭德等民间报人的不易,
上任后果然对《新民报》的行为听之任之,《新民报》惹了祸,他还真的认
为自己责无旁贷,跑上跑下地为《新民报》开脱。

　　几个董事中,除了陈铭德、邓季惺、罗承烈、赵纯继等《新民报》的骨
干外,还有方治(CC头目之一)、卢作孚(四川民族资本家代表)、李泮香
(刘湘集团要员刘航琛之妻)、张廷休(与CC和何应钦都有关)。这里着
重一提的是卢作孚。

　　卢作孚是四川民族资本家的杰出代表,生于1893年4月,卒于
1952年2月,一生经历过晚清、民国及人民共和国三大政体更迭,早年

参加过"同盟会"、"少年中国学会",
投身过"辛亥革命"和"五四"运动;
曾做过报社记者、主编、社长,也从
事过教育救国的活动。他创办的民
生实业公司从一条船起家,短短十
年间,发展到四十多艘轮船,开辟了
九条航线,西到宜宾,东到上海,在
长江沿线各大中城市都设立了分公
司和办事处,开创了中国近代川江
航运之先河。民生公司在长江上的

卢作孚

出现,彻底打破了英、美、日、德、意、瑞典、挪威、芬兰等外国商船一统中国航业的局面,到上世纪 40 年代末,民生公司已拥有一百四十艘轮船,三个附属企业和九十五个投资企事业,成为中国近代规模最大的民族资本集团,卢作孚也成为名副其实的"中国船王"。

抗日战争爆发后,卢作孚一方面用最快的速度将几万川军运出四川运往抗日第一线,一方面将北方的科研机构、大学、工业企业迁往大西南,复旦大学、中央大学的师生与全部的设备就是通过民生公司的轮船平安地抵达重庆的。1938 年 10 月,武汉沦陷。天上狂轰滥炸,地上有十多万军工物资和三万后撤人员。卢作孚赶赴宜昌,指挥奋战四十天,在川江水枯竭即将断航和宜昌失守的最后一刻,将全部人员和物资抢运入川。这场惊心动魄的抢运后来被誉为"中国的敦刻尔克大撤退"。相关报道显示,美国"9·11"恐怖袭击事件后,纽约市政府用九个月时间完成了世贸大厦南楼和北楼双塔废墟的清理,共运走了九十三万吨坍塌大楼的物料。九个月九十三万吨,月均十万馀吨,这和宜昌大撤退的四十天十万吨器材,三万多人员的运量基本相当。问题在于,这是前后相差六十三年的两大历史事件,有着完全不同的时代背景和完全不能相提并论的机械施工以及运力装备水平!况且江上的航运受限制的条件非常多。国民政府为此将政府杰出服务勋章和一等一级勋章授予作为总指挥的卢作孚,以表彰其为抗战胜利立下的赫赫功勋。

卢作孚与陈铭德、邓季惺夫妇的关系非常好,《新民报》曾在 1935 年刊登了卢作孚写的《广西之行》和《和谐运动的具体意见》,其中后一篇文章颇能代表当时民族资产阶级的心声。请卢作孚担任董事,可以利用他崇高的声望,吸引更多的实业家投资《新民报》,同时提高《新民报》在四川的舆论影响力,应该说陈铭德的这些目的全都达到了。后来在卢作孚的引荐下,四川众多的民族资本家古耕虞、胡子昂、何北衡等都对《新民报》有大大小小的投资,而《新民报》对于他们的各种商业行

卢作孚经营的重庆民生公司大楼

为也进行了详细的报道。在四大家族等官僚资本对四川的民族资本进行压制时,《新民报》也多次担当代言人,反映他们的心声。

1953 年 3 月 15 日,毛泽东回顾我国民族工业的发展,说我国实业界有四个人是不能忘记的,他们是"搞重工业的张之洞,搞化学工业的范旭东,搞交通运输的卢作孚和搞纺织工业的张謇"。解放后卢作孚还未及为新中国的建设做出贡献就不明不白地离开了人世,这成为陈铭德与邓季惺心中永远挥不去的痛楚,他们把卢家的孩子当成自己的孩子,给予了无微不至的关怀。上世纪 80 年代国家开始为民族资本家落实政策,为了能给卢作孚一个正确的评价,为了让后人永远铭记他曾经为中国做出的巨大贡献,夫妇俩走访了许多部门,找了过去许多老朋友,给很多高层领导写了信,最后才使卢作孚的问题有了完满的结局。卢作孚的后代至今仍然对此心怀感激。

然而战争打乱了《新民报》正常的发展节奏,成立股份公司仅仅一个星期之后卢沟桥事变爆发。11 月战火已经逼近南京。善于未雨绸缪的陈铭德与邓季惺在战火面前没有坐以待毙,决定将报纸迁往重庆出版。11 月 27 日《新民报》在南京出版了最后一张报——2916 号,带着仅有的设备仓促离开了六朝古都,离开了自己钟爱的钟山、秦淮河。随着一起西迁的报社职工当时对于前途感到十分渺茫,在路途中他们庆幸自己走得早,仅仅 16 天后,这里就发生了震惊世界的南京大屠杀。

二、西迁重庆转战成都

抗日战争的爆发打乱了《新民报》在南京的发展计划,然而却成就了《新民报》后来的辉煌。可以说西迁重庆是《新民报》发展史上的转折点。在许多北方报纸还在商量着是迁到上海还是武汉出版的时候,在南京的报纸考虑着是迁到武汉还是可以更远离战火的桂林时,《新民报》的员工和机器已经航行在长江上,离四川越来越近。这倒并不是说陈铭德与邓季惺比他人有先见之明,而是因为和刘湘的关系密切。从刘湘将省政府迁到成都时,陈铭德他们就知道如果战争爆发,重庆将成为陪都,并将在未来的数年成为全国命运所系。陈铭德、邓季惺与四川天然不可分割的复杂联系,使他们仅仅凭着直觉就做出了最为正确的选择,这也为报纸的生存赢得了宝贵的时间与众多的机会。

作出西迁的决定后,如何西迁成为最大的难题。当时南京的交通已经非常混乱,要找到一条开往重庆的船比登天还难,所有的交通工具都被政府征用了。这时陈铭德打听到四川协大公司有一艘协庆轮,在南京被军政部扣留,准备在最后撤退时使用;船主雷治策与陈铭德有世交。通过打通关节,多次协商,雷治策同意一旦军部放行,就无偿为《新民报》运送人员与设备。而这时由四川调来南京守备的刘湘胃病再次加重,蒋介石同意他到汉口去治疗,却苦于没有船只。陈铭德抓住这个机会,同第七战区司令长官部参谋长傅常商量,以该部的名义向军政部要船,并指明要协庆轮,送刘湘到汉口就医,就这样费尽心机离开了战火即将蔓延的南京。在当时的兵荒马乱之中,多少单位和个人没有他们这么幸运。回到四川,已经没有多少资金的陈铭德正是靠着这些机器与设备做抵押,在胡子昂的帮助下从银行贷到一笔款子,开始了新的办报生涯。

重庆:地利人和开创新局面

重庆是西南内陆独一无二的大商埠,也是四川"最摩登"的城市。生于斯长于斯的邓季惺知道,其繁华程度差不多可比上海的洋场,中国大城市所有的洋货这里大概都有,舶来品充斥着市场,逐渐影响着市民的生活习俗。而且从1928年开始,重庆开始兴建新城区,改造和拓宽旧城区的街道,城市景观渐渐有了某些"现代性"的象征,诸如柏油马路,四五层的立体式大厦,影院,剧场,咖啡室,西餐社,汽车,霓虹灯,凡都市所有者,无不应有尽有。而且重庆比成都现代化得多,1930年重庆自来水公司成立,次年向全市供水。1929年市政府极力筹划将电话办成公用事业,旋即筹集地方公债八十万元,并与中国电器公司签订合同,由该公司提供设备和安装技工,到30年代中期共建成手动式和自动式电话三千馀台。1935年3月,成立重庆电力股份有限公司,公司拥有一千千瓦发电机三部,日常发电约两千千瓦,基本满足了城市的照明用电和部分生产用电,每到晚上全市大放光明,顿成不夜之城。这也是重庆能够被蒋介石定为陪都的主要原因。

作为中国大西南最为现代化的城市,重庆具备报业发展所需要的众多条件。重庆第一张近代报纸《渝报》创刊于1897年。抗战之前,重庆主要的报纸有《商务日报》、《新蜀报》、《国民公报》、《西南日报》等。随着抗日战争的爆发,继《新民报》之后,《时事新报》、《南京晚报》、《中央日报》、《扫荡报》、《新华日报》、《大公报》、《益世报》纷纷内迁至重庆。据统计,重庆报业最鼎盛时,有二十三家报纸同时出版,十二家通讯社同时发稿。而战争爆发后人们对瞬息万变的新闻信息的需求使报纸获得了空前的发展空间。虽然物资的紧缺、大轰炸的恶劣环境使得报纸的出版大受影响，虽然艰苦的生存条件使广大群众的文化消费能力锐减，但大量内地大学、文化、科研机构的西迁使这里聚集了大量的文化精英，他们在报刊的兼职大大提高了报纸的质量，他们旺盛的文化需求同样使报纸的发行量大大增加，中国新闻史上第一次在一个地方形成如此庞大的一个新闻记者群落。左中右众多报纸既互相竞争又互相合作，推动了中国新闻事业的前进。

重庆第一份近代报纸《渝报》

　　在这样的大背景下，《新民报》的大发展就不足为奇了。在西迁的路上，陈铭德想了很多。《新民报》在南京发展的这几年他太忙了，根本没有时间好好总结一下报纸的得失成败。那几年《新民报》虽然已经有些起色，但与他的预想还有太多的差距。他很愿意将这几年看作是小试牛刀。虽然此时依旧是两手空空，回到重庆还不知道会面临多少困难，但他心里的感觉与1929年刚刚办报时相比已经踏实了很多，因为就算再艰难也不可能比初创时更艰难了，毕竟经过这些年的摸爬滚打，他们已经积累了相当的经验，对政治环境、社会环境、新闻环境都有了相当的了解。更主要的是此时的陈铭德，不再是寂寞的一个人了，他的周围也已经积聚了一大帮朋友。

　　重庆是邓季惺的老家，父辈在这里打下了极好的人脉基础，这里的工商界人士与邓家有着良好的关系。陈铭德与这里的党政军界也打过多次交道。而且四川的民族资本家原来多为四川军阀的幕府人物，蒋系中央势力打入四川前后，这些人转而致力于经济事业。抗战使四川成了大后方的中心，工商业、交通业、公用事业以及金融业都有了不同程度的发展。但以四大家族为首的官僚资本对四川民族资产阶级多有压榨，陈铭德与邓季惺不想成为官僚资本的附庸，自然会选择民族资产阶级作为自己的投资者。后来重庆、成都两地比较著名的工商企业和银行大都有投资在《新民报》。

雨中重庆七星岗闹市区

他们在重庆闹市区七星岗租下一座楼作为《新民报》的社址，复刊工作正式启动。1938 年 1 月 15 日，《新民报》重庆版发刊，距南京休刊只有四十九日。一个报馆从南京迁到重庆，除去长江逆水上行的半个来月，筹备期不过一个月，能有如此的高效率，在所有内迁报纸中首屈一指。复刊之日，报社内部欣欣向荣，和衷共济；社会上对《新民报》也刮目相看、很有好感。因为它是从战区西迁出版的第一张报，夫妻俩又是四川人，四川人和下江人对之都有亲切感。因此，发刊启事一登出，预订报纸者络绎不绝，以至于须动员经理部全部人员来从事预订工作。广告方面一开始就拥有了全市影剧院、主要公司的广告。

罗承烈在《本报复刊词》中这样写道：

今山河破碎，局势日非，民族生机，不绝如缕。吾人既感国家社会对我之不薄，安忍于危急存亡之秋，苟偷遁息，不思所以效命党国之道。故所以于万难中将机件运出，于万难中移渝复刊，盖所以尽同人舆论报国之责也。

在谈到报纸的出版方针时说：

本报夙以前进之立场，指导社会，本客观态度，批判是非，虽认识未必尽是，而立意总求至公。兹且凡属新闻之披露，事物之评论，要公忠诚质，决不自陷腐恶。对政府当然拥护，对领袖绝对服从，但天下兴亡匹夫有责，刍荛之言，总期圣人能择。目前之任何工作，莫急于救亡图存，任何意见，莫先于一致对外；凡无背于此原则者，皆应相谅相助，协力以赴。本报以南京之旧姿态，出重庆之地方版，相信抗战既无前方后方之分，救亡安有地方中央之别。

《新民报》在重庆重开锣鼓重唱戏，报纸依当时当地的情况，从原来的对开两大张缩减为日出四开一张。版面虽然减少了，但报纸的内容却更加精彩了。陈铭德和他的同事们总结了在南京办报的得失，重新规划了报纸的方向与风格，再一次明确了自己的民间立场，确定读者对象以市民和中下层公教人员为主。这一划分规定了报纸的服务范围，即《新民报》并不是要争取达官贵人的青睐，也不是办给上层社会精英看的名流报纸，它基本上是办给那些处在社会最底层的、同时又具有一定读报能力的最普通百姓看的。这一读者范围的确定也使得报纸的报道内容进一步集中，那就是反映底层百姓的呼声，以普通小市民的趣味为趣味。这也就顺理成章地解释了为什么《新民报》将社会新闻作为自己的主打品牌。而且根据迁徙到四川的内地学校和文化人日益增多的情况，《新民报》有意识地增加了副刊的份量，以高雅的文化副刊吸引文化人。

重庆《新民报》日刊的发展在抗战后期进入黄金时代，发行数字一

重庆《新民报》日刊头版经常用地图来配合新闻报道

个高峰接着一个高峰,广告业务蒸蒸日上,繁忙时甚至要客户排队等候,其所积聚的人力物力为《新民报》向"五社八版"发展打下了坚实的基础。

晚报:《新民报》竞争的新武器

1941 年 11 月 1 日重庆《新民报》晚刊问世,这成为《新民报》发展史上的一个里程碑,它再一次改变了《新民报》发展的方向。在此之后,《新民报》在经营上确定了以发展晚刊为主的方针。无论是成都版的创刊还是战后南京版的复刊,都是先以晚刊打先锋,有的地方如上海甚至只出晚刊。

晚刊的创办并不是某个人的心血来潮,而是当时大后方的特殊环境所决定的。1939 年 5 月,日寇飞机狂炸重庆,为躲避空袭,《新民报》与重庆《新华日报》、《中央日报》等十报从闹市区疏散到郊区,暂时停刊,联合编印《重庆各报联合版》,联合版没有统一的评论,新闻只用中央通讯社统一的发稿,至 8 月 13 日才恢复单独出版。但从联合版退出后,包括《新民报》在内的各家报纸的销量都大不如前。当时重庆物价飞涨,《新民报》上百人的生活都陷入比较困难的境地,就连张恨水这样的大师级人物,有着上海书局稳定的稿费与版税收入,一度还到学校去兼职,才勉强养活自己一大家子的人。大多数民间报纸的经济状况都不理想,纸张的供应不能保证,质量也无法与上海等地的报纸相比,同质报纸间的竞争又激烈异常,要想保证职工工作生活的安定,报纸必须另辟蹊径。而且因为是战时,国民党对新闻的检查与管制十分苛刻,日报发挥的空间十分有限,办一张晚刊可以让记者编辑更好地施展才能。

当时的重庆虽然报纸云集,却没有一张晚报。联想到当年在北京,成舍我创办《世界晚报》的成功,再看一看张恨水、张友鸾、张慧剑等办副刊的好手,《新民报》显然比任何一张报纸都有优势创办一张晚刊。

几乎是一拍即合,陈铭德的想法得到了大家的响应,报社立刻行动起来,确立了最强大的阵容全力以赴办晚刊。崔心一任总编辑,张友鸾主编社会新闻版,张慧剑主编副刊。崔心一中英文俱佳,多次任职中央社,翻译电讯稿又快又好,有着丰富的新闻工作经验。

晚刊日出四开一张,要闻版注重战况报道。以前日报的电讯稿都来自中央社,而中央社将世界主要通讯社的稿件过滤之后才传给各报社,《新民报》晚刊决定由报社直接接收路透社、合众社、塔斯社的电讯稿,直接翻译,在时效上就占了先机。晚刊的社会新闻版特辟有本市新闻,取名《山城夜曲》,由张友鸾亲自操刀,暴露和讽刺社会上的丑恶现象,真实反映底层百姓的生活状态,极受市民欢迎。张慧剑主编的副刊《西方夜谭》,占全报篇幅的四分之一以上,内容包罗万象,中外古今、天上地下,无所不谈,阳春白雪、下里巴人,兼收并蓄,郭沫若、茅盾、老舍、徐悲鸿、夏衍及本报的名编辑记者都在此副刊发表了诸多文艺作品。

晚报的发行给重庆的报业带来了新鲜的空气,曾有人这样概括晚报的风格:新闻敏捷,副刊多姿;关心民生,持论公正;官家不喜,读者支持。《新民报》的老人在一篇回忆文章中这样深情地写道:下午四、五点钟,大街小巷,都有报贩叫卖晚报的声音,夕阳西下或华灯初上之际,市内订户的报纸也纷纷送到。

晚刊筹备的时间虽然较短,但刚发行时日销量便达一万五千份,不久,就增加到四万多份,是日报的四倍。由于内容精彩,《新民报》拥有重庆主要影剧院、许多公司和商店的广告,抗战后期曾出现广告客户排队的情况。"广告经常与新闻、副刊平分秋色。有时副刊也为广告让路"。据《新民报》老人回忆,抗战的八年,由于官僚资本的囤积居奇,发国难财的暴发户投机倒把,法币贬值,物价不断上涨,重庆大多数民营报纸陷入勉强维持状态,有的报社靠借贷过日子,连职工薪水都发不出来,政府配给的新闻纸又时有时无,报纸的发展可以说非常困难。由于《新民报》晚报受到广大读者欢迎,大大扭转了《新民报》严峻的经济局面,并为抗战胜利后报社的发展储备了人才,积累了资金。

成都:《新民报》易地设立分社之始

当时重庆的报业竞争相当激烈,二十多家报纸同台献艺,赢利的空间已经达到极限。和当地原来的《新蜀报》、国民党的《中央日报》、声誉日隆的《大公报》相比,《新民报》并没有显著的优势,于是陈铭德和邓季惺等人开始谋划能不能跳出这个已经饱和的竞争环境。

1943年春,时任四川省建设厅厅长的胡子昂在成都举办花会,委托陈铭德邀请重庆新闻界人士前往参观。一年一度的花会一直是成都百姓的民间盛会,战争爆发以来民不聊生,花会自然也就停了。眼看战争已有转机,举办一次花会正可以振奋民心。

陈铭德包了两辆车请重庆主要新闻媒体的重要人士前往参观,而《新民报》的同事去得最多,几员得力干将悉数前往,他们可不是真的去走马观花的,考察当地的报业市场才是此行的主要目的。成都还是天府之国的气象,各行各业虽然受到了战争的影响,但这个后方的消费城市购买力还是很旺盛的,更主要的是这里的报纸数量和质量与重庆根本无法相比,市场空间大有潜力可以挖掘。大家一致认为《新民报》如果想大展拳脚,成都是最理想的地方。

邓季惺充当了先锋官,她用最短的时间在成都选好了社址,建好了印刷厂,可是报纸要进行注册登记时却遇到了麻烦。成都地方当局以"中宣部有令在大后方不能增设新报纸"为由,拒绝给他们登记。陈铭德找到了自己的好友、中宣部新闻事业管理处处长彭革陈帮忙,彭革陈告诉他一个变通的办法,在内政部以"《新民报》华阳版"登记。华阳是成都边上的一个小县城,说是华阳版却可以在成都市发行。

1943年6月18日,成都版《新民报》创刊,这是《新民报》设立分社报纸之始。为了让这一张四开的新报一炮打响,陈铭德为其配备了最强大的阵容:由邓季惺任经理,赵纯继任总编辑,张友鸾主编社会新闻版,张慧剑主编副刊《出师表》。成都版晚刊依靠最擅长的社会新闻很快站稳了脚跟。当时大中学校毕业生难以找工作,深感出路问题严重,怨声载道。恰恰四川大学通讯员发回一则消息,说该校厕所管道堵塞,不能使用,张友鸾大笔一挥作了标题"川大出路成问题",一语双关。川大校长系国民党省党部主任委员黄季陆,阅报大怒,但亦无从发作。

《新民报》成都版出版不久,成都市中心即有怪兽出没惊扰市民,甚至还伤及乘凉的小孩子,街头巷尾人心惶惶,当局却没有得力的措施来解决这一问题。张友鸾根据自己的经验知道这是一件可以大做文章的新闻。《新民报》立刻派记者跟踪调查报道此事,并在版面上连续报道事情的发展。先后报道的标题有"金钱豹大闹成都"、"禁养野兽"、"怪兽今天闹到伏魔大帝(成都的一条街)前门"。这些报道居然惹恼了成都地方当局,认为他们"扰乱后方",扬言要查封报纸。就在怪兽事件不久,成都《新民报》晚刊又报道了"一胎三女"之事。成都贫民住宅区一黄包车夫的妻子一胎产下三女,且身体健康,大家都认为是一件喜事,但是此车夫上有老父六十多岁,而且已经育有一子一女,如何将一胎三

成都《新民报》晚刊关于一胎三女的报道

女培养成人成为大家关注的话题。《新民报》编辑将一封读者来信刊登在地方新闻版的头条位置,称西洋各国,凡子女过三者,第四子应由国家抚养教育。事隔两天,地方新闻版又以将近半个版面的篇幅报道一胎三女因贫已死其一,呼吁政府社会早日救济。同时刊发读者意见五则以及本报社会服务部代收读者捐款名单。

两天之后《新民报》又报道了两婴儿中暑生病的消息。此报道持续半个多月,最后以大家踊跃捐款,市长赠送千元,婴儿安康出院而告一段落。

但即使是这样一组关心百姓疾苦的报道也触怒了当局,《新民报》在成都的发行受阻,当局还要求《新民报》登报认错。后经多方疏通调停,以社会新闻版主编张友鸾调离成都返回重庆而了结。但经过张友鸾短短几个月的努力,成都版的社会新闻已经在百姓中间影响深远。据统计,在社会新闻版中,光是本市新闻一天最多时可刊登十四条,最少也在七八条左右,这给喜欢摆龙门阵的成都百姓提供了最丰富的谈资。

况且还有张慧剑的副刊在后压阵。单是《出师表》这副刊的名称就让成都读者听得舒服听得自然,难怪出师必胜。再加上张恨水的长篇连载,赵超构的杂文小品,张慧剑自己的历史掌故,张友鸾的民间传说,郭沫若、老舍、茅盾、叶圣陶、柳亚子等大家名家在这个副刊上发表的大量作品,都让成都读者爱不释手。《出师表》还经常出版特刊,每逢"七七"、"八·一三"、"五四"都有纪念特辑。

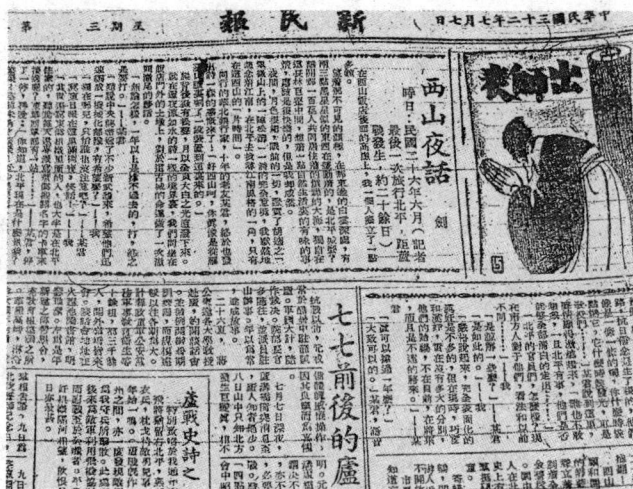

成都《新民晚报》的副刊《出师表》

《新民报》成都版晚刊最高的发行量曾经突破四万，是成都地区卖得最好的报纸，于是陈铭德趁热打铁于1945年2月1日又出版了日刊。日、晚刊都受到欢迎，日销数共达十万份，《新民报》成为在四川大后方影响力仅次于《大公报》的民营报纸。

八字方针：“中间偏左遇礁即避”

当《新民报》的事业节节攀高的时候，报社的主要领导觉得报纸需要有一个相对明确的言论方针。

和众多的私营的民间报纸一样，《新民报》一贯声称自己是自由主义知识分子的堡垒，不做任何一党的代言人，也绝不“官报化”、“传单化”。但大家也意识到，《新民报》不能忽视不断变化的政治格局。蒋介石无疑还是一国的领袖，抗战也好，建设国家也好，离了他似乎寸步难行，而共产党也在壮大中，很有可能成为与国民党抗衡的重要力量。一方面，在国共两党的尖锐斗争中，报纸必须倾向进步，反映人民争取民主和平的要求，才能拥有读者，才不愧做一个民间报纸，也才能有发展的空间，完全替国民党帮腔只能是死路一条；另一方面，报纸是在国统区办的，国民党的势力依然强大，部分同事对国民党还有幻想，更何况报纸的生存权是由国民党掌握的，他们随时可以摧毁一张报纸，得罪国民党同样是死路一条，与发展相比，生存自然是第一位的。正是在这种矛盾中，大家才凑出了“中间居左遇礁即避”的八字方针。简单地说就是，居国共两党之中，稍稍偏向一点共产党，但遇到国民党的高压时，又要暂时避退。总编辑罗承烈曾解释这一方针的执行尺度：中间偏左，要左到不致封门；在国民党的高压下，有时会偏右，但右也不能右到与国民党一个鼻子出气，甚至骂共产党。

今天从比较客观的态度来看，这八个字具有浓重的中国民族资产阶级革命的不彻底性，真实地反映了自由主义知识分子的妥协性格。

1941年初“皖南事变”前夕，《新民报》主持人有感于反共言论甚嚣尘上,特发表介绍新四军和陈毅将军的报道,并于1月14日发表短评《要加紧团结》,呼吁抗战。"皖南事变"发生后,《新华日报》社长潘梓年、采访主任石西民当晚即到大田湾《新民报》编辑部,向有关记者编辑讲述了事情的真相,并希望《新民报》不要刊登消息,至少不要发表评论。《新民报》最初基本接受了共产党人的劝告,虽然在官方的高压下不得不刊登了"通令"和"谈话",但没有发表随声附和的评论。然而,随着国民党压力的加大,《新民报》不得不于1月21日发表社论,拥护"军事上不许民主"的主张。十天之后,《新民报》再次发表了一篇《读委员长训示以后》的社评,第一句便是"新四军因为违法乱纪而被解散",并且替蒋介石说话:"最高领袖认为解散新四军完全是军事问题,与政治问题无关,这个指示是何等高明。"

《新民报》在要闻和社评屈从于国民党当局时,其副刊却借古讽今,暗嘲当局,尤其是张恨水的《七步诗》一文,借对曹植"七步诗"的考证及成诗之传闻,鞭挞了国民党同根相煎的行径。

1944年5月17日,赵超构参加中外记者西北参观团,到陕南、晋西访问,一路曲折于6月3日到达延安,7月25日返回重庆。经过几天的整理,7月30日起,《延安一月》同时在重庆、成都两版刊出。《延安一月》涉及面很广,比较系统地报道了毛泽东及共产党的其他领导人的言论,报道了边区的军事、政治、经济、文化、卫生等多方面的真实情况,还着重介绍了从国统区到延安的众多著名文化人的精神面貌和取得的文化成就,为国统区人民了解真实的共产党打开了一扇窗。尽管发表时有许多章节被删节,但依然比较全面地报道了真实的延安,受到读者的热烈欢迎。刚开始报纸每天只登几百字,读者纷纷来信,要求多用些版面每天再多登几百字。报社只好满足读者的愿望,缩减了其他内容,每天登到两千字,终于在10月18日登完全文。11月《新民报》出版了《延安一月》的单行本,很快便销售一空,到1945年3月中旬,已经重印了三

延安城门

次。毛泽东后来也说："我看过《延安一月》，能在重庆这个地方发表这样的文章，作者的胆识是可贵的。"

《新民报》在舆论界地位的提升，尤其是在共产党心目中的地位提升，应该说与《延安一月》的发表很有关系，因为任何一张报纸只凭着社会新闻与副刊，是无法真正奠定主流媒体的地位的，要成为主流媒体的一员，就要发出自己独特的声音，有自己高瞻远瞩的政治见识。当大多数的媒体对延安、对共产党的领袖还持着不信任的怀疑态度时，《新民报》通过自己所发表的报道向人们传达了另一种讯息，即一支将对国民党的统治形成威胁的政治力量已经形成。虽然赵超构是用最平实、最客观的笔调不露声色地记录自己的所见所闻，但细心的读者显然已经读懂了其中的内涵。

《新民报》在重庆、成都两地的成功给了陈铭德与邓季惺足够的信心，眼看抗日战争即将取得最后的胜利，下一步的发展成为两个人整天讨论的话题。

三、五社八版，报业奇迹

日军投降的消息还未传来，西迁至重庆而原本在上海、南京、北平、天津等大城市出版的各大报纸就已经在为复刊的事情做准备。抗日战争胜利的消息一传来，一些报纸就派出特派员随着国民党的接收大员

成都《新民报》日刊关于日本投降的报道

奔赴各地,一方面是随军报道新闻,一方面在各地积极准备复刊。

凭借抗战八年所积聚的人力和经济积累,再加上筹得的一些资金,报社主要领导决定除重庆、成都两地继续各出版日、晚刊外,先恢复南京社,再创办上海、北平两社。重庆、成都两社经营有方,由罗承烈负责,南京、上海、北平则分别由邓季惺、赵超构和张恨水等人负责。

集中优势兵力,各个击破,已经成为陈铭德的生意经。经过短暂的准备,报社的精兵强将分作三路挥师出川,奔赴南京、上海、北平。但来自外部的阻力还是延缓了他们的步伐。当时的交通工具完全掌握在国民党手上,"先党后民",甚至"有党无民",由政府来分配名额决定谁能坐上开往南京的轮船。当时《中央日报》分到二十一个名额,《新民报》四处活动也才争取到六个名额,空运名额卡得更紧,民营的报纸几乎没有名额,物资的运输受到严重的制约。

五社八版:旧中国最大的民营报系

南京《新民报》的复刊工作最为迅速,也最为顺利。1945年9月18日,邓季惺一人由重庆率先飞回南京。不到一个月的时间,邓季惺就收

南京新街口,1946年

回了南京新街口旧址作为"新民报系"总管理处办公地址,并在中山东路租下了南京社社址。1946年的元旦,一别八载后,南京版《新民报》以《新民报回来了》的社评为题宣告了自己的复刊,以全新的姿态"重见南京父老"。

这次《新民报》复刊是以晚刊打的头阵,同年10月10日国庆日时,《新民报》南京版的日刊才复刊。虽然原来准备担任南京《新民报》总编辑的张友鸾,因为要恢复出版自己原先的《南京人报》离开了,但南京版阵容依然十分齐整,总编辑是曹仲英,主笔是宣谛之,采访部主任浦熙修,副刊主编为张慧剑、郁风、叶冈等。南京社还拥有自己的收发报电台,负责向其他各社提供政治消息。当时驻在南京的许多外国记者,对标榜"独立"、"超党派"的《新民报》所报道的新闻十分感兴趣,南京版的报道与言论不时传播到国外,被广泛引用。

北平的创刊工作所取得的成果最突出。由于在北平沦陷期间,也有一张报纸叫《新民报》,老百姓对其印象极坏,所以北平《新民报》决定于1946年4月4日创刊,并从3月20日开始试刊十四天,以获取市民的好感。

成舍我的《世界日报》、《世界晚报》当时已经复刊,《新民报》在成舍我的报纸上刊登了创刊的广告,详细介绍《新民报》的历史,并列出了担任报纸特约撰稿人的名单,许多进步的作家都在其列,借此向读者暗示自己的政治立场。他们还想出一个最有效的措施,将创刊的广告改编为函件样式,附加试版时的样报,按北平电话簿上的地址,分别寄给工厂、商店和住户,收到函件的读者自然喜欢上了这张即将创刊的、与北平其他报纸风格完全不同的报纸。依照北平过去沿用下来的习惯,新创刊的报纸,需经过一个一至三个月的倾销阶段,在此期间,报社应以报纸零售价的对折价卖给读者,以零售价的三折批发给零售商,很多报纸往往过不了这一关,但北平《新民报》因为前期工作做得好,报纸未出，基本订户已经有五千馀户。报社负责人果断决定打破这一习惯，越过倾销阶段，批发价定为七折，以此显示报纸的自信。果然报纸创刊之日，发行即达到一万二千多份，广告也随之增加，很快实现了收支平衡。半年之后发行量多达五万份，居北平报纸的首位。

光复后的上海

1946年5月1日，《新民报》上海社成立，发行晚刊。陈铭德与邓季惺原来准备在上海出版日、晚两刊，国民党以上海不再出版新报纸为由百般阻挠，拒发登记证，几经交涉才勉强同意出版晚刊。当时编辑部的工作唯赵超构"马首是瞻"，他担任总主笔，负责所有的言论。总编辑是程大千，综合性文艺副刊《夜光杯》由张慧剑、夏衍、吴祖光、袁水拍先后任主编。抗日战争期间一直为《新民报》蓉、渝二地版写稿的老作者此时已经返回上海,可以为《夜光杯》供稿。

翻阅上海《新民报》创刊号,无论是要闻版、本市新闻版和副刊《夜光杯》,都令人耳目一新。尤其是其作者队伍,几乎罗致了当时的所有名家。有人作诗赞曰:"名作如林郭沫老,茅盾老舍叶圣陶。上下古今张恨水,今日论语超构赵。新闻旧闻说夏衍,冰兄龙生漫画妙……"然而这样的报纸在上海似乎并没有引起轰动,发行量长期滞留在六七千份的低水平。这主要是因为上海本地新闻竞争本来激烈,1946年已经有日报二十馀家,晚报六家,小型报四十多家,各种黄色报刊亦有数十家,任何新的报纸想要加入都十分困难。况且国民党在收复上海时,控制了《申报》、《新闻报》等发行量极大的报纸,利用劫收的敌伪新闻企业创办了许多党办、官办报纸,形成了自己的宣传网络,并控制了报纸的发行组织,对《新民报》这样一贯宣扬民主的报纸他们自然视为眼中钉,要想方设法扼杀在摇篮之中。

经过两个月的摸索,《新民报》人逐渐领悟:报纸的套路并非曲高和寡,而是没有摸准上海读者的胃口和阅读习惯。为此,从当年7月1日起,为尊重上海读者称谓习惯,报头改名为《新民晚报》,"晚"字正式和"新民报"三字并列。报纸的篇幅也由四开一张,改为对开半张,8月21日起更扩充为对开一大张。内容上,尽可能唱好"晚"字经:报纸在扩版声明中宣称:"言论要持论公正,消息要特别敏捷,国内外各大都市均有特派员,机动采访新闻,独家消息最多……"副刊除原先由吴祖光主编的《夜光杯》外,新增了由柯灵主编的、专讲生活问题并欢迎读者参与的《十字街头》,由李嘉主编的、介绍大众娱乐、报道艺坛动态的《夜花园》。新增了"内幕新闻"、"新闻漫画"、"市场新闻"等专栏。这些措施,适应了读者希望晚报消息要快、特别是当天新闻绝不能遗漏的要求;各类副刊满足了不同读者八小时以外的形形色色的需求;"内幕新闻"更是独家报道,逐步赢得读者青睐。

从 1945 年 9 月算起到 1946 年 8 月,不到一年的时间,《新民报》的版图扩张基本完成,当时大家习惯地称之为五社八版:重庆、成都、南京三地的日刊、晚刊再加上北平的日刊和上海的晚刊。原来在重庆、成都的日刊、晚刊发行量稳中有升,复刊的南京版影响力比抗日战争前不知强了多少倍,而在北平、上海新创刊的两张报纸也克服了一般报纸经常遭遇的水土不服的毛病,成功地拥有了自己的读者和地盘。陈铭德等人虽然没有如成舍我那样写文章宣扬要建立自己的"报业托拉斯",但他的报业王国却令所有的同业刮目相看。

《新民报》的繁荣也和当时的大环境有直接关系。根据 1946 年国民党内政部之统计,全国报纸办理登记者共 984 家,而到了 1947 年,全国换照登记的报纸总数增至 1781 家,增长率达到 80% 以上,发展之速度可谓惊人,其中民营报业的发展更是一日千里,《新民报》正是他们之中杰出的代表。抗战胜利初期,可以说是中国历史的伟大转折点,也是报纸发展的黄金时代,《新民报》抓住了这个难得的大发展的空间与时间,事业达到了顶峰。

中间立场难觅生存空间

一下子管理这么大的一个摊子,对于陈铭德与邓季惺来说是没有经验的,也是有一定难度的。虽然报社制定有"中间居左遇礁即避"的方针,然而聚集在一起的这些文人大多是自由主义知识分子,他们所追求的就是直抒胸臆,并不怎样考虑自己的一时义愤会给报纸的生存带来怎样的后果。虽然各社的政治新闻主要靠南京社供给,但各社各版的政治倾向并没有严格统一的标准,也就是说,各地的《新民报》保持着相当大的独立性,如张恨水主持的北平版与南京版的态度相比就有些偏右,而上海版的言论则明显偏左。但无论偏左还是偏右,《新民报》的五社八版都受到了国民党的特殊"照顾",时时触礁,处处触礁,稍有不慎便元气大伤,陈铭德变成了最忙的救火者。

五社八版之一的南京《新民报》晚刊 1946 年复刊

让我们先来看看南京版的复刊词：

　　本报是一个民间报纸，以民主自由思想为出发点，不管什么党什么派，是者是之，非者非之。只求能反映大多数人群的意见与要求,绝不讴歌现实,也不否认现实。我们在政治斗争极端尖锐化的环境之下,精神上时时感受一种左右不讨好的威胁,但我们的态度很鲜明:主张和平,反对内战,主张民主,反对独裁,主张统一,反对分裂,我们服膺三民主义,绝不信奉共产主义;我们拥护现政府,但确不满现状,认为一党专政的办法,应该赶快结束。我们相信只要以国家民族为重,不要向同归于尽的道路上走,则忠实执行政协各项决议,未始不是解决政治纠纷的有效办法。我们反对一面倒的外交政策,不能反苏也不能反美,中国应做苏美间的桥梁。我们对官僚资本、买办资本式的财政经济政策深恶痛绝,希望增加生产,促进外销;紧缩通货,平抑物价;提高人民生活水平,救济贫困失业大众。有人说:你们这样主张,必为当局所不喜,又不啻做了中共与民盟的尾巴。我们郑重声明:要做一个纯民间性的报纸,它只能以是非和正义做出发点,以主观之良心裁判,配合客观上人民大众之要求,不偏不倚,表达舆情,取舍好恶,其馀知我罪我,皆非所计了。

在这份复刊词中,我们看到此时的《新民报》已经不是抗日战争前的南京《新民报》的旧姿态了。虽然文章还是明确提出"我们服膺三民主义,绝不信奉共产主义;我们拥护现政府,但确不满现状,认为一党专政的办法,应该赶快结束",但这并不是文章的要旨,文章的重点在于"主张和平,反对内战,主张民主,反对独裁,主张统一,反对分裂",而要实现这样的理想无疑会走到政府的对立面。

而上海版的创刊词比南京的复刊词又有了小小的变化:

我们愿意忠于国忠于民,但是坚决不忠于任何政治集团,我们相信一张报纸必须配合时代的要求,始有其存在的意义。我们的时代需要什么?这很容易回答:为了国民的幸福,我们需要民主自由;为了国家的富强,我们需要和平统一。民主自由和平统一,这是普遍于我们民间的要求,也是极平常的道理,我们愿随各界稍尽一点鼓吹的责任。

在这个创刊词中,非但不再提及国统区一般报纸常说的套话"拥护三民主义",就连"拥护政府"之类《新民报》以前一直装饰门面而常说的话都没有了。

1947 年 5 月 20 日,京、沪、苏、杭 16 所大专院校学生聚集南京,举行"反饥饿、反迫害、反内战"大游行,遭到军警镇压,造成"五·二〇"血案

1947 年 5 月 20 日,国民党反动派在南京残酷镇压学生,制造"五·二〇血案"。《新民报》南京日、晚刊不顾国民党军警特务纠缠迫害,以大量篇幅报道和支持学生斗争。上海复旦大学门前发生反动暴徒行凶打伤记者事件,《新民报》上海社记者张忧受伤。5 月 25 日,国民党当局借口制止"为共党张目"和"维护社会治安",悍然查封上海《新民报》晚刊,同时被查封停刊的还有《文汇报》、《联合晚报》。

可以说《新民报》上海版被查封是国民党对一两年内数次事件中《新民报》表现的总清算,上海版的政治态度与编辑方针已经让当局忍无可忍。上海《新民报》晚刊、《文汇报》和《联合晚报》的被封曾在上海引起轩然大波,储安平的《观察》专门发表了《论〈文汇〉〈新民〉〈联合〉三报被封及〈大公报〉在这次学潮中所表示的态度》一文,分析了这三家报纸被封掉的主要原因:

> 这被封的三家报纸,在一般人心目中,都是左翼报纸。所谓左翼报纸,大体上是指这家报纸在思想上比较前进一点,在言论上比较激烈一点。按照出版法规定,报纸的负责人是发行人,据我们的看法,这三家报纸的发行人,大都只能算是经营商业的人物,他们脑子里想的,第一件事还是如何能够多赚几个钱的问题——进一步希望多赚几个钱,退一步至少希望收支平衡,能够维持这一张报纸。若说他们有颠覆政府的意图,那真是捧了他们。至于这三家报纸的编辑人员,我们不能不承认,他们大都是比较进步而又有独立意志的民主分子。这是很正常而且很自然的事情。一个国家若想进步便需要多几个这种分子。假如一个国家的人民,个个都是唯唯否否,请问这个国家还有什么生气? 若说左,老实说,这三张报真不够左,若说激烈,这三张报亦不够激烈。文汇新民两报的文章简直是温吞水。我认为这三家报纸被封的主要原因不是他们的言论,而是由于他们的新闻。这被封的三家报纸都有一个共同的脾气,就是专门喜欢刊载那些为政府当局引为大忌的新闻。他们所登的大都是事实,无奈今日发生于社会各方面的事实,都是政府不愿意让大家知道的。政府所愿让大家知道的事情,统统已归中央社独家发表了;假如这三家报纸专门刊载中央社的消息,我敢拍胸脯担保这三家报纸绝不致被封。无奈中央社的消息许多人不要看,而且不要看中央社消息的人愈来愈多,而这三家报纸的编辑同人又都不识时务,自以为负有神圣的新闻使命拼着命要在中央社的新闻眼以外去找新闻。不幸他们所登的新闻政府越顾忌读者越

要看。政府既无力在根本上防止那些新闻的发生,于是只好设法来制止那些"新闻"的发表。

后来上海版接受屈辱的条件复刊后,在复刊词中委婉地表达了被停刊的不满,口气相当消极:

> 报纸以反映现实为基础,就技术性质上作比,那是摄影,并非绘画。假若是绘画,很可以任意略去碍目的对象,而且可以添上悦目的风物。至于摄影,除了角度与裁剪之外,你无法改变你镜头所对之客体,这其间就不免蒙受读者的好恶爱憎。何况国家是如此不幸,社会是如此复杂,一张民营报纸要在理想与现实之间保持适当的批评标准,那除了我们自己不断地反省检讨之外,就不能不期待各方面朋友的宽容扶持与公道的指教了。

但是当初北平《新民报》创刊时,张恨水写的发刊词,言词却非常平和:

> 我们曾听人说"新闻言论是一面的",也听到有人说,社会上有捏造事实颠倒黑白的刊物。这两种说法是对立的,这里就包涵着一个很大的是非问题。我们不去批评这两种说法谁是谁非,但有一点可以研究,就是我们要怎样避免一面倒和怎样去避免颠倒黑白。《新民报》决不标新立异,也不随声附和,能说就说,不能说,我们只好向读者抱歉,守着最大的缄默。凡是不体恤老百姓的举动,我们就反对,至少也不应该捧场。我们也不为执政的或在野的曲为解说,去欺骗老百姓……我们感觉到老百姓对哪一天哪一处能买到平价面粉是感到兴趣的事,我们应当设法报道;反之,老百姓对各党各派分配府委、部长并不关心,我们也不引为是重大新闻而加倍渲染。还有八年的新闻是一贯的紧张,我们愿意在纸面上轻松一点,免得读者对报纸寂然寡欢……

上述文字表面上不偏不倚,但却有些推脱报纸应尽责任的嫌疑,在尖锐的斗争面前显得过于超然,没有大是大非的基本立场。张恨水在主政北平社论两年半的时间共写了不到二十篇社论,主要是反对内战呼吁团结的,用他自己的话说:"我写关于和谈的社论,总是批评国民党七句,批评共产党三句。有时三七开变为对开,是为了维持报社的生存。"

在上海版被停刊之后,《新民报》被迫通过了一个由罗承烈、赵超构、彭革陈合拟的总的言论方针:

> 本报各地方版以及同一版面之新闻态度与言论方针,应力求统一;并须严格遵守总管理处之指示,力求避免有自相冲突矛盾之情事发生,尤忌各自为政,自由发挥其个人思想自由之作风。必须牢牢记取"报社有自由,个人无自由"之原则。在言论方面,要求不受任何党派意见之束缚,追求真理,明辨是非;对政府施政的批评应采取建设性的建议态度,不作消极的讽刺或破坏性的抨击,应审慎当前的政治社会环境,采取稳重而进步的言论标准。

事实上,这样的原则根本没有得到贯彻与执行,一向散漫的知识分子从来也不知道如何做到"统一言行",况且"报社有自由,个人无自由"这个原则也没有任何的约束力,《新民报》的编辑记者也不太明白,如果个人失去自由,报社有自由又有何意义。对于他们来说,正如1947年4月5日重庆版社评《为本报改版敬致读者》所言:本报一贯是纯粹的民间报纸。民间报的性质,是不受任何党派的拘束,中立而不倚,纯以民间意识为意识。我们既系以民间性之报纸问世,所以结合的知识分子多系一些自由主义派人士,也正因为是自由主义分子,我们并没有好多成见,并没有任何党见,不愿意过左,也不愿意太右,民之所好者好之,民之所恶者恶之,总想求得一个不偏不倚之道。

况且这样的改变并不能挽救一张已经成为蒋介石心腹之患的报纸的命运,一直悬在《新民报》头上的剑终于挥向了陈铭德,多少年来一直担心的一天还是来了。

四、御笔亲封，馀音绕梁

1948 年 7 月 8 日，蒋介石以"为匪宣传"为名，下令南京《新民报》永久停刊。

《新民报》作为一份非政治性的、以满足中下层市民阅读需求为主的小型报纸，按说怎么也不应该成为蒋介石的眼中钉。它是如何一步步走到了国民党的对立面的？

中间偏左引来杀身之祸

《新民报》创刊时，它的负责人以及编辑记者对共产党人根本没有接触，因而也谈不上多深的了解，更无所谓爱憎。那时的《新民报》如果说有时候比较偏左，那也是一种不自觉的选择，就如同当时许多报纸写出一些"粉红色社论"来抨击政府反对腐败，以示自己的客观公正，主要目的还是借此提高报纸在读者心目中的地位，促进发行量。对于处于弱势的"工农红军"的报道也只是一种追求报道自由的表面姿态，为的是标榜自己"超乎党争"的立场。当时中央通讯社播发的有关红军的消息，《新民报》也原样刊登了不少。对于蒋介石以"攘外必先安内"为由对红军进行围剿，《新民报》基本也是支持的，因此翻阅其早期的报纸可以发现，关于红军的报道中存在大量诬蔑之词。由于自身的局限性，当时《新民报》的许多报道都自觉不自觉地站在了维护国民党独裁统治的立场，对红军北上抗日极尽诽谤诬陷。"西安事变"爆发后，《新民报》也完全站在讨伐派一边，诬蔑张学良将军的正义之举是土匪行为，称颂"蒋委员长以一身系国家民族之安危"，力主轰炸东北军。

事物都是发展变化的。所谓路遥知马力，日久见人心，抗战的八年不仅使国共两党的力量对比发生了变化，也使国共两党在许多知识分子心目中的形象发生了改变。而周恩来无疑是其中非常重要的一个人物。

《新民报》1937年12月途经武汉西迁到重庆出版时，正在武汉的周恩来托郭沫若向陈铭德、邓季惺传话说：《新华日报》也将在重庆出版，希望以后两报多多联系，互相帮助。1938年7月，重庆《新民报》准备出"抗战一周年纪念特刊"，请周恩来题词。他慨然应允，于百忙中亲自书写"全民团结，持久斗争，抗战必胜，建国必成"，并由武汉及时寄来。但陈铭德与周恩来的真正认识还是在1941年春天。和许多知识分子一样，他们夫妇是通过周恩来认识共产党的。

重庆八路军办事处内的周恩来办公室

那一年，邓季惺因病住在歌乐山中央医院，陈铭德在那里认真照顾很少生病的妻子。巧的是周恩来当时也患病住在那里，邓颖超也经常去看望丈夫。他们由此熟悉起来。陈铭德一次专门去周恩来病房探望，周恩来和蔼地说，他的病轻，经大夫精心治疗已经渐好，倒是季惺的病不轻，要注意治疗。

其实当时邓季惺已经有三个弟弟奔赴延安参加革命,《新民报》也曾请他们作为特约通讯员,对延安的一些情况进行过报道,但共产党在陈铭德与邓季惺心目中还只是一个概念。1942年秋天,陈铭德等人对抗战的前景感到迷惘,想把周恩来请到家中做客,并就中国的形势向周恩来讨教。由于当时国共磨擦很多,形势比较险恶,参加会谈的只是《新民报》少数几个编采负责人。周总理在郭沫若的陪同下来到七星岗的华一村和大家见面,分析了当时的国内外政治军事形势,指出抗战必胜的前景。陈铭德甚至推心置腹地对周恩来说:共产党背了一个杀人放火的名声,但是我和先生接触以来,感到您平易近人,觉得共产党并不像一般宣传的那样可怕。我建议中国共产党是不是不要这个名称,另外换一个名字,比如农工党之类,那样人们就不会害怕贵党了。当时周恩来回答:共产党三个字并不骇人,别人的恶意宣传,事实会证明它是虚妄的。

当时《新民报》与《新华日报》的关系也十分密切,因而经常会从周恩来、董必武、石西民那里得到一些独家消息。有时《新华日报》不便发表的消息、不便发表的言论,就请《新民报》先发表,好像一个试探性的气球,看看有什么反应后,《新华日报》再附和或者声援。当时就有国民党的报纸称《新民报》是《新华日报》的尾巴,并称

重庆《新华日报》营业部

之为重庆"两新"。每逢《新华日报》的创刊纪念日,《新民报》人总会前往道贺。当年重庆大轰炸时,《新民报》在七星岗的房舍被炸毁后,《新华日报》立刻派记者前去慰问,雪中送炭。《新华日报》还曾请《新民报》的张友鸾、张恨水等前往交流办报经验。

可以说正是以周恩来为首的共产党人对《新民报》的关怀与指导,使《新民报》的主要决策层和其他富有正义感的记者编辑深受启发,认识到中国共产党将是今后国家发展不可忽略的重要力量,"居中偏左"方针的提出,反映出《新民报》的同仁们已经超越了"南京时的旧姿态",对国共两党的认识有了大的飞跃。

《新民报》的向左转不可能不引起国民党的注意。仅以1941年重庆《新民报》晚刊11月、12月两个月的统计,共开大大小小"天窗"六十五个,而在11月5日到22日的十八天中,消息和文章被删削、扣压者,竟有三十篇之多。虽然是国共合作联合抗日,但国民党一直将共产党视为心腹大患,反共暗流不断,先后掀起三次反共高潮。在这种险恶的环境下,《新民报》不得不经常作暂时的退让,甚至作一定程度的迁就与屈从。因此《新民报》选择"遇礁即避"是完全可以理解的,为了生存他们不能一味地横冲直撞,必须讲究策略,有时甚至为了进一步先退三步。但有一点是大家都认同的,那就是《新民报》决不做《中央日报》的应声虫,在无法偏左时也决不偏右,在高压下尽可能地保持自己应有的人民性,不能丧失基本的新闻道德底线。

然而,在国民党看来,《新民报》后期简直就是共产党的宣传机器,当时龚德伯的《救国日报》公然对《新民报》进行声讨,社论的标题直截了当:《检举〈新民报〉为共匪》、《证明〈新民报〉是共党机关》等等,并且声称《新民报》收了中国共产党三亿元的津贴。

事实上经过了八年的抗战,国内的局势已经发生了根本性的变化,中国共产党已经成为中国历史舞台上一举足轻重的力量,任何关于中国未来格局的设想和规划都已经无法将其排除在外了。

抗日战争胜利后，国民党被迫举行政治协商会议，在会议期间，陈铭德有机会再次宴请周恩来，郭沫若、罗承烈、张恨水、浦熙修等参加了宴会。那是个雨夜，周恩来是在其他地方开完会赶过来的，脚上穿的布鞋全都湿透了，邓季惺找了一双鞋给他换上。席间大家频繁举杯，很是兴奋。当时大家对于国共和谈的前景十分乐观，周恩来意味深长地说：我们要分析国民党，首先要了解蒋介石的为人，此人可以说是流氓成性的。我从黄埔军校就开始和他打交道，深知蒋之为人，一来就要无赖，对于这种人只有针锋相对地作斗争。周恩来还判断说："这次政协会议，在各方面共同努力和全国人民的支持下，可能达成某些协议，但要看到还可能会有反复。必须百倍提高警惕，准备进行长期的斗争。"

果然 1947 年国共和谈失败，周恩来等中共人士被迫撤离南京，离别前夕他曾对《新民报》南京版的总编辑曹仲英、采访部主任浦熙修专门谈到《新民报》的生存问题，周恩来语重心长地说："现在是战场上解决问题了，中间道路已不存在了。国民党在一个时期内被迫容许的一点新闻自由，极可能因为军事上的失利而日渐伪装不下去。国民党是擅于交替使用硬的压迫与软的诱骗两手的，看来《新民报》以后遇到的麻烦不会少。你们报有五社八版，对国内外舆论有一定影响，希望能好好办下去。你们报纸是同人的集合，不似《新华日报》是我们的党报。国民党不让我们在南京上海出版，但我们的力量到达哪里，哪里会立刻出现我们的党报。你们就不同了。你们的报纸一不出，人就散了，以后再集合就困难了。所以希望你们好好办下去！当然，更希望你们能够较多地反映社会真实，反映广大人民的要求和愿望。这样报纸才能有较大的生命"。

正如周恩来分析的那样，随着和平统一幻想的破灭，国内政治局势风云突变，经济形势江河日下，民营报业迅速地进入到衰退期，败局已定的国民党对于追求"超党派"、"不偏不倚"的民营报纸痛下杀手,一时间风声鹤唳草木皆兵。《新民报》在残酷的现实面前处处触礁,先是上海版一度被停刊,然后是重庆版遭受严惩,南京版更是被蒋介石御笔亲封,北平和成都版也都不同程度地受到压制。

新仇旧恨终招封门厄运

南京《新民报》的永久停刊是《新民报》与国民党当局各种矛盾积累到一定程度的总爆发。

这就不得不提到当年副总统竞选的闹剧。国民大会选举总统自然是非蒋介石莫属,但副总统竞选人有六个,分别是李宗仁、孙科、程潜、于右任、莫德惠、徐傅霖。后面四个自然是抬轿子充门面的,真正有竞争力的是孙科与李宗仁。孙科本来与《新民报》关系不错,但此时已经成为蒋介石的玩偶,李宗仁的竞选发言人通过刘航琛找到陈铭德,希望《新民报》为李宗仁竞选帮忙。陈铭德幻想通过这次帮忙找到一个重要的政治依靠,使长期被国民党视为异类的《新民报》的生存环境宽松些,决定赌一把。

表面上《新民报》对于每个人的竞选都一视同仁,但对于李宗仁却是突出处理的。如《新民报》刊登的《选举副总统应考虑的几个问题》一文这样说:"我们所需要的副总统是能进能退的壮年,无事的时候可以伴食自遣,甘于寂寞;有事的时候,他是如日方中,力能胜任。"明眼人自然知道这是说李宗仁的。李宗仁的竞选谈话、李宗仁的《假使我当选副总统》的自我介绍都在《新民报》全文刊登。

捧的最过头的一出戏是,一个名叫朱光正的"南京交通服务社"总经理在副总统第一选的4月22日这天,在《新民报》日刊第一版登出了"至诚拥护李宗仁先生竞选副总统,特备专车免费迎送国大代表至国民大会堂投票"的大幅启事,启事还列举了拥李的十二条理由。经过两天的选举,没有一个人的票数过半,24日有反对李宗仁的传单出现,说李宗仁竞选成功后就会逼宫云云。随后两天程潜、孙科、李宗仁宣布放弃竞选。国民党《中央日报》为此特发号外，按语说：大会本来充分体现民主自由精神，问题在于若干报纸竟有互相攻击之言论与新闻，致令谣言蜂起。其中最足以引起误会者，为二十三日《新民报》所载南京交通服务社启事。国民党中央社也以同上内容发布电讯，把这一启事看作是《新民报》对选举副总统的态度。备受责难的《新民报》除了拒绝刊登朱光正以后的广告外，还在 27 日新闻版上对《中央日报》的指责进行答辩：广告可以代表报纸的态度吗？例如，《中央日报》以前刊登民社党市党部的广告能说它是民社党的机关报吗？它以前曾在报头旁边刊载大幅《资本论》的广告能据此即说它是宣传马克思主义的报纸吗？最后李宗仁如愿以偿地当上了副总统，这场闹剧才告一段落。

邓季惺与立法院中的许多民主派人士如谭惕吾、张平江等都是好朋友。张平江等人多次劝邓季惺参加中国国民党革命委员会，以便在立法院中一起活动。邓季惺考虑到报社多为无党派人士，自己参加组织会给报纸带来不利的影响，但同意为争取民主法治而共同行动。立法院成立不久便开始了院长与副院长的竞选，孙科没有当上副总统，便做了立法院长。蒋介石和 CC 派立挺陈立夫为副院长，其他受 CC 派压制的立委坚决反对，他们在"安乐厅"集会，主张杀宋子文以谢天下的傅斯年成为他们的首选。邓季惺参加了集会，《新民报》用差不多一个版刊登了大家在集会时的发言，同 CC 系结下了仇。陈立夫最终当选为副院长，自然对《新民报》也耿耿于怀。

进入 1948 年，《新民报》南京版不断发表文章，揭露国民党军队在战争中惨败的事实。如 1948 年 1 月 3 日刊载的《从东北之战看华北之战》，直截了当地挑明"国民党军队在东北的失利将使华北战场难以固守"。而 1 月 10 日的《大别山的锯屑》，透露了刘伯承、邓小平部队在大别山区的战争中，已经由原来的六万多人，壮大成一支二十多万人的队

伍。4月15日的《看西北战局》,揭露国民党军队勾心斗角,互不支援的
内幕。5月1日的《透视大巴山防务》,介绍了解放军在四川的军事潜
力。5月27日的《从春到夏的东北》,告诉读者,东北一万三千多公里的
铁路,百分之九十已为解放军控制,全线畅通无阻。

　　这些新闻太过惊心!蒋介石的"文胆"陈布雷每日看到这样的新
闻,心情可想而知。他甚至质问陈铭德,为什么越是糟糕的、对国民党
不利的新闻,《新民报》处理得越显著?1948年6月17日,解放军攻下
开封,国民党残兵败将仓皇逃走,但以三个机群日夜轮番对开封进行轰
炸,致使市民死伤市区大半沦为废墟。当时南京国民党立法院还在开
会,国防部长何应钦在秘密会议上作了检讨中原战局的报告,一些立委
纷纷质询,要求追查开封之战的责任。由邓季惺领衔三十馀人附和提
出"开封城内,盲目轰炸,责任谁负?今后应严禁轰炸城市"的临时动
议。当日下午何应钦答复质询,为了推卸责任,将战场上防守兵力不
足、官兵待遇低、国民党军队粮饷缺空、盗卖械弹等黑幕抛出转移话题。
第二天,《新民报》南京版日刊登出了立委的质询、何应钦答复的要点和
邓季惺等立委的临时动议。这些新闻不但戳穿了国民党军队连连克敌
的谎言,而且还企图遏制国民党动用自己的空军"铁翼"。于是6月25
日立法院再次开会时,CC派的立法委员以"《新民报》泄露秘密会议消
息"为由对邓季惺进行围攻,指责邓季惺将严禁轰炸城市的提案登在报
纸显著的位置严重影响士气民心。邓季惺本准备辩解,但CC派根本不
予理睬,喊成一片,只好临时休会。

　　南京《新民报》并未因此而警觉,日刊继续刊登了与开封轰炸相关
的内容,如6月26日刊登了专访《开封逃京学生锋镝馀生谈浩劫》,详尽
报道逃京学生黄庆泽目睹开封被炸的惨状。6月27日,南京《新民报》
晚刊发表了《水灾·战祸·民生》的社评,抨击内战给人民带来的浩劫。
6月28日,南京《新民报》晚刊还就轰炸开封事件发表短评。《新民报》

这种毫不退让的表现让蒋介石大为恼怒。6月30日，由蒋介石亲自主持的官邸会报，做出了南京《新民报》永久停刊的决定。

中外舆论抗议出版不自由

《新民报》南京版被勒令永久停刊的消息一经宣布，中外舆论大哗！当时共产党的通讯社新华社也发布了消息，文章称：

> 蒋介石政府于八日下令封闭《新民报》南京版。蒋政府内政部宣布勒令该报"永久停刊"的罪名是"散布谣言，煽惑人心，沮丧士气"。而其所列举的事实，则系因该报过去曾在新闻报导中片断地泄露过蒋介石军事惨败与残暴屠杀和平人民的若干真相，如该报四月十四日刊载"看西北战局"一文，曾报导蒋军兵力空虚，"受制于人"，六月二十六日刊载开封学生谈话，谓"开封商业区大小建筑都被空军炸平，被炸死伤者六七万人"等等。该报共有南京、上海、北平、重庆及成都五个版，其总经理为国民党党员陈铭德，其南京版经理为陈铭德之妻且系伪政府之立法委员邓季惺。众信蒋政府这个时候来封闭《新民报》，除为了一般地维持其谣言与反动宣传的统治外，与它大吹其捏造的豫东大捷，禁止泄漏其豫东惨败的真相有关。但美联社南京八日电称：此举反而"使得南京的报人对战局没有以前那样镇静"。

上海《大公报》于7月10日发表题为《由〈新民报〉停刊谈出版法》的社论，社论指出：现行出版法"是袁政府时代的产物，国民政府立法院虽略有修改，而大体仍因其旧，实是一件憾事"。"中国应该进步了！我们要求废止与宪法抵触的出版法，给新闻界以言论出版自由，新闻界如有出轨，应以刑法制裁"。

上海新闻界、文化界、法学界的代表胡道静、曹聚仁、万枚子等二十四人，联名写了题为《反对政府违宪摧残新闻自由，并为南京〈新民报〉被停刊抗议》的抗议书，通过《大公报》发表。

立法委员谭惕吾、于振瀛等,分别发表文章或谈话,指出此举乃是违反宪法之行径,要求撤消停刊令,让南京《新民报》继续出版。驻南京的美国合众社记者播发了其中声援《新民报》的部分谈话。

成舍我办的北平《世界日报》7月9日刊登南京《新民报》被封的消息时,以鲜明的同情态度制作标题:"京〈新民报〉日晚两刊,昨不幸奉令停刊!"

重庆《国民公报》在刊登这一消息时,标题为《惨淡经营毁于一旦,二十年历史不堪回首,南京〈新民报〉停刊前后》。

香港《华侨日报》7月15日在该报显著位置刊登了美联社与合众社播发的美国《旧金山纪事报》、上海《大公报》和美商创办的《大美晚报》等对《新民报》被查封的反应,标题为《中外舆论同情〈新民报〉被封事件》。该报还在7月15日和8月11日,发表两篇社论,对《新民报》被封寄予同情,反对国民党政府的出版法。

国外新闻界和在上海出版的外文报纸也对《新民报》表示了声援。7月8日当晚,驻南京的路透社、法新社、合众社、联合社等外国通讯社的记者,迅速将南京《新民报》被停刊的消息发出,据不完全统计,美国国内即有六十三家报纸以显著位置刊载了这一消息,并寄予同情。《圣路易邮报》7月23日发表评论称:"中国政府令《新民报》停刊一事,引起民主友人之间的惊慌与惶惑。"

7月13日上海英文《大美晚报》的社评指出:出版法所列禁条,"可以使中国几乎没有言论自由"。"据我们的看法,出版法违反了中国宪法,因为宪法是担保言论和出版自由的"。

南京《新民报》被永久停刊时,上海有一家杂志分析说:《新民报》在抗战胜利后,强烈地以超党派的民间报自居,对国共和谈、国内战争、中美关系、学生运动、民主运动等刊出的言论和消息都悖政府的意旨。它有时虽然迁就一下现实,但日子一过,又积习难改。凡是政府希望宣传的，它不予重视，对政府不利的却不惜工本大事渲染。大到各次学生运动，《新民报》都有鼓动之嫌，小的如副总统竞选，蒋介石指定孙科，《新民报》却为李宗仁卖力，很多都过触忌讳。如果蒋介石的日子好过，也许可以对《新民报》网开一面，留下《新民报》继续作民主的装饰，但战绩一败再败，《新民报》的态度却越来越强硬，决裂自然不可避免。不是《新民报》在戡乱的年代更加向左了，而是政府的尺度更狭窄了。

即使南京版的《新民报》遭此厄运，《新民报》的其他各社并没有因此而放弃自己一贯的民间立场。重庆《新民报》在一篇社论中掷地有声地重申了《新民报》的追求，这也可以代表《新民报》同仁的心声：

> 本报已有十九年之历史，现在五社八版，职工近千人，纯赖刻苦经营，谋自给自足，并未受任何方面之津贴，亦不愿以此作敲门砖。我们既系以民间性之报纸问世，所以结合的分子多系一些自由主义派人士，也正因为是自由主义分子，我们并没有好多成见，并没有任何党见，不愿意过左也不愿意太右，民之所好者好之，民之所恶者恶之，总想求得一个不偏不倚之道。但在这个政治路线极端尖锐化的环境之下，中间空隙，遂愈来愈狭，便成了左右不讨好，左右做人难之势。但我们总觉得这是必有的现象，报纸本身就是一种社会教育，就是一种文化动态，他代表着民间的意见，我们就得要争取这点自由，要实现这点理想。因此他并不畏难苟安，他并不唯强力是视。假使一个纯民间性报纸而竟失去了存在的理由，我们也就根本怀疑到政治是否有革新之望，民主是否有实现之可能了。

方汉奇先生在他的新闻史中这样评价《大公报》和《新民报》，他说这是当年颇有影响的两份民间报纸。《大公报》是在拥护当局的立场上对当局进行批评；而《新民报》则是在不危及本报生存的前提下尽可能多地批评当局，以争取读者。两者稍有差别，但都对民主运动的推进尽了舆论之力。

曾任上海市委宣传部长的夏衍在谈到《新民报》时曾说过这样的话：与其解放后喊我们万岁，还不如那个时候不踢我们一脚。《新民报》是我们的老朋友。我们不能忘记朋友，不能忘记帮助过我们的朋友。陈邓两位支持国共合作，反对一党专制，要求和平与民主，他们两人是爱国主义。他们碰到很多困难，国民党压他们，说他们亲共，他们能顶过来，不容易。

直到1993年6月，《新民晚报》的两位记者到北京采访夏衍时，他还感慨地说，在当时的情况下，国共双方明争暗斗，能够维持中立、公正的立场，不容易。

艰难度过黎明前的黑暗

刚柔相济的邓季惺是在南京迎来《新民报》十九岁的生日的。往常每年的9月9日，邓季惺都会请报社的所有员工去好好吃一顿、闹一闹，兴尽才散。虽然由于南京《新民报》的停刊，大家情绪都很低落，邓季惺还是请大家去以往常去的四川馆子大吃了一顿。但物是人非，席间再也没有了往日的喧哗。虽然复刊并非完全没有希望，但在时代的大变局面前，个人的命运、一张报纸的命运似乎已经并不重要了。意绪阑珊，大家早早地散去了。

南京版的命运是《新民报》五社八版命运的缩影。虽然迫于强大的舆论压力，南京政府没有立即对"新民报系"的其他几支大开杀戒，但强大的"新民报系"分崩离析的命运似乎已经是不可避免的了。"山雨欲来风满楼"，随着国民党军队的节节溃败，他们对于异己力量的绞杀也越来越猖狂。

早在1948年12月，由国民党钦派到《新民报》上海版的"钦差大臣"总编辑王健民向陈铭德提出了出资将《新民报》南京版被查封的设备迁往台湾的建议。王在给陈铭德的信上露骨地说："（迁往台湾）南京社财产还能保存一部分，如果留在南京，万一时局剧变，即遭损失，太可惜了。"陈铭德断然拒绝了："报社迁台，非有巨额借款不行；器材出租出借，非有董事会决议不可，目前无法召集。只好将重要设备陆续拆卸运往重庆，作耗子回洞之计。"

其实这些话也都是借口。后来李宗仁当上了"代理总统"，为了酬谢八个月前帮忙竞选的功劳，李宗仁特别允许《新民报》南京版复刊，甚至表示可以政府贷款。但这次陈铭德看清了李宗仁政权的软弱无力，知道国民党的势力已经一去不复返了，彻底放弃了对国民党的幻想。他从香港电告留守在南京的同事："复刊事须从缓议。一切等大局安定、我们回来后重作打算。"

时间进入 1949 年，北平、南京、上海先后解放，《新民报》在三个地方的报纸得以继续出版，但此时重庆与成都两社却遭遇了黎明前最黑暗的日子。

首先是重庆社工作人员纷纷被逮捕，陈丹墀、胡作霖、胡其芬、张朗生等四位共产党员先后被捕，并于 1949 年 11 月 27 日殉难于重庆渣滓洞。接着重庆的警备司令部向新闻界宣布了七条戒律，被当时的记者斥为"七杀令"，内容为：一、不得诋毁政府及总统、副总统；二、不得刊载动摇人心、挑拨情感及降低士气之消息言论；三、不得刊载刺激及助长学潮、工潮与物价之消息言论；四、不得刊载妨害邦交之消息言论；五、刊载政治军事及匪情消息，应以中央社或官方正式发布者为标准，否则应负法律责任；六、不得刊登共产党广播及共党宣传之消息言论；七、转载他报或他人之演述以及刊载收听之任何广播消息，应由报馆负同样责任。

国民党以为这七条戒律就足可以封杀民间的言论自由。在这高压政策下，重庆的报纸确实变得面目可憎，乏善可陈。抗日战争胜利后重庆的报业本来就随着各大报纸的迁走而一落千丈，现在更是一片萧条了。而国民党重庆当局、尤其是时任重庆市长的杨森更是对《新民报》虎视眈眈，想纳为己有。危急关头，《新民报》重庆社的主持人罗承烈、刘正华不得不找到与自己素有交情、而且是报纸的董事的曾扩情出面充当"挡箭牌"，请他担任报纸新的发行人和社长。曾当时为国民党四川省党部主任委员。取得曾扩情的同意后，报纸立即宣布改组，并连登三天的改组启事。

曾扩情其实很明白罗承烈等人无非是想"借房子躲雨"，所以并不干涉报纸的各项事务，只是请大家在言论上谨慎一些，"不要把瓦夺漏"。据说杨森对于曾扩情的突然袭击甚为不满，曾向杨森解释说，《新民报》在重庆有一定的影响，武力劫收会引起舆论界的不满，他的目的是逐步将报纸变成反共的工具。但杨森一伙依然不善罢甘休，非要将罗承烈赶走，罗承烈为了报纸的存在，只好以"血压过高，遵医嘱须长期静养"为由辞职。杨森趁蒋介石来重庆时又告了曾扩情一状，曾再一次解释说，此次充当《新民报》的发行人是向张群请示得到许可的，和彭革陈接办《大公报》的形式一样。后来还是蒋经国出面向蒋介石说了情，事情才暂时告一段落。

直到解放后，还有很多职工对当年重庆《新民报》的突然改组感到不解，直到1980年，当时参与改组的刘正华才告诉大家，这出改组的戏原来是夏衍的主意。当时人在香港的陈铭德，通过种种渠道知道重庆《新民报》的问题非常棘手，恐怕朝不保夕，就请示夏衍。夏衍提出两点：一是一定要设法保存《新民报》，不能轻易放弃阵地；二是必要时，可以找个人出来顶一顶。后来大家想到了曾扩情，因为他是报纸的董事，又和陈铭德等人私交不错，而且在国民党的军政系统中有一定的权力，一般人轻易不敢动他。

重庆《新民报》就这样艰难地坚持到了重庆解放。

1949年7月23日，四川省主席王陵基因为成都的《新民报》拒绝刊登四川省党部的《联合社论》，出动军警六百多人，包围了位于成都盐市口的报社，宣布《新民报》成都社迭次违反戒严法令，着即查封整理"，并逮捕了经理赵纯继、总编辑张先畤、主笔周绥章等人，其馀职工也被拘留在报社内不许回家，听其搜查盘问。8月5日王陵基又派保安司令部政工处长雷清尘担任伪《新民报》的发行人，继续出版，在成都解放前的四个月中，将成都社储备的纸张等物资挥霍一空。

平津地区是解放较早的大城市，当时的军管会一开始采取了对旧有报纸一律停刊的做法，中共中央曾两次通电批评他们的做法是"使自己陷于被动的办法"，并声明"中央并未规定，一切报纸，一律停刊"。根据中央的指示精神，北京市军管会接管查封了当时的二十六家报纸中的二十四家，对《世界日报》和《新民报》二家私营报纸予以保留。但由于《世界日报》一面刊登新华社新闻稿，一面又刊登国民党中央社的广播新闻，为国民党政府的假和谈做宣传，被北京市军管会于1949年2月25日接管，北京的私营报纸只剩下《新民报》一家。

解放军入城之前，上海有大小报纸七十馀家。上海解放后，军管会立即对《申报》、《新闻报》等原来著名的私人报纸、抗日战争胜利后被国民党控制的报纸实行军管，解散了编辑部，没收了官僚资产。5月28日，《解放日报》在原《申报》馆出版，此后《新闻报》也更名为《新闻日报》，出版了七十七年的旧中国出版时间最长的中文报纸《申报》和出版了五十六年的《新闻报》寿终正寝，今天看来殊为可惜！对于其他私人创办而未发现重大政治问题的私营报纸，采取了向军管会登记，再经审查批准方可出版发行的办法。到1949年6月30日止，填送登记表的报纸共四十三家，经审批并发给登记证的《大公报》、《文汇报》、《新民报》晚刊等十四家私营报纸获准继续出版，上海成为解放后私营报纸保留最多的城市。

在南京，被国民党查封的《新民报》和著名报人张友鸾创办的《南京

解放后的《新民报》版面依然图文并茂

人报》获准继续出版。在西南重镇重庆,《大公报》和《新民报》被允许继续出版。在成都,军管会发给《新民报》晚刊"新字第二号新闻纸临时登记证"。

和其他昙花一现的报纸相比,《新民报》总算是走到了成年,走过了黑暗,看到了新中国的诞生。由于面对的是另一种办报的环境,除了上海的《新民报》,北京、南京、重庆、成都四地的《新民报》都完成了自己的历史使命,和大多数的民间报纸一样,相继退出了历史舞台。今天当我们再想去追寻那一段历史,才发现很多的故事居然已经在现实中找不到可以触景生情的载体,重庆也好、成都也好,《新民报》的社址早已经无处可寻,甚至那些曾经在报纸上报道过的地名已经在城市化的浪潮中消失,这不能说不是一个遗憾。

但二十年的历史足可以成就一段传奇。"新民报系"和"大公报系"以及成舍我的"世界报系"作为解放前中国民营报纸的代表,正在被越来越多的新闻史学家作为范本进行研究。而《新民报》的成长轨迹分明是更加独特的一道风景线,永远值得我们驻足欣赏,值得我们深情回味。

第三部分
笔底波澜

　　笔者曾经在台湾人写的一本新闻史中看到他们对于《新民报》的评价，也许是因为陈铭德后来的"附匪"，国民党对此一直耿耿于怀，因而并没有将《新民报》看作是一张值得重视的报纸。对于早期的《新民报》接受四川军阀津贴也颇多贬损，认为其在南京时期之所以能吸引年轻学生是因为"编辑方法相当夸张渲染"，更将西迁重庆后的《新民报》归到小型报纸之列，称其"新闻多以花边新闻为主"，副刊注重故事、掌故、小说，属"鸳鸯蝴蝶派"，只受一般"中下层市民"喜欢。台湾的研究人员亦承认，直到1947年《新民报》的政治色彩依然不甚浓厚，只是在此之后看到中共势力的日渐扩张，"言论才有左倾色彩"。

　　我们历来对于小报与小型报并没有完整的清晰的概念。对于小报，一般主要是指与对开大报相对的、开张比较小的报纸，特别是上世纪以来，以社会新闻、风花雪月乃至黄色新闻为主要内容的报纸。当年上海滩上小报风行时，茶馆烟寮，书场妓院，街头巷尾，到处都有消遣性的小报售卖。据不完全统计，到辛亥革命前，上海出版过四十种左右的小报。最初的小报内容大致都是奇闻逸事、知识小品、游乐指南、诗词曲赋和游戏文字。

小型报可以称之为内容健康的小报,是小报的变体。把小型报说成是小报的变体,或许有些冤枉,因为从格调上来说,小型报是堂堂正正的高格调报纸,不愿与声名不佳的小报为伍。但小型报与小报毕竟是有一定联系的。版面形式上的相似性使他们往往被人们混为一谈。此外,二者都竭力强调通俗性和可读性,以最大限度地满足普通读者的需要。小型报最成功的典范是1935年9月成舍我在上海创刊的《立报》。它虽然提倡"报纸大众化",意图把报纸办得民众"能读、必读、爱读",但它并不迎合低级趣味,而是积极倡导抗日救亡运动,提倡健康的大众化方针,实行精编,副刊清新高雅,令人耳目一新。《新民报》与《立报》有异曲同工之妙。

对于别人将《新民报》说成是"小报"或者"小型报",《新民报》的同人多少是不服气的,因为在他们看来报纸的大小与报纸的品质并无必然的关系。而且在《新民报》工作的大多数人对于政治完全没有野心,虽然很有政治批评的精神,但是这种批评仅仅限于小打小闹,并不想真的干政涉政,也不想成为什么政府的"智囊团"之类的大人物,让当局者奉为上宾。

"鸳鸯蝴蝶派"在大多数人的心目中并不是一个褒义词,副刊则曾被认为是"报屁股"。提起小报,人们最先想到的也是"黄色新闻"、花边新闻、煽情等看似难登大雅之堂的词汇。如此说来,《新民报》当年用来吸引读者的武器似乎没有什么创新之处。但是不容置疑的是,《新民报》确实是凭着社会新闻、副刊奠定了自己响当当的地位。社会新闻与副刊为它赢得了读者,扩大了发行量,而且给报纸带来杀身之祸的几次大事件无不与五社八版所刊登的社会新闻以及副刊上的言论或文字有关。

赵超构在1944年春季曾专门写了《报纸的大与小》一文,很准确地代表了《新民报》报人对于大报、小报的主要认识：

> 我常听到一般人口中的大报与小报，而所谓大小之别，纯在篇幅，本无问题，可是有些糊涂人却爱把篇幅的大小牵涉到品质的高低，好像一大张的作风一定崇高，一小张的作风一定低劣，这种缠夹不清的头脑，叫人从何处说起呢？

> 我们认为报纸的篇幅是有大小的，报纸的品格是有高低的，但这两者毫无必然的联系，篇幅的大小，绝不足以决定品格的高低。要是说篇幅大的就一定好，那么我们来办个像单布那么大的报纸如何？显然的这是笨拙。

> 明白事理的人，绝不会说有了空中堡垒便不必要快速的驱逐机。报纸的性能也可以作如是观。像我们《新民报》是小型的，内容与一般大型报似乎有些两样，我们决不说中国的报只有重庆的最好，《新民报》是重庆小型报的第一家，但是我们也决不承认《新民报》的独创风格，不值得我们试验。在一般报纸还守着政治第一的信条时，我们想办一张比较注重社会性的报纸。我们少作长篇大文的宏论，但因此也少刊一些要人起居注。我们少作国际论文，但也比较注意社会批评。假如说，《新民报》的内容还未十分充实，编法还未十分精纯，这倒是我们所当诚意接受的；若说因为我们的篇幅小，或缺少长篇大论，便笼统加上一句"小报"的批评，我就非常为你的头脑表示惋惜。

如今在中国后来居上的都市报，已经明确地将读者对象定位为普通市民，版面也以社会新闻为主，广泛地关注民生与民权，琴棋书画、休闲娱乐、名人明星等软性内容更是成为报纸的主要卖点，这些其实都是过去《新民报》用过的手段。甚至于今天都市报所流行的炒作、募捐济危等煽情的新闻手法在《新民报》的发展史中也随处可见。

锦江春色来天地，玉垒浮云变古今。报纸和人一样，是有生命的个体,到了陌生的地方会水土不服。一张在北京极为畅销、备受瞩目的报纸也许到了上海就会变得无声无息,因为上海读者的消费习惯与北京完全不同。以长江为例,在上游生长的鱼来到下游的环境也许就无法自由呼吸,同样上江人与下江人的审美情趣也或多或少不同,因此在南京出版的报纸不一定在重庆必然受欢迎。

《新民报》抗战后西迁到重庆,能够站稳脚跟并成为报业翘楚,并不是我们今天信笔写来那样容易,如果没有正确的定位、灵活的编辑方针、令读者欣赏的风格,相信挑剔的读者不会那样轻易认可的。而且战争胜利后,《新民报》有勇气将自己的触角延伸到不是自己“势力范围”的北平、上海,这两个大都市本来就是竞争激烈而且传统报纸实力雄厚的报业中心,加上国民党官办报纸、党办报纸、军办报纸胜利后的巧取豪夺,一张民营报纸想要插足分得一杯羹谈何容易?没有溃不成军败走麦城,也是非常罕见的。

当时能够取得如此骄人战绩的,全国的民营报纸也就《大公报》一家,抗日战争胜利后,《大公报》重庆版继续出版的同时,分别复刊了上海、天津、香港版。《新民报》的影响力固然不能与《大公报》相比,但至少说明这张报纸是凭着本身的质量赢得市场、赢得人心的,它一贯坚持的“替多数人发言”的民间立场是受到广大读者普遍欢迎的,是容易在读者心中生根发芽的,所以即使离开了自己的发源地南京、离开了自己熟悉的巴山蜀水,生命力一样旺盛,一样可以开花结果。

一、山雨欲来:《新民报》的社会新闻

毕业于复旦大学新闻系的何鸿钧 1945 年加入《新民报》,刚到报社不久就为报社抓到一个独家新闻。

他回忆说,当时重庆媒体间的竞争,激烈程度远远超过今天。《新民报》、《大公报》、《新华日报》、《中央日报》等三十多家报纸,包括世界

各大通讯社都在一个狭窄的报业市场鏖战,"那时不是做新闻,而是抢新闻"。他最得意的是采访到一条独家新闻——大汉奸周佛海已押到重庆。

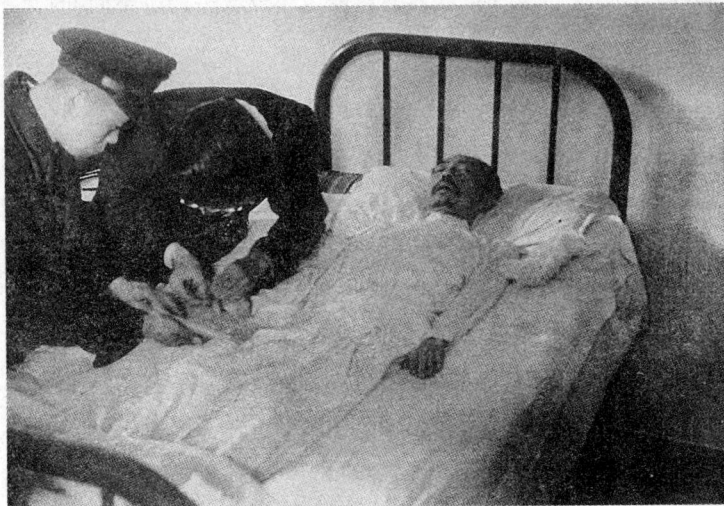

周佛海病死狱中

抗战胜利后的一天上午,他与《大公报》一位好友共进早餐后,独自到上清寺《中央日报》机要室找他的老师,无意间得到一个天大的消息:大汉奸周佛海已押到重庆磁器口。他来不及核实,赶紧跑回编辑部,一看时间,已是中午12点,日刊的报纸已开始印刷,再过两三小时就要上街。他告诉了老板陈铭德、总编辑方奈何这个独家消息,他们半信半疑。出于对记者的信任,他俩也没打听消息来源,硬着头皮将已上版的头条取下,取而代之的是关于周佛海的消息。

这个头条引起了社会轰动。下午,报贩挥着《新民报》大声叫卖:"看报看报!看汉奸周佛海被押到重庆!"市民将当天的报纸争抢一空。应报贩要求,报社最后不得不增版印刷。

我们通常认为,只有小报才会刊登耸人听闻的消息或一些所谓的

"秘闻"来吸引读者,大报通常是靠评论取胜。《新民报》恰恰是靠社会新闻来吸引读者的眼球的。

四两拨千斤:社会新闻掀起大风浪

南京草创时期的《新民报》先是四开一张,后改为对开一大张,不久扩充为对开两大张。西迁重庆后张友鸾重新回到《新民报》,他根据战时纸张供应紧张、一般读者的时间与购买力有限等具体情况,再吸取自己创办《立报》和《南京人报》的特点,建议陈铭德将报纸办成四开一张的小型报,以版面的"生动活泼"、社会新闻的"短小精悍"来吸引读者。与传统的严肃大报相比,报纸的读者对象也不再是政治精英和受过良好教育的社会贤达,而是普通大众,特别是工人、教师、公务员、劳苦大众。而以社会新闻为主更在内容上保证了这张报纸最大程度地反映底层民众的疾苦和呼声。

《新民报》既然已经决定成为注重社会性的报纸,必然要多关心社会生活,重视社会新闻。凡属社会生活中与人们休戚相关的,或者使人发生兴趣的各类事情,都在采访与刊登之列。市民的衣食住行、生老病死、社会上的物价高涨、新鲜樱桃上市、平民和乞丐踊跃献金、迷信作怪害死妇婴、各种小人物的自杀悲剧、演艺界的情杀案等等,都在《新民报》的社会新闻版占据了相当的位置。可以说《新民报》的五社八版有时言论风格难免不统一,但对于社会新闻的重视则是统一的原则。

1941 年 12 月 11 日,正值太平洋战争爆发,香港危在旦夕,滞留香港的许多著名文化人士都因为交通工具匮乏而不能尽快撤离,政府派了一架专机去香港接人。但到重庆机场接机的人没有等到自己的亲人,反而看到孔祥熙夫人的洋狗从飞机上下来。这样的新闻自然被新闻检查所的官员扣压。《新民报》的女记者浦熙修灵机一动,改用一组花絮的方式,用隐蔽的手法将原来的新闻拆散,混在其他稿件中,如"日来停候于飞机场遥望飞机自天外来者大有人在,昨日王云五先生亦三

1941 年 12 月 26 日，日军占领香港

次往迎，三次失望"，"昨日陪都洋狗又增多七八头，为真正喝牛奶之外
国种"，"昨日香港电讯依旧可通，上海电讯已断"……这一组花絮放在
头条，编辑从中选择两条作了醒目的标题：

仁候天外飞机来。

喝牛奶的洋狗又增多七八头。

细心的读者稍做联想就能明白其中的深意，纷纷为《新民报》的巧
妙处理叫好，而当局自然恼怒异常。

在五社八版的版面上，上海《新民晚报》的社会新闻往往以小见大、
连篇累牍，影响力十分深远。仅仅在 1946 年下半年到 1947 年初短短半
年的时间，就先后报道了美国兵打死人力车夫事件、上海摊贩事件、沈
崇事件以及劝工大楼事件。

1946 年 9 月 22 日，上海一个三轮车夫臧大咬子拉了西班牙人奈令
赖到舞厅，车停下后奈令赖未付车费即入内。臧在门口等候很久，见他
与一美国水兵饶特立克踉跄出来，臧即向赖索取车费，不料钱未到手，

反被饶特立克不问情由,挥拳猛击,不省人事,顿时引起旁观者不平。此时正有美军一辆巡逻车行驶到该处,竟将饶特立克带上吉普车疾驰而去。臧大咬子终以伤重,于次日5时死去。臧大咬子无辜被美军打死后,激起上海人民的公愤,纷纷要求严惩凶手。上海版《新民报》从23日起每天都用"七行"大字作标题,在本市新闻版刊登相关进展,如:"死者无三尺之棺,有年仅十四之女,人命草芥,国权何在?"又如:"世世请作强国民,苦臧大草草收尸,帮凶西人至今未解地(方)检(察)处。"

臧大咬子惨案一直拖到十一月中旬,由于政府的软弱无能,最后只判了西班牙籍的奈令赖一年九个月徒刑,真正的凶手则被放纵回国。

1946年下半年,由于国民党发动内战,造成农村经济破产,工厂倒闭,失业人数增多,成千上万的人只能在街头设摊,以获得一些微薄收入养家活口,当时上海全市摊贩已达十万馀人。上海市政府以设摊"有碍市容"、"妨碍交通"为由,于7月下令只准在指定地点设摊。8月2日又下令在黄浦、老闸两区未来三个月内取缔所有摊贩。8月,警察开始拘捕摊贩,并没收货物,上万摊贩及其家属的生活发生严重困难,摊贩们为了争取生存便起来反抗。他们联名致信国民党上海市政府,要求收回不准设摊的成命,释放在押摊贩,发还被没收物资,未被理睬。摊贩还举行了大规模的请愿活动,国民党警察局出动了大批便衣警察,见摊贩就抓,见货物就抢,关押了上千个摊贩。11月29日寒流袭击上海,被关押的摊贩都未穿棉衣,又冷又饿,警察局却不准家属探望和送衣食。摊贩们反迫害、争生存的斗争获得了上海市各界人士的同情和支持。12月1日,上海市内公共汽车、电车停驶,许多商店、公司、菜市停业支援摊贩斗争,并迅速蔓延至全市,军警当局宣布临时戒严,出动警车镇压并开枪捕人,导致民怨沸腾。上海市市长吴国桢居然发表谈话说:"军警处置得宜。"《新民报》上海版立即对事件进行了长篇累牍的报道,刊登了数篇《惨案目击记》,赵超构更在《今日论语》及时、连续发表评论。由柯灵主编的副刊《十字街头》也发表了一些讽刺诗。尤其是《新民报》刊登出摊贩一死二伤的消息，令吴国桢大为光火，勒令《新民报》交出摊贩尸首，否则就要报纸停刊。《新民报》以英文的《字林西报》和《大美晚报》也刊登了同样的新闻为由，给予反驳，但吴国桢依然要求《新民报》刊登更正启事。

此事刚刚平息不久，12月24日又发生了驻北平的美军士兵强奸女大学生沈崇的事件。上海《新民晚报》一开始因为情况不明，只在第一版头条新闻之前发了一条简讯，次日才发表了本报北平专电，以及本市学生愤怒抗议美军暴行的新闻。随后几日又发表了著名学者、民主人士对此事的看法，针对当局以"此女生处女膜本已破损"为由想将此事淡薄处置的做法，赵超构干脆送给北平市长一顶"处女膜主义"的帽子，而副刊则发表了"谁教自家不争气，国体何在衣剥光！国家既被强奸去，强奸国民敢声张？"的讽刺诗。国民党军统局居然认为《新民晚报》在这件事情上的报道"有碍中美邦交"！

1946年"中美商约"签订后，美货大量倾销。据当时调查，南京路上四大公司的美货就占全部出售商品的80%。年底，上海三千四百家民营厂倒闭了两千五百九十家。八十万产业工人中失业人数竟达三十万人。由不少民族资本家参加、产业工人为主的"抵制美货"运动逐渐展开。1947年2月9日上海百货业进步职工在南京东路劝工大楼集会，郭沫若、邓初民等进步人士演讲，国民党特务见物就砸，见人就打，殴伤职工二十馀人，永安公司职工梁仁达因伤势过重不治身亡。这次惨案发生在劝工大楼，故称"劝工大楼惨案"。

当天，郭沫若、沈钧儒、田汉、胡子婴等都到医院探望受伤职工，并去黄浦警察局抗议暴行，要求释放被捕职工，并与柳亚子、周建人、潘梓年等召开记者招待会，通过报纸发表意见，抗议国民党暴行。上海《新民报》在本市新闻版以七行大字标题首先报道了这次事件：打风突临上海,抵制美货今晨发生冲突,劝工大楼三楼全部打烂! 受伤者已查出二十多人! 郭沫若、邓初民突围而出,打手颇有计划,身份不明。

这样的报道先声夺人,凶手看了如何不心惊胆寒? 上海版终因报道这些重大社会新闻最后被勒令停刊。

我们在前面已经提到,《新民报》成都版曾因为报道"一胎三女"得罪了政府,最后不得不以主编张友鸾的调离而收场;重庆《新民报》的社会新闻版"开天窗"更是家常便饭。社会新闻表面看演绎的只是普通百姓的冷暖人生,可这正是社会大潮流之下的潜流,无时不在积蓄着力量,酝酿着更大的浪潮。见微知著,《新民报》一直用一种平民的心态来对待各种各样的社会新闻,无形中具有了很强大的亲和力,这也是抗日战争时期众多的民营报纸入不敷出勉强糊口,唯独《新民报》发行量逐日增加的主要原因吧。

揭开"杨妹不食"的秘密

由于受时代局限和资产阶级新闻观的影响,《新民报》对于猎奇的、迎合读者口味的、在今天看来有些低级趣味的社会新闻也登了不少,而有些未经核实的虚假新闻也常常见报,笔者在查阅 1943 年的重庆《新民报》时,发现它曾经对当年轰动重庆的"陈白尘情杀案"连续数月进行追踪,点滴的线索、最新的进展都不放过,甚至专访大律师来分析案情可能的结局,很有点西方"黄色新闻"的处理手段。

这里不能不提起当年也曾轰动一时的"杨妹不食"案。

1948 年,各地报纸、通讯社纷纷炒作"杨妹九年不食,生活如常"的奇闻。被谣传为"不食仙子"的杨妹,是四川省石柱县桥头坝村一位农家女。自幼家境贫寒,父母双亡,寄养在伯父家,为伯父割草、放羊。小时她和常人没有两样,又是怎样变成一个"不食"怪人的呢? 当地报纸是这样报道的:"十年前,杨妹曾患胸口痛,并不甚剧,彼仍能撑持日常工作,约二月之久,痛渐愈,但自此即不思饮食,不知饥饱为何事……"

后来杨妹的一位远房亲戚、时任重庆国立女子师范学院事务主任的卓松岱听说此事,十分惊异,就托人把杨妹接到重庆他家居住。卓松岱向外宣扬"杨妹不食"故事时还说:"杨妹曾经与人订过两次婚,都因对方听说她不吃饭,把她视为奇人而退了婚。"在全国颇具影响的《申报》率先于1948年4月披露了由记者魏雪珍写的"杨妹九年不食"的奇闻。那时国民党为了打内战,大量搜刮民财,闹得生产凋敝,又加贪官中饱私囊、奸商囤积居奇,以致物价像断了线的风筝直线上升。在这样的大背景下,《申报》炒作"不吃饭也能活着"的新闻,其影响不言而喻。当时,重庆市卫生局局长李之郁对"人不吃饭能活着"的新闻也深感兴趣,竟然决定要对杨妹进行观察和研究。重庆市卫生局从1948年5月10日到月底,对"杨妹不食"进行了为期三周的视察,这也是媒体炒作最热闹的三周。

在观察期间,重庆市长杨森曾来看她。这位国民党政府的高级官员,也对杨妹甚感兴趣,并把她视为"国宝",特意赠给杨妹一件漂亮的旗袍。加上他人所赠皮鞋、饰物等,一个原本布衣、草履的乡下姑娘,顿时成为一个摩登女郎。当然,媒体所关注的是每天的观察记录中,她是不是吃了东西。记录差不多每天都写着"今日未进饮食,无大便,精神如常"之类。这就不能不吸引着记者们天天去卫生局了解杨妹的情况。1948年5月28日,也就是观察快要结束的时候,重庆《新民报》召开了"杨妹不食问题座谈会"。到会的有医学家、科学家、教授等二十馀人,大家认为卫生局的观察方法不够科学与严密,在国外绝食的最高纪录是七十四天,因此建议把杨妹的观察时间延长到七十四天以后。

"杨妹不食"新闻出现后,《新民报》不得不跟着报道,但编辑始终持怀疑态度,这次座谈会便是他们想出来的点子。座谈会的最大收获是抓住了严格检验杨妹这个要害问题,卫生局不得不组织了专门的"研究委员会",进行严格检验,并派人秘密监视。结果真的证明其非绝对不食者,这件离奇的新闻遂告破产,全国各大电台与各大报纸长达数月的炒作终于偃旗息鼓。

二、凌云健笔:浦熙修的政治新闻

近日翻阅吴宓 1945 年的日记,很幸运地发现了其中关于《新民报》号外的一些记载:

八月九日,成都《新民报》发号外:苏联对日本宣战。

八月十日,约九时,喧传日本无条件投降(据《新民报》社布告)。全市场欣动,到处闻爆竹及大炮声,文庙燕大诸生,亦竟撞钟燃竹并喧呼欢歌,至夜半始息……

在成都及重庆两地的百姓印象里,《新民报》很喜欢出号外。1945 年秋,第二次世界大战进入决战阶段,继美国政府向日本投下两枚原子弹之后,8 月 8 日苏联红军也向日本正式宣战,给日本帝国

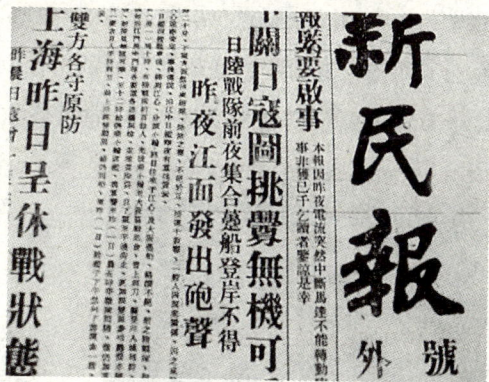
《新民报》早期的号外

主义以致命打击,加速了其最后的崩溃。8 月 9 日凌晨,《新民报》的日刊已经上市,国外的广播消息传到电台,《新民报》编辑部马上翻译编排,号外在雨中上街,惊醒了梦中的市民,一时大街小巷处处鞭炮声。而成都的《中央日报》由于消息落后被上级申斥。第二天日本投降,《新民报》的号外也是最迅速的,日刊载有“一声号外叫,全城齐狂欢”的消息。

张友鸾在一篇文章中介绍,号外虽然赚钱,但编采人员和印刷工人

却没有因此增加额外的工资，反而多支付劳动。报馆老板也懂得这一点，就在发号外的那一天或第二天加菜打牙祭。所以在重庆的时候，报社里的人只要说一句今天打牙祭，大家就知道今天要出号外了。据一位喜欢收集报纸的老人提供的资料，他曾经见到一份北平《新民报》1949 年的"全集"，一年没有一天中断，而且还出了五张号外。

而真正使《新民报》的政治新闻上了一个新高度的还是浦熙修。

秀外慧中的"天窗"记者

浦熙修，生于 1910 年，江苏嘉定人，是浦家三姐妹中的老二，又称浦二姐。她面容娟秀美丽，初次见面，给人留下的印象是"温柔多情"的女子。她受过良好的教育，弹琴画画俱佳，女红精湛。据说当年在重庆的大轰炸中，她躲进防空洞里，没有事情干，便饶有兴味地教好友做针线活。而当记者的浦熙修却令人刮目相看。1946 年，南京下关车站，国民党军警包围殴打民主党派人士，浦熙修前往现场采访。这名娇小女子，阴丹士林旗袍被撕破，丝袜被扯烂，鞋上沾满泥土。她的皮包、钢笔被抢走，头发也被扯得一缕缕地往下掉。然而，一看到采访对象雷洁琼正在被人用酒瓶和木棍殴打，她"奋力扑到雷洁琼身上"，紧紧护住她，自己的一侧身子几乎被打烂，差点晕过去。

在中国的新闻史上，女记者并不多，有一定名气的女记者就更少了，浦熙修是《新民报》的第一个女记者，曾任南京、上海、重

浦熙修

庆三地的采访部主任,尤其是在抗日战争胜利后的政协会议期间,她写了许多漂亮的人物访谈记,声名鹊起,与彭子冈、杨刚、戈扬并称为后方新闻界的"四大名旦"。

她是重庆有名的"天窗"记者,她的许多文章,经常被新闻官删砍得面目全非,因此,我们在她留传下来的新闻中,经常看到一处处"……",也就是俗称的"开天窗"。当时许多男记者对浦熙修也是敬佩有加,说《新民报》敢说实话是因为它们有一位敢摸老虎屁股的女记者。为了获取新闻,浦熙修甚至可以"不择手段"。一次,国民党开会作军事报告,不让记者参加。她竟疏通内部人员,躲进会议室屏风后面,暗中记录。

1938 年后,经过妹妹——彭德怀的夫人浦安修的介绍,浦熙修认识了周恩来和八路军驻重庆办事处的许多人,并建立了良好的关系,经常能够获得别人无法获得的内幕新闻。1944 年,在史良的劝说下,浦熙修参加了中国民主同盟,但基本上很少参加民盟的活动。民盟的宣传任务主要是由罗隆基来承担的,浦熙修在一次采访中认识了罗隆基,两人很快成为不一般的朋友,因此民盟的很多消息浦熙修也可以第一时间获得。正因为她与社会各阶层都有广泛的接触,在国共两党和民主党派人士三方面都有新闻线索,总能采访到独家新闻,她在重庆的家几乎成了新闻界的沙龙,大家常常在那里交换新闻,分析当前局势。

罗隆基

我们现在谈及浦熙修,多半要议论到她和罗隆基的那一段恋情,很多人甚至说,罗隆基多漂亮的女人没见过,怎么会喜欢浦熙修,并且差一点结婚。其实当年在重庆和南京时的浦二姐名气一点也不逊于罗隆基。据说,浦熙修常常穿着绿色的旗袍,踩着高跟鞋,奔走在山城陡峭的石板路上。她年轻而秀美,大方而热情,聪慧而机警,周旋在各党派的代表人物中间,谈笑风生,应付自如,举重若轻,既富有亲和力与感染力,又有着旁人所没有的成熟与果敢。然而每天的紧张工作使浦熙修严重失眠,年纪轻轻就得依靠安眠药才能入睡,而早出晚归的采访使得她的饮食极其不规律,肠胃功能受到很大的损害。

在重庆,由于是战时,国民党以国家安全为由,对新闻的采访与发布限制很多,许多政治新闻、军事新闻都必须采用中央通讯社的通稿,千稿一面,千篇一律,唯有社会新闻还算是记者可以有所发挥的舞台,《新民报》在这个舞台上的表演常常赢得同业的满堂喝彩。

当时在重庆大家把记者采访新闻称为"跑新闻",因为重庆的道路高高低低上上下下,根本没有办法走车,于是大多数的记者只好一天都奔波在路上,所见所闻都成了新闻。《新民报》由于是小型报,版面有限,不可能如别的大报一样,记者采回来的新闻都用在版面上,编辑只好将各类社会新闻仔细比较、归纳综合,精心编制,尽可能加大信息量,有时小小的一个版居然可以装下十六条新闻。

无冕之王智斗外交官

真正让浦熙修名垂青史的是她在1945年国共谈判及政治协商会议中的出色表现,她对于整个过程的采访和报道,真正体现了一个职业记者的水平。

1945年8月,毛泽东应蒋介石之邀到重庆进行和平谈判,浦熙修为此写了很多报道,如《毛泽东为团结而来》、《毛泽东辞别重庆》等。在她的笔下,毛泽东是这样的形象:"蓝灰色的制服,红红的脸庞,浓重的湖南口音,农民本色,健康得看不出已经是五十二高龄。他戴着一个灰派力司的盔,卡片不断地递到他手里,他一一和来迎者握手,并连口道谢。"

由于浦熙修与共产党频繁接触,她在政治上迅速地成熟起来,这种成熟自然也传达到《新民报》内部。对于国共和谈这件大事,《新民报》虽然倾力进行了报道,但与以往不同的是,它表现出一种政治上的成熟,它没有像其他

1945 年 8 月 28 日,毛泽东抵达重庆

报纸一样,对于这次谈判的实现欢欣鼓舞,寄予很大的希望,而是表现出深深的忧虑,虽然它还不能够看到蒋介石"假和谈、真备战"的企图,也不可能知道共产党敢来谈判靠的是什么样的政治资本,但它从一个民间的立场意识到,国共两党的和谈只是其矛盾进一步突现的序幕。

毛泽东在重庆停留了四十三天,国共进行了十二次谈判,10 月 10 日签署了《双十协定》,确定将召开各党派及无党派人士参加的政治协商会议。在政治协商会议开幕前的一个月里,浦熙修策划了一个有创意的报道方案,那就是有计划地采访参加会议的全部三十八位政协代表,让他们对关系国家生死存亡的问题发表看法,以每篇千字左右的篇幅发表在重庆《新民报》晚刊的头版位置。据后人回忆,当时浦熙修只想做中共代表的访谈,但这样做不但陈铭德不会同意,国民党的新闻检查官也不会善罢甘休,于是想出采访所有代表的主意,这样谁都不好说什么。可是要想采访到所有的代表并不容易,像国民党方面的代表张群、陈布雷、王世杰都知道浦熙修的背景和政治态度,将她视为眼中钉,

又怎么会配合她的采访呢？而有一些代表则三缄其口，一句无可奉告就想打发记者。但这些都没有难倒浦熙修。

对于不愿接受采访的张群，她就把自己几次约时间碰壁、去尊府就驾终于等到人回来却借口有事马上就走、再次约访又遭拒绝的经历一股脑儿都写在了文章中。对于一个被国民党独裁统治吓坏了的无党派人士，她只透露一句"许多话不肯讲"，读者自然知道那时的言论自由是多么有限。外交部长王世杰考虑到自己在国民党政府中身居要职，言论举足轻重，虽然接受采访，却要求不署名字，浦熙修也就顺水推舟答应了在报道中只说"某代表"。不过三十八位代表中三十七位都有名有姓，人们自然也就知道这位"某代表"就是王世杰了。所以当时有人说："浦熙修真不简单，相互斗智的结果，居然使一位老练的外交家，成了她这无冕之王的手下败将。"

1945年11月28日，《新民报》刊出了她的第一篇专访《访问傅斯年先生》，随后中共方面的代表周恩来、邓颖超、陆定一、王若飞、吴玉章、董必武；民主同盟方面的张澜、章伯钧、罗隆基、梁漱溟、黄炎培、张申府、张君劢、张东荪、沈钧儒；无党派人士傅斯年、胡政之、王云五、缪云台、邵从恩、钱永铭、莫德惠以及青年党代表、工商界、文化界代表的专访逐日发表，这些报道反映了被访者对时局的看法和对国家前途的主张，同时也明朗地表达了作者自己的政治喜好。其中《救国老人沈钧儒》、《中共两代表周恩来夫妇》、《直憨的张澜》等文章从标题上就可以看出她对于和平民主的渴望。

政协会议只开了二十日，而浦熙修的专访却足足登了三十六日。等所有的访问记都登完后，国民党的新闻检查官才意识到这是《新民报》又一次"替共党张目的诡计"，然而为时已晚。而且这些对当时中国政治舞台上举足轻重的人物的真实素描，今天已经成为那一段历史的重要记录，而浦熙修的采访与写作也成为中国新闻史上的一个成功的案例。

不久浦熙修回到了阔别已久的南京,又积极参与了很多重大历史事件的报道,为我们留下了许多关于当时重大政治事件的宝贵历史文献。

《新民报》在南京复刊后,正赶上国共和谈的重要时刻,版面上的政治新闻逐步多了起来。本报自己采写的专电、专讯、专访、特写、通讯比较多,而中央通讯社和国民党军政机关的公报稿比较少,对于当时各派政治力量的报道比较均衡。时任南京版总编辑的曹仲英说,南京版复刊后,正值国共和谈的重大历史时刻,重视政治新闻是必然的,而不大重视社会新闻,虽然有点违反《新民报》的传统做法,但好处是避掉了小鬼们的许多无谓纠缠。对于和谈之类的报道,《新民报》刊登一些国民党方面的消息,必同时刊登中共和其他民主党派的反映,反之亦然。因此在西方通讯社看来,《新民报》是超党派的、独立的、公正的媒体。于是西方通讯社经常有专车守候在《新民报》门口,一得到报纸的大样,就据以发布消息,《新民报》得以进入国际舆论之中。

政治新闻的报道更需要把握火候,而《新民报》的记者编辑大都血气方刚,有时政治压力表面缓和了,就忘了是在国民党的首都办报,对一事一题的报道搞得比《新华日报》还要过火、还刺骨;而国民党当局一施压,为了生存,报纸又变得比羔羊还温驯,浦熙修在采访中经常因为报社立场的忽左忽右而无所适从。浦熙修在《采访十年》中曾经慨叹:作为一个记者,除必具备的知识外,还要有热情,有良心,有正义感和吃苦耐劳,为社会服务的精神。而在一个人民的基本自由没有保障的国家,新闻无自由,采访无自由,记者这个行业是不好干的,采访得不到真实消息,还是个次要的问题。而在这种恶劣的环境下,记者还时有"察见渊鱼者不祥"的危险,采访者尽管无心窥探秘密,但在鬼蜮的社会中却有人因为怕阴私被察觉而迁怒,"我去年在下关之无端被打,只算是十年采访中一个飞来的风波。采访学潮的记者成了学潮的鼓动人,采访共产党消息的记者成了共产党的地下工作人员,于是今年五月底各地有大量同行被捕。我不能不为我们这个行业叫屈,也为这个行当的明天担忧"。

1948年7月8日,南京《新民报》被勒令永久停刊。11月16日,浦熙修被捕。后李宗仁上台代理总统,为表姿态,下令释放政治犯,她这才被保释出狱,坐了整整七十天班房。随后,她出现在新中国的开国大典上,在周恩来介绍之后,毛泽东亲切地对她说:"你是坐过班房的记者。"全国解放后,她到北京工作,担任《文汇报》编委,并被任命为《文汇报》副总编辑兼驻京办事处主任。虽然有各种的不适应,她再也不能像在过去一样单枪匹马抢新闻了,但凭着自己过硬的关系,她还是使《文汇报》在北京的报道高人一筹。

从新闻记者到旧闻记者

1957年的夏天,她被划成大右派,成为毛泽东钦定的"罗隆基—浦熙修—文汇报"右派联盟的一个重要组成部分,在重重的压力下,她违心地做了无数的检讨,甚至牺牲了自己后半辈子最爱的人罗隆基。很多人认为她这辈子最大的错误是为了洗清自己,不惜将罗隆基和她说过的私房话、写过的情书当成反击的武器,一心置他于死地。孰不知在那样的暴风骤雨下,在亲友、同事的轮番劝说下,她不得不做出这样的选择。即使如此,1958年她还是被撤掉了在新闻界的一切职务,终结了自己二十年的新闻记者生涯。

这件事之后,一向"硬气"的浦熙修变得不愿多见人,话不多,活动圈子也越来越小,见到熟人会"躲着走"。她对自己的女儿说:"国民党反动派说我是左派,是共产党。殴打我逮捕我,我感到光荣,因为我尽了记者的职责。真没想到,在共产党领导下,我却成了右派,我实在无法理解。"而且她终于悟出:"当时自己是一个新闻记者,东跑西跑,混在政治漩涡中,却不懂得政治。"

1960 年至 1965 年,浦熙修被安排在全国政协文史资料委员会工作,由编新闻变成编旧闻。她又以极大的热情投入了这份新的工作,《文史资料》从创刊到"文革"前一共出了五十五本,每一本都浸透着她的心血。1961 年 1 月出版的第 11 辑上一篇署名乐松生的《北京同仁堂的回顾与展望》文章,就是浦熙修写的最后一篇文章。1960 年,她花了半年多的时间,走访同仁堂,亲自深入到制药厂、柜台,了解制药、配药的全过程,搬回大量同仁堂的药目和账本等史料阅读,花了很多心血。她认为当时不宜署自己的名,和乐松生先生数次相商,文章还是按第一人称写,但最后署乐松生先生的名字。

据说,她曾经向民盟请求归还罗隆基写给她的那些信,也许是同情她落得如此下场,也许是共同的战斗经历所培养出的感情,他们归还了她那些信。这多少让她有些安慰,读着那些信,至少可以让她忆起在重庆那一段最绚丽的生命篇章——无论是在事业上,还是在感情上。

1970 年身患重病的浦熙修孤独一人静静死在医院里,当时没有一个亲人在身边。

新闻界的同行认为,南京《新民报》那么一个四开张的晚刊,在那个特殊的历史时期能够超越一些传统大报,成为全国政治舆论的中心,并且引起国际传媒的特别注意,浦熙修与她所采写的一系列政治新闻是有汗马功劳的,而她悲情的一生更是许多知识分子在解放后悲剧命运的代表。

三、万紫千红:五社八版的副刊

英国报界有句名言:"新闻招客,副刊留客。"或"新闻为攻,副刊为守。"意思是说,报纸有好新闻,读者就会购买这张报纸,但要使读者对这张报纸产生持久兴趣,则要靠副刊。《新民报》走的就是副刊留客的路子。一个报纸总要有一些有益又有趣的东西来吸引读者,才能立于不败之地。而趣味这个东西有高有低,《新民报》的编辑们自信能够通过副刊为读者提供好的精神食粮。《新民报》重视副刊也是一种策略性的选择,因为当时的言论不自由,动辄获咎,逼着大家只好另辟蹊径,不好用社评发表的言论,可以在副刊上发表。一般大家都把社评看作是报社根本立场和政治态度的反映,副刊的文字没有社评重要,如果社评不小心触犯了哪条戒律,就可能导致报社封门,副刊即使触犯了戒律,大不了停掉再换一个,改头换面重来。

《新民报》在南京复刊时,曾经在副刊《夜航船》刊登了一篇《我们的编辑态度》的文章,对编辑副刊提出了自己的看法,认为有三点是办好副刊必须明白的:

第一,我们绝不敢那样狂妄地自以为是在教育读者。一切僵硬的、伪善的说教性刊物的失败都可以归罪于这种自大心理。

第二,严肃与轻松并不是对立而是具有共通性的,题材的正确性的把握与真理之认识,是奠立我们之严肃地自觉的基础,在此大前提下一切都可以自由。寻求活泼生动有趣之材料,以满足读者的爱好,将是我们的主要任务。只要不反科学,不害正义,就是外国小唱委巷琐闻,我们也一律收罗。

第三,有人为副刊下一定义,谓是"新闻的注疏",我们以为这个定义未免过于严格,但同时也不能不承认——"副刊也如它所从属的一个新闻纸的整副面一样,是被嘘拂于现实社会的呼吸而生的",故可作此假定,副刊为了达成其配合新闻版面作战的任务,取材必须广泛,而文体也尽可自由。社会是多面的,新闻是多面的,副刊也应是多面的。这是我们在形式上宁取"杂文副刊",而不愿效颦他人,采取一般通行之"纯文艺副刊"的体式的缘故。

但是《新民报》的副刊不但总是惹祸,而且还经常惹来大祸。这主要是因为它的副刊对于新闻版面的配合相当及时,如"皖南事变"发生后,前面的新闻版不能随便发表言论,但副刊可以发表张恨水写的研究七步诗的文章,来抨击国民党的同室操戈。上海《新民晚报》的副刊《夜光杯》因为刊登一位读者根据国民党国歌改编的《冥国国歌》而令当局龙颜大怒,不得不停刊一天。

聂绀弩曾在重庆《新民报》的副刊《呼吸》发表过一篇题为《无题》的杂文,影射国民党当局恃武力一意孤行的恶行。杂文的主要内容是,一位武装同志压价强购蔬菜,菜贩因不够成本,要求多给几文,竟遭到一顿毒打谩骂:"简直不晓得好歹,给你好多算好多,老子们买菜就没讲过价钱。算你运气好,要是老子带得有枪,还没有这么便宜的事!"文章作者结尾感慨道:"俾斯麦说强权即公理,又提倡铁血主义。信哉,其言之不谬矣!盖强权者,武力之谓,代表武力的,不是枪又是什么……枪就是强权,也就是公理,就能够一意孤行。我要大声疾呼:枪是伟大的!武力至上!强权至上!"这篇杂文登出的第二天,国民党重庆警备部的大批官兵,就来到了重庆《新民报》社,将经理张君鼎团团围住。尽管张一再声称,这篇稿件是社外来稿,是小品文,不是新闻报道,没有具体的当事人,没有事件的时间地点,但这些官兵却不肯散去。并叫嚣:你们既然讲不出当事人的姓名住址,就是捏造事实,侮辱国军,必须将道歉启事在全国各报登载三个月,向国军道歉。

毛泽东《沁园春·雪》的发表

1945年11月14日,重庆《新民报》晚刊的副刊《西方夜谭》上,以《毛词·沁园春》为题刊登了毛泽东的《沁园春·雪》:

> 北国风光,千里冰封,万里雪飘。望长城内外,惟馀莽莽,大河上下,顿失滔滔。山舞银蛇,原驰蜡象,欲与天公试比高。须晴日,看红装素裹,分外妖娆。　山河如此多娇,引无数英雄竞折腰。惜秦皇汉武,略输文采;唐宗宋祖,稍逊风骚;一代天骄,成吉思汗,

《新民报》发表的《沁园春·雪》

只识弯弓射大雕。俱往矣！数风流人物，还看今朝。

这首词今天的中国人已经非常熟悉了，但在六十年前的重庆，突然发表这样一首文采斐然气势宏大的伟人之作，无异于投向国民党的一颗炸弹。毛泽东敢于到重庆谈判本来就让蒋介石处于被动，在随后的小范围的军事冲突中,国民党也没有占到任何便宜,反而加大了共产党谈判的砝码。本来想严格控制新闻报道,极力丑化共产党人的形象,不想也适得其反,大多数记者都折服于毛泽东的智慧与谈吐,甚至消除了过去对共产党的误解,这才是偷鸡不成蚀把米。最后迫于国际的政治压力和全国的舆论压力,蒋介石不得不在谈判桌上签了字,几乎是满盘皆输!请神容易送神难,好不容易才将毛泽东送走,现在他的词竟然又发表了,等于又将全国的焦点聚集在毛泽东身上,你说国民党能不气急败坏吗?

但《新民报》的编者按写得颇有水平,似乎不带什么感情色彩,却又蕴含深意:"毛润之氏能诗词似渺为人知。客有抄得其《沁园春》咏雪一词者,风调独绝,文情并茂,而气魄之大乃不可及。据毛氏自称则游戏之作,殊不足为青年法,尤不足为外人道也。"

《新民报》的所作所为在重庆引起轩然大波,连《新华日报》都没有想到毛泽东的词会在《新民报》上发表。国民党中宣部则紧急召见报社负责人陈铭德、邓季惺,一顿申斥、警告,认为这是"为共产党张目,向共产党投降"。老板陈铭德却振振有词,说蒋委员长都一直视毛泽东为上宾,款待有加,《新民报》为何不可以发表他的一首词作呢?

重庆的十多家报纸包括《新华日报》和《大公报》随后都立刻跟进,以显要位置转载了毛泽东的这首词,而且毫无例外地连续不断发表步韵唱和之作。

事隔多年之后,黄苗子撰文细说了该词发表的经过。1945年8月毛泽东从延安飞抵重庆,参加国共谈判。30日,柳亚子到毛泽东住处探望,写了一首七律《赠毛润之老友》。9月6日,毛泽东偕周恩来、王若飞到沙坪坝南津村柳亚子寓所回访,晤谈甚欢。10月7日,毛泽东将1936年2月在延安窑洞里创作的这首咏雪词书写后送给柳亚子,并附信说:"初到陕北看见大雪时,填过一首词,似与先生诗格略近,录呈审正。"柳亚子展读之馀，和了一首。毛泽东在书写件上并未注明具体的创作时间，但柳亚子在和词小序中注明"毛润之初行陕北看大雪之作"。不少人误以为咏雪词是毛泽东在重庆谈判期间的作品，显然是错误的。

毛泽东与柳亚子

柳亚子把毛泽东书赠的咏雪词与自己的和词一并送到重庆《新华日报》，要求发表。报社告诉他，发表毛泽东的作品，要向延安请示，须得到毛泽东的同意。经过斟酌商量，《新华日报》采取折衷办法，在毛泽东离开重庆这一天，即10月11日，单独发表了柳亚子的和词《沁园春》，小序中有"次韵和毛润之咏雪之作，不尽依原题意也"等语，大家这才知道毛泽东有一首咏雪之作，有的人通过各种关系抄到了这首词，私下流传开来。

1945年11月初的一天早上，黄苗子在路上遇到民主人士王昆仑，王昆仑拿出抄来的毛泽东咏雪词给他看。黄苗子问是否可以发表，王说可以发，但不要写明来源。黄苗子拿了咏雪词抄件到医院，看望住院的妻子郁风，并把抄件给她。郁风看后要黄转交给《新民报》副刊的编辑吴祖光。当时《新民报》请黄苗子当副刊编辑，实际上由郁风主持，而郁风因怀孕临产，请吴祖光接替帮忙。黄约吴见面，事先还拟了一段编者按，连同抄件，交给了吴祖光。吴祖光在稿件发排前，还找了三个不同抄件对照比较，择善而从，但刊出时还是有好几个错字。

国民党中宣部奉上峰之命,也网罗了一批御用文人,以唱和为名,乘机对毛泽东的咏雪词进行围攻。《中央日报》、《和平日报》、《益世报》等参与围攻的报纸抛出各类诗文十四篇,可惜都不入流,既无文采又输意境。郭沫若连续写了两首《沁园春·和毛主席韵》相继在《新民报》发表,对这帮文人进行了反击。当时在重庆的王若飞,把这些文人的词收集起来,寄给毛泽东。毛泽东阅后,在1945年12月19日致黄齐生的信中说:"若飞寄来报载诸件付上一阅,阅后乞予退还,其中国民党骂人之作,鸦鸣蝉噪,可以喷饭,并付一观。"

发表这首词的《西方夜谭》是《新民报》存在最久的一个副刊,与重庆《新民报》晚刊一起创刊于1941年11月1日,直到1952年1月才同报纸一同停刊,前后长达十一年之久,抗日战争期间它的主编一直是张慧剑,抗战结束后,黄苗子、郁风、吴祖光、程大千、张林岚都曾担任过主编,虽然主编风格各有千秋,但品位高雅、小有锋芒、优秀文学作品层出不穷的特点使其成为读者最多的副刊之一。

副刊并非与抗战无关

《新民报》原本就特别注重副刊,抗日战争期间迁徙到四川的学校和文化人陡然增多,《新民报》更是有意识地增加了副刊的份量。

在重庆时期,各报的副刊由于主编的立场观点不同,对于与抗战有关的许多问题也都有着迥然相异的看法。1938年12月1日,梁实秋在他主编的《中央日报》的副刊《平明》上发表了一篇题为《编者的话》,其中说:现在抗战高于一切,所以有人一下笔就忘不了抗战。我的意见稍有不同,于抗战有关的材料,我们最为欢迎,但是与抗战无关的材料,只要真实流畅,也是好的,不必勉强把抗战截搭上去。至于空洞的抗战八股,那是对谁也没有益处的。梁实秋公开提倡作家写"与抗战无关的材料"的论调,当然引起了新闻界与文艺界人士的反感,纷纷发表言论予以反驳。《大公报》、《新蜀报》、《新民报》、《国民公报》都参加了这场

梁实秋

辩论。

罗荪第一个在《大公报》发表了《与抗战无关》、《再论与抗战无关》等文,他说:如果硬要找与抗战无关的材料,就必须先抹杀了抗战,躲到与抗战无关的地方去。然而可惜的是这地方在中国是没有的。张恨水12月14日在重庆《新民报》的副刊《最后关头》上发表了他的《老板与厨师——也谈"与抗战无关"》一文,曲折地把梁实秋比喻为一位糕饼师,"这位糕饼师打泡三天,就引起了同行之怒,说做菜不用盐,不近人情,一致加以攻击。其实呢是大家忘了他是糕饼师,更忘了他的老板是吃淡的"。仅仅四个月时间重庆各大报纸发表的对梁实秋的反驳文章达三十多篇。1939年4月1日,梁实秋不得不辞去了副刊主编的职务,但在他的《梁实秋告辞》中继续坚持自己的主张:我以为我没有说错话,四个月的《平明》摆在这里,其中的文章……十之一二是我认为"也是好"的"真实流畅"的"与抗战无关的材料"。

与梁实秋"事不关己高高挂起"的态度相比,张恨水的《最后关头》从刚开始起就十分高调地呼吁抗战,他甚至不惜降低稿件标准,刊登一些他平时根本看不上的小品文。他在《战斗文字之难求》一文中说,有材料而又能写的人不肯写,没有材料的人,要写又无从写起。又呼吁大家多投稿,说"只在故事好,文字稍差不要紧,润色修饰,那是编者的责任"。

有一则游击队短歌,全文不足四十个字,词曰:鬼子来了,不让他看清;鬼子去了,打他的背心。这样的诗歌若在平时会让张恨水笑得前仰后合,然而在战时他却认为好得很。

张恨水主编的《最后关头》因为强烈地呼吁抗战,反对投降,被迫于1939年5月3日之后停刊,经过多方周旋,方于同年8月13日复刊。他为之写了《久违了》一文,委婉而巧妙地向读者托出了停刊的底细以及他的愤怒:"日子是这样的容易过去,本刊与读者不相见,已经有一百天了。这一百天,不可小看了它,积十八个一百天,便是一个五年计划。对这一百天的消逝,我们是守财奴一般的看法,颇为舍不得。一百天之间,我们不知道读者的感想如何……许多日子不扯几句淡,真整得难受,在这里也看出新闻记者是一条劳碌命。不像古来言责之官,如御史太史等等,十年不开口动笔,依然吃饭睡觉,其肥如猪。"看似滑稽的闲文,透露出没有新闻自由的沉痛。

"摩登论语"与"七星聚义"

一位曾在《大公报》工作过的老人回忆说,当年在重庆曾经流传一上联"华莱士来华",征求下联。这个上联最难对之处在于它可以正着念,也可以反着念,又是外国人的名字,正好经常"来华"。此联一出,应者寥寥,后来终于有人对出了下联"马歇尔歇马",但大家都认为还不是很理想,于是《新民报》特在副刊刊出启事,五万元征联,一时应者云集,惜所对之联都不令人满意。

"谈来谈去何时了,胜败知多少。庐山昨夜又伤风,协商不堪回首一场空。 图章签字应犹在,只是面皮改。人民能有几多油,哪似一江春水向东流。"这是当年重庆《新民报》的副刊上讽刺内战的一首《虞美人》词,类似的词作几乎天天可以看到。1946年9月9日重庆《新民报》的副刊上发表了一首《如梦令》,也是对时局发泄不满的:"记得去年灯火,举国如狂相贺。谁料扑场空,仍是家山残破。难过,难过,四强至今无我!"还有一首《西江月》,更是令人喷饭:"打得鸡飞狗走,谈来狗肉羊头。经春过夏又中秋,花好月圆人瘦。　　后羿人间受罪,嫦娥天上伤悲。此心夜夜梦低徊,中华民国万税。"和平无望内战爆发后,知识分子无法掩饰内心的失望,写了这样的打油诗:和平已随白鸽去,此地空馀签字楼。白鸽一去不复返,协商半载空悠悠……

之所以摘录这些词作,并不是认为他们写得有多么高明,意义在于通过这些发表在副刊上的词作,时隔六十多年之后,我们不用读前面的新闻版,就可以清晰地了解到当时的社会政治文化状况以及百姓的情绪,了解到世相百态,这也许就是人们将副刊看作是社会晴雨表的主要原因吧。《新民报》的副刊不但旧词新填,而且还将《论语》这样的经典进行了"摩登"的改写,充分体现了文人对时局的无奈和嘲讽:

子曰:战而时习之,不亦乐乎? 特使自美国来,不亦乐乎? 协而无结果,不亦宜乎?

子曰:民有三畏,畏内乱,畏暗杀,畏政府之诺言。

子曰:君子战而不和,强哉! 小人和而不战,强哉?

子曰:内战之道,在明处商,在暗处打,以至于全国皆乱。

……

这样的文字无疑是有巨大的杀伤力的,丝毫不比新闻及言论的社会影响力弱,而且传播速度极快,容易成为社会流行语。文坛多侧面文章乃文坛之不幸,上世纪三四十年代报纸的副刊承担起更多的社会责任,是报业的不幸吗?

张慧剑在成都主持副刊《出师表》时曾经策划了"七人座谈",请报社的七位大家轮流坐阵谈天说地:星期一是程大千的《哭与笑》;星期二是张慧剑的《辰子说林》;星期三是张恨水的《两都赋》;星期四是赵超构的《书与人》;星期五是张友鸾的《橐笔行脚》;星期六是方奈何的《甑边闲话》;星期日是姚苏凤的《异国情调》。如此阵容强大的"七星聚义"在副刊的历史上也是富有创造性的,而且这种集体专栏的形式对作者和文章的要求都非常高,不是一般的报纸可以随便开设的。

再以张恨水在北平主持《新民报》副刊《北海》1946年4月7日的一个版面为例,就在这不足版面四分之三的空间,集纳了老舍的《八方风雨》、张恨水自己的《巴山夜雨》、茅盾的《生活之一页》三篇连载小说,还有张恨水写的《北返杂诗》之一的《重庆客》:

> 先持汉节驻华堂,再结轻车返故乡。随后金珠收拾尽,一群粉黛拜冠裳。

> 恢复幽燕十六州,壶浆箪食遍街头。谁知汉室中兴业,流语民间是劫收。

> 昂头天外亦豪哉,飞过黄河万事哀。解得难民恩怨在,逢人不敢说飞来。

可以说《新民报》的副刊不仅有战斗性,而且这种战斗性是通过趣味性来实现的。这个特点贯穿了《新民报》所有的副刊和所有的阶段。

副刊多是《新民报》的特点,初步统计,在不同时期、不同地方、不同的版面上先后存在的副刊加起来有近百种之多,而比较有名的、存在时间较长的也有十多种,如刚创刊时的《葫芦》、《新园地》;西迁重庆后日刊的《血潮》、《最后关头》、《大时代》、《万方》;晚刊的《西方夜谭》;成都版晚刊的《出师表》、日刊的《天府》;抗日战争胜利后南京版复刊的《夜航船》、北平版的《天桥》、《北海》、《鼓楼》以及上海版的《夜光杯》、《十字街头》等等。

从这些副刊的名字中我们就可以看出《新民报》的亲和力。许多报纸的副刊所起的名字一般都没有地域特色,主要是用一些具有象征意义的名称如《小茶馆》、《自由谈》、《学灯》等等,而《新民报》的副刊则是根据不同的地域取一个最贴切的名字,如成都版的《出师表》,一方面很容易让成都的读者产生认同感,因为武侯祠就在成都,这里的人们对于诸葛亮的故事耳熟能详,有一种自豪感,另外《出师表》也鲜明地表达了

副刊之一南京《新民报》晚刊的《夜航船》

编者的爱国情怀，以及对于抗日战争必胜的信念，很显然这个名字更容易让人记住，比同时期《新民报》的另一个副刊《天府》更有号召力。再比如，北平《新民报》的三个副刊，《天桥》、《北海》、《鼓楼》，无一不是老北京最喜欢的、最热闹的、最有历史感的地名，一提到天桥，读者自然就会想到那里五花八门的手艺人,鲜活的民间气息,而一提到北海,老北京也会想起那些个传奇与民俗,这些名字一出手就显示出编者对于老北京的熟悉和热爱,他们编的副刊读者能不捧场吗?

张恨水等一大批文人献身《新民报》的副刊,使副刊彻底摆脱了报纸"附庸"的地位,成为既是供大众独立阅读的趣味单元,又是延伸其他版面传播功能的报纸的有机组成部分。当时有人半开玩笑半当真的说,以《新民报》的副刊为舞台,以"三张一赵"为核心,客观上形成了一个文艺流派兼新闻学派,他们的特点非常鲜明,身份是报人兼作家,具有一流的文学水准,同时又对社会有着敏锐的嗅觉。他们几乎都是终身从事新闻事业,同时习惯于以记者的敏感观察社会,直面人生,写出了大量的现实主义文学作品,直接就在自己编辑的副刊上发表,副刊因为他们的文章、小说而受到读者的欢迎,而他们也借着副刊声名远扬。他们小说中的故事,和当时社会发生的新闻紧密结合,遥作呼应,读者之所以喜欢,就是因为可以对号入座,把它当做不是新闻的新闻看。

将《新民报》不同时期的副刊进行比较,还是抗日战争期间在重庆、成都两地的日刊、晚刊上的副刊最为繁花似锦,毕竟当时全国知识分子和文化界的精英都聚集在两地,为副刊组稿提供了最为便利的条件。这些文人迫于生计,愿意从事创作。更为重要的是大家的生活虽然艰苦,但对于最后的胜利却没有丝毫的怀疑,骨子里极其乐观,保证了副刊作品的数量与质量。

从"五四"时期得风气之先的"四大副刊",到《申报》的《自由谈》,再到《新民报》五社八版上风姿卓越的各种副刊,变化的只是时代的风向标,一脉相承的则是植根生活的热情、创新不止的精神、与时俱进的勇气。

四、微言大义:《新民报》不同时期的评论

刊登真实的新闻、发表有益的评论,这两项可以说是报纸最基本的

功能。和许多自由主义知识分子一样，陈铭德深受西方自由主义思想影响，认为人的见解可能有局限，判断可能不够准确，但不能改变对公正、客观、无私的追求。只有胸中不染尘埃，面对民生疾苦和时政得失，才能明辨是非。一张民间报纸必须有自己的品格，能够在任何时候都做到"富贵不能淫，贫贱不能移，威武不能屈"。

在中国追求民间立场、超党派很容易被认为是"折衷主义"，但《新民报》的同仁认为折衷并不是无是非，无好恶，虽然超阶级、超党派真正做到很难，但它至少不依傍和屈从于任何社会势力。在《新民报》的早期由于经济不独立，报纸不得不替军阀做宣传，但当报纸的经济稍稍独立之后，他们便决定不再依靠任何党派势力，坚持"出自己的汗，吃自己的饭，说自己的话"，虽然《新民报》并不总是可以做到这一点，但大多数的从业人员一直抱着"虽不能至，心向往之"的美好理想。

许多人对于《新民报》制定的"中间偏左，遇礁即避"的编辑方针是有所质疑的，即使《新民报》自己的主要负责人有时也会想，在中国这样的现实下，超党派，超在哪里？纯民间，纯在何方？所以大多数的时候这样的方针并不能得到很好的贯彻。

显然言论不是《新民报》的重头戏，因为它的中间立场决定了它更多的时候是从侧面做文章，少评论，甚至在其创刊的初期，很少发表过有分量的言论。但谁也不能否认，在历史的不同时期《新民报》的言论还是起过振聋发聩的作用的。

坚持抗战到底：抗战前后的言论

《新民报》发表的第一篇社论是 1931 年 9 月 20 日发表的《东北全非我有，国亡无日，请对日宣战》。那时"九·一八"事变刚刚爆发，许多报纸还处在观望之中，主张冷静处理，唯有《新民报》态度鲜明，社论说："沈案非济案，我不以武力夺回，日本绝不还我。"

和《大公报》等报章力主对日和谈的态度不同，《新民报》对日绝交的态度是一以贯之的。1932年1月17日，在《请对日绝交》的言论中再次重申："……不绝交只有屈服……夫政府者，人民之代表也。人民主张绝交矣，人民主张抗战矣，政府何独迟迟不敢决之耶？若政府恐引起'迎合民意'之讥，则政府亦曾估量其立场，究在民众之上，抑在一些特殊阶级者身上耶？"

《新民报》主张抗日的社论

1月26日,《新民报》又发表了《再论对日绝交》的社论,理由更为充分,言辞更为激烈:"第一,对日一绝交,国际形势必然大转变,知中日已入交战状态,足以影响世界和平矣……第二,日本如封锁我海口,侵犯我内地,必将各帝国主义之市场,完全扰乱,各国商业蒙一重大损失,必不任日本如此歌功横行;第三,各帝国主义之对中国不敢争剧瓜分,即恐如分赃不均,自相残杀,反足以速其灭亡。"

这个月的月底,日本帝国主义在上海发动了战争,驻守在上海的第十九路军英勇抗敌,谱写了一曲救国图存的爱国乐章,这就是历史上著名的淞沪"一·二八"抗战。"一·二八"之后,《新民报》在1月31日以《救国之最后一着》为题发表了感情充沛的社论:"我十九路军忠勇为国,敌忾同仇,抱宁为玉碎之决心,振臂一呼,势如破竹,倭寇败遁,业经证实,虽未来之事,尚难逆料,然我之抵抗,乃救亡之最后一着,必须奋斗到底,任何牺牲,在所不惜。"

这样的社论,虽然读起来也许没有其他报章的社论逻辑严密,气魄如虹,字字珠玑,但其赤胆忠心,日月可鉴。

和对日宣战如出一辙的是《新民报》对学生运动的支持。在"一二·九"运动中,北平广大学生举行示威游行,呼吁"停止内战,一致对外",但国民党政府却指使军警用大刀和水龙头对付手无寸铁的学生,甚至逮捕屠杀学生,《新民报》连续发表了《平市学生万岁》、《为平市学生运动敬告全国青年》、《再论学生运动》等社论,严厉谴责国民党政府的野蛮行径。试以12月12日发表的《为平市学生运动敬告全国青年》为例:

> 时至今日,各辈青年,除争国家民族的生存外,尚何所求? 当局者劝曰"安心上课","读书救国",此于平时为宜然,假使平津而在敌人势力支配之下,正所谓皮之不存,毛将焉附,是而不"争",读书何用? 今吾人所存无他,即爱国不能有"罪",爱国必须有

"权"矣!

再看12月18日发表的《再论学生运动》:

> 青年学生终日游行,呼口号,诚然不足以救国,然而假使一声不响,让汉奸国贼肆行"拍卖",究于国家何"救"? 学生闭门读书,上图书馆,进实验室,以其政府能"救亡"耳。政府果能救亡,果有救亡之象征,学生自然"安心"上课,自然不愿过问国家大事。故今日问题之症结,不在责备学生,不在取缔学生运动,而在政府拿出救亡图存的办法,宣示救亡图存的具体方针。

但在"西安事变"这样的大事中,《新民报》人由于自身的历史局限,只能和大多数报纸一样站到讨伐派一边,对张学良大加鞭挞,如1936年12月14日的社论《国人对张部叛乱应有的认识》说:无论叛乱者之如何捏造黑白,妄发主张,但吾人必须认清其意图颠覆政府之阴谋,实根本危害国家民族的生存。对张学良的叛乱,中央现有坚强之组织,各方已有明确之认识,而政府复有一定之决策,故国人务须健全意志,力持镇静,依赖中央,拥护政府,以待其最短时间之圆满解决。万不可推波助澜,或互相惊扰,徒自扰乱阵脚,遗扰社会。

1937年7月7日卢沟桥事变爆发,战争一触即发,然而国民党政府依然没个明确的态度,《新民报》忍无可忍,在社论中再次呼吁:

> 由"九·一八"迄今,六年于兹矣! 一切"和平解决"办法,其结果皆无补于中日之国交,皆无补于东亚之安定,此至可痛心之事,亦最堪耻辱之事。今事急矣……"和平解决"之迷梦已醒,则吾人所抱之惟一信念,可以即会实现矣! 吾人平素之信念为何? 第一为抗战! 第二为抗战! 第三仍为抗战!

古人云:"必能渡河而战,始能隔河而守;必能隔河而守,始能拒江而安。"所有的和平与安定显然都是以"渡河而战"为前提的。随着战争的临近,《新民报》从南京撤往重庆,准备易地再战,继续为抗日鼓吹。

随着抗日战争的全面爆发,救亡图存成为第一要义。《新民报》西迁重庆后很快复刊,在发刊词中即信心百倍地表示:相信抗日战争既无前方后方之分,救亡安有中央地方之别。在八年的抗战中,《新民报》一直乐观自信,深信中国的抗战是正义的战争,必然会取得最后的胜利。它们为每一个重大战役的胜利而欢呼,赞扬每一位爱国志士的精神,痛斥汪精卫的叛国投敌,鞭挞大后方贪官污吏的腐败。

战时的重庆既是抗日战争的大后方,又是陪都,成为当时全国政治、经济、社会的中心,达官贵人、富豪子弟均汇聚于此,一方面是广大的中下层人民过着艰苦的生活,一方面是奢侈之风盛行,《新民报》于1941年10月1日发表了《莫把陪都当首都》的社评,全文并不长,却掷地有声:

> 一个国家受外侮而迁都,是中外历史常见之事,犹如这次欧战中,许多国家被灭,连政府流亡到外国的也有。和这些比较起来,我们自不能不欣慰。然而正因为如此,我们更须时刻记住,这里究竟是陪都,此所谓陪都乃是收复首都的根据地。王业不偏安,汉贼不两立。这两句话正是我们陪都市民所当刻骨铭心记住的。像南宋偏安时临安市民那种暖风吹得游人醉,直把杭州当汴州的绮靡奢侈苟且偷安的风习,决不可再现于今日之陪都。

在抗日战争期间,《新民报》的评论有许多是短论,多出自赵超构之手,他的评论有两个主题,一是宣传抗日,一是对各种黑暗现象不平则鸣。在重庆,当百姓处于水深火热之时,一些达官贵人的子女、一些高级公务人员的家属却纷纷到香港去避难,引起老百姓的极大不满,赵超构于是写了《香港不是避难的地方》:

> 以中国之大,何处不可避难,何必一定要托庇于外人治下,做外国顺民?托庇于外人之下,这还不要紧,香港谁都知道,是东方有名的娱乐都市,一般高等公务人员的家属,在那里花天酒地一味

享乐,给外人看来,会有什么好感呢?这般高级公务员,把在国内赚来的造孽钱,送到香港去消费,不仅玷辱了我朝野一致的抗战精神,且也是战时经济的大浪费,就最近发表的节约计划说,旅行外国尚在限制之列,难道居住外国终年耗钱,不应该加以制止么?

反对内战呼吁和平:抗战胜利后的言论

八年的抗战终于结束了,还沉浸在胜利喜悦中的人们没有想到,内战已经迫在眉睫了。反对内战呼吁和平几乎成为当时报刊的主旋律。1946年元旦,率先在南京复刊的《新民报》南京版晚刊在发刊辞里就再次强调自己的政治主张:我们在政治斗争极端尖锐的环境下,精神上时时感受一种左右不讨好的威吓。我们的态度很鲜明:主张和平,反对内战;主张民主,反对独裁;主张统一,反对分裂。

1945年8月28日,毛泽东抵达重庆与蒋介石进行和平谈判。当时的很多报纸都乐观地认为这一次谈判必然会取得令大家满意的结果,和平就在眼前,可谓是抗日战争胜利后的最大喜事,但《新民报》却难得地保持了平常心态,在第二天发表的社评《迫切的期待》中,表示了对内战爆发的审慎的忧虑:

> 日本投降,胜利地结束了八年来的抗战,同时也发生了许多迫切需要解决的问题。在战时,军事问题掩盖了这些问题的重要性,现在是再也不可以含糊下去了。摆在我们面前的许多繁重工作,例如复员、整军、实施宪政,几乎没有不关联着团结,也没有一件可以在分裂的状态中完成。这个问题如果得不到适当的解决,则胜利的钟声就变成内争的警号,要避免这种不幸的结果,自然需要朝野各界的共同努力,但要问到如何避免,则目前两个最大的政党应该对国民负有特别的责任。站在国民的立场上看,假如这次的商谈再无结果,那是两党共同的失败,国民绝不会特别原谅哪一方的,更不会赞同哪一个政党从这种失败中取利的。

当然这次谈判也不是一无所获,最后还是产生了一个《双十协定》,给了大家一个和平团结的远景,但是明眼人可以看出,国共双方纷争的症结依然存在,内战的隐患就在眼前。对于国共两党有可能爆发的内战,自由主义知识分子是十分恐慌的,《新民报》的主要领导和当时的老百姓一样希望和平,但不知道如何实现和平,对国共双方频繁的军事磨擦只是采取不问是非、各打五十大板的态度,甚至片面地认为是共产党挑起事端,希望共产党能够以国家为重,主动退让。如1945年10月27日发表的短评《中国还能有内战吗?》笼统地指责双方:"一面谈判交涉,一面武装冲突,乃是最痛心和最可耻的事。"结束语说:"老百姓惟一要求是反对内战,谁内战谁就是人民的公敌。"

最足以代表《新民报》这个时期政治态度的是1945年11月26日发表的《对〈大公〉、〈新华〉两报论战之观感》的社评。起因是《大公报》于10月20日发表了《质中共》的社评,认为延安总部命令军队向敌军进兵和受降,是广大的北方到处"起了砍杀之战"的根源,武断地认为是中共故意制造分裂,直言"政党应该以政争,而不应该以兵争"。《新华日报》第二天发表《与〈大公报〉论国是》的社论,对之进行了针锋相对的批驳。而《新民报》的社评却首先称赞《大公报》的敢言,并认为《新华日报》是色彩鲜明的共产党的机关报,代表共产党说话的成份更多一些。《大公报》的社评中有个主张是"要变不要乱",《新华日报》回击说"中央不曾变,中共不曾乱"。《新民报》则反问:变了没有,似乎很少;乱了没有,似乎不很少……社评最后"代民立言":

> 《大公报》也好,《新华日报》也好,大家看看人民有些什么痛苦?人民急于要求些什么?人民要求的是:别以家里的星星小火闹出大乱子,要交通恢复早早回家,要物价平定,好好计划一下,过几年安居乐业的日子,以补偿八年颠沛流离之苦。这是最低最急而又最平凡的起码要求。国是不定,一切谈不到,大家继续痛苦下

去,事实也好,法律也好,和人民有什么相干呢!

这就是典型的《新民报》的态度,总是以第三者的姿态出现,想做和稀泥的角色,最后的一段话,也真实地反映了国统区大多数中间人士对时局的盲目乐观,以及希望在两极中间幻想开出第三条道路的思想。而这种幻想随着时间、随着历史的发展逐步破灭了。

1946年9月9日的重庆《新民报》在报社的创刊纪念日发表了一篇社评,再一次完整地表达了报社同仁对于中国现状的基本态度:

> 时至今日,一切都是打的局面,种种都是乱的特征,我们站在两端的中间来办报,谈和平,谈民主,来反对内战内乱,当然是不识时务。但四万万老百姓谁愿意再打下去? 再乱下去呢? 一个纯民间性的报纸,要为老百姓说话,要使国家社会和平安定,要使政治清明,不贪污,有效率,要经济走上轨道,人人无匮乏之虞,又岂是讴歌现实,文过饰非所能济事? 所以我们虽然明知这条中间道路是一条左右不讨好的道路,但为了明是非,辨真伪,为了代民立言起见,本报立场将始终如此做去。

在另一篇社论中,也有类似的文字:

> 现在的民众意向是什么? 是和平与统一,而不是战争与决裂。现在的时代潮流是什么? 是民主与建设,而不是专制与破坏。因此之故,我们一向反对内战或内乱,一向主张政治民主化,军队国家化。我们认为中国大多数人民的传统思想和习惯与共产主义未必相容,但若民生主义得不到实现,耕者有其田的经济民主之社会不能建立,则以经济为背景的政治斗争,仍将无法可以消弭。我们以为工农业建设是今后中国经济上必采之途径,但豪门资本、买办资本、官僚资本等应该予以彻底清算,不使其成为扰乱金融、垄断工商之工具……

到了1947年,国内的局势可以说是江河日下,胜利后的喜悦已经丧失迨尽,和平成为最大的骗局,烽火连天,民不聊生,《新民报》的社评呈现出前所未有的愤怒,2月11日各地的《新民报》都刊登了题为《请问有效的办法在哪里》的社评:

　　大家都在为国家的前途疑惧,疑惧我们在政治上的办法究竟在哪里? 疑惧我们在经济上的办法究竟在哪里? ……

　　谈政治吧,应该不是和就是战,和有和的办法,战有战的办法。而事实上,一面国共之外交未断,一面各地烽火连天……

　　谈经济吧,谁也知道恶性的通货膨胀,也会使物价飞腾,经济破产,但五千、一万的大钞终于发行了。工商业的严重危机,人民生活的被逼到饥饿线上,这难道不是总崩溃的前夕吗……

　　由于各种事态的无法可想,由于各种矛盾因素的无法消除,于是只好用打的方法来解决。好,那就打吧! 今天这个局面,便是这个结论的注解。但老百姓有一个要求,就是"速战速决",不管马打死牛牛打死马,若果长年累月的内战下去,那不是甲打乙,乙打甲,而是在和老百姓作对了,为什么老百姓该白受牺牲呢?

　　我们不用再列举更多的评论,来说明《新民报》的言论态度,需要指出的是这样的言论无疑是左右不讨好的,而且随着时局的恶化,言论自由的空间也越来越有限,《新民报》的五社八版经常遭遇各种迫害,《新民报》不得不为争取自己的言论自由而发言。

　　1947年5月25日,《新民报》上海晚刊被当局勒令停刊,同时被停刊的还有《文汇报》与《联合晚报》。三报停刊在当时引起极大的震动,《新民报》发表了《我们的抗议与呼吁》的社评,对国民党政府搬起石头砸自己的脚的行为进行了抨击:

　　总之,就军事消息和学潮消息而言,皆有事实可复案,哪条与出版法规定不符? 哪一条触犯了刑案? 正不如依照法律程序,依法解决。岂能以空洞、莫须有之罪名,什么"意图"、"散播"、"夸张"、"淆惑"等等字眼,遂陷人于死罪。若果此而谓之为"尊重言论自由",果此而谓之为"实行民主政治",则中国政治之前途,我们就更无从解释了……且国府与国防部对于保障新闻界之明令,最近尤腾诸国内,奈何墨迹未干,即自食其言?大家对政府的信心,大家对时局的看法,不知会发生一种什么后果?我们是手无寸铁,我们固然只有忍泪吞声,但三报停刊之后,是否天下人之耳目即从此如聋如盲?现在要消灭的是"事态之本身",如军事之胜利、学潮之平息、贪污之肃清等等,只要事态本身表里如一,则谁又敢无中生有?且社会哪一个造谣惑众的报纸,会受人重视?会发生实际作用?政府不此之图,而欲以愚民政策,以高压政策,冀收"国泰民安"之效,此不仅缘木不能求鱼,诚恐其不良之后果,更非吾人不能想象。

《新民报》对于自己民间立场的坚持从未改变过,明明知道中间立场在夹缝中难以立足,却至死不悔。这最终导致了1948年南京版《新民报》被永久封门。

一个纯民间性的报纸在当日的中国,似乎确实难以找到自己存在的理由。但办一份纯民间性报纸的梦想,却是许多知识分子始终不肯也不会放弃的,至少在上个世纪的前半叶,有一批人前赴后继地实践过这一理想。

第四部分
《新民报》群英谱

　　《新民报》的故事其实是一群新闻人壮志未酬的故事。提及解放前后的《新民报》，人们印象最为深刻的其实不是陈铭德与邓季惺夫妇，他们两个仿佛是戏团的老板，负责的是搭台子组班子，而真正让观众印象深刻的却是在舞台上演戏的众名角。

　　如果说提起《大公报》人们最先想到的是吴鼎昌、胡政之、张季鸾三驾马车，而人们对《新民报》印象最为深刻的无疑是"三张一赵"。如果说《大公报》的成功靠的是张季鸾一支可敌千军的生花之笔，那么《新民报》靠的就是"三张一赵"奉献的柳敬亭说书一样的"大珠小珠落玉盘"。

　　在重庆人们曾将几张报纸用不同的小说做形容，其中《新民报》被比做是《儒林外史》。大家都知道这是一部讽刺小说，它描绘世故人情，真如铸鼎象物，魑魅魍魉，毕现尺幅。当时的名家称该小说"其写君子也，如睹道貌，如闻格言；其写小人也，窥其肺腑，描其声态，画图所不能到者，笔乃足以达之"。作者吴敬梓具有高深的文学修养，又有丰富的社会阅历，他把民间口语加以提炼，以朴素、幽默、本色的语言，写科举的腐朽黑暗,腐儒及假名士的庸俗可笑,贪官污吏的刻薄可鄙,无不恰到好处,鲁迅先生亦称其"虽非巨幅,而时见珍异"。"三张一赵"无疑就是吴敬梓这样的高手,他们以《新民报》为载体,为我们呈现了那个时代的"清明上河图"。

现在,我们当然无法追查到"三张一赵"的始作俑者了。但是倒退到上世纪三四十年代抗日战争时的山城重庆,"《新民报》三张"、"《新民报》三剑客"、"三张一赵"的说法,却是新闻界同行无人不知无人不晓的。同时因为"三张"之张恨水、张友鸾、张慧剑都是安徽人,报界还有"三个徽骆驼"、"张氏三兄弟"之称,而且从有记载的文字看,有关"三张"的文字见于报章杂志的非常之多:

"二十馀年间,报坛世苑,论文章雅畅,撰辑精娴者,莫不推三张为巨擘。"一位署名叫铮洵的先生曾撰文《前尘回首忆"三张"》,这样评价他们。

1978年,香港的《大公报》上也刊载过著名报人刘郎(唐大郎)先生写的一组"三张"记事诗,别出情趣——

咏张恨水:

多年病发命摇摇,出手书名身价高。

重向春明寻旧梦,弦声一路过天桥。

咏张慧剑:

白门柳色尚依依,乱世才轻命亦微。

老死情丝无半缕,一生慧剑竟空挥。

咏张友鸾:

三楼直上急匆匆,推门进来见老翁。

为道闲处无个事,任他南北赶西东。

"三张一赵"中的"赵",就是被称为"报界名人,晚报先驱"的赵超构,那时他还是初出茅庐的小将,但一出手即被张恨水认为"后生可畏"。后来他在新闻界耕耘了一辈子,将一生的大部分时间奉献给了《新民报》和《新民晚报》。

物以类聚。张友鸾曾这样说:我们三个(指张恨水、张友鸾和张慧剑)都是耍笔杆的,又都向往着民主和自由。我们有民主主义的要求,究竟是什么样的民主又说不清,至少是说不完备。认为新闻记者是自由职业,愿意干一辈子。幻想超政治,能给老百姓说话。在另一方面我们还受两晋和晚明文人的影响,不切实际,在思想底层都有些放荡不羁。我们遭受文字之祸岂只一两次,每每头破血流,总是积习难改。为此我们之间倒很谈得来。

君子不党。这也是"三张一赵"共同坚持的原则。张恨水为了他的一个弟弟后来从政,参加了农工民主党,连一向融洽的兄弟关系都出现了裂痕。张友鸾在重庆后期因子女众多,生活困难,一度曾想到重庆社会局任主任秘书一职,张恨水立即画了一幅松树送给他,上面题了一首诗:"托迹华巅不计年,两三松树老疑仙。莫教堕入闲樵斧,一束柴薪值几钱?"赵超构看到一些学者经不起利诱纷纷到政府里做官,心中十分厌恶,写道:学者芬芳出阁,从此名花有主,不难安心度日,好好的女孩儿,一嫁了人就变成了俗物。

他们的这一理想与《新民报》所宣扬的民间立场不谋而合,这也是他们热爱这张报纸的原因之一。对于《新民报》来说,"三张一赵"代表了其最辉煌灿烂的时期。对于一张报纸,尤其是以副刊著称的晚刊来说,拥有他们四个中的任何一位都足以让报纸神采飞扬,更何况能够同时拥有四位大将,这样的豪华阵容在《新民报》的历史上是罕见的,以后也没有再出现在其他的报纸中。可以说"三张一赵"为中国的新闻出版史增添了一段千古风流的佳话。

据说在重庆时,《新民报》的小楼是以"三张一赵"为核心的文人们经常聚集之地。那时报馆屋为板壁,用纸糊着。一日著名漫画家高龙生薄醉而来,援笔画一少女于墙上,少女斜倚沙发,倦容可掬,画高与人身相等。张友鸾恰恰当天也喝多了,诗意大发,题句其上云:"龙生先生真胆大,随时随地画壁画。屋里有个人儿陪,但恐他日变妖怪。"赵超构看见后复为之题"悠然神往"四字——张友鸾的笔名正是"悠然"两字。以后凡到报馆之人,总是诗兴大发,纷纷题诗于上。不久张友鸾到乡间小住归来,见壁上又增一诗云:"谁将心事托微波?玉体横陈似此么?我是烂柯山下客,转难面壁作维摩。"张友鸾认为此诗最清丽,为打油诗中上品,不知署名"梦梦生"的人是谁,细辨其字,乃知是张恨水的佳作。日后,夏日亢燥,纸脆壁裂,此少女憔悴支离,不久即"香消玉殒"了。

这样的文坛佳话现在已经很少听说了!多少年后,曾经读过《新民报》的一位老读者还这样对笔者感慨:"那时这些文人的文字与性情都是一流的,一个报纸有这么多的文人雅士撑着,那副刊真是雅致啊。"

一、人生长恨水长东:张恨水

三张之中,张恨水年纪最大名气也最大。他一生创作了以《春明外史》、《金粉世家》、《啼笑因缘》和《八十一梦》四部长篇小说为代表的一百多部通俗小说,是中国最多产的作家之一,五千万字如一座巍峨的高山让后人难以逾越。

张恨水(1895—1967),原名为张心远,安徽潜山人。那是皖西南一个交通闭塞的贫穷小县。恨水先生自1919年北上后,再也没能回到那里。他为自己取的笔名"天柱山人"、"我亦潜山人"都透露了他的思乡之情。

年轻时他即用"恨水"为笔名开始写小说和散文，以至于后来人们几乎忘记了他的真名。关于"恨水"一名的来历，曾有许多好事者妄加编造，说张恨水曾喜欢著名女作家冰心，几番追求没有结果，故而"恨水不成冰"，但张恨水自己解释，仅仅是因为喜欢南唐后主李煜的一句词"自是人生长恨水长东"，故取"恨水"为笔名。

张恨水

但他更是一个"新闻的苦力"。他从二十几岁步入报界，一生服务于多家报纸，从芜湖到北京，从南京再到重庆，从《益世报》转战《世界晚报》，从《世界日报》到《新闻报》，从《南京人报》到《新民报》，他在哪家报社服务，哪家的报纸就会成为风景。这其中尤以为《新民报》服务的时间最长，从 1938 至 1948 达十年之久。

雅俗共赏自成一派

1944 年张恨水迎来了自己的五十岁寿辰。《新民报》成、渝两社，准备在成都和重庆两地，分别为他举办隆重的庆祝活动，称之曰"联合庆祝张恨水先生五十寿辰和三十年写作生活"。张恨水听到以后极力反对，谦不肯受，而且自己预先拟了个计划，准备届时来个"避寿"，溜之大吉。由于他的坚决辞谢，庆祝活动方才作罢。

虽然庆祝大会没有召开，但是仍有许多报纸发表了祝贺文章，《新民报》《万象周刊》都发了专刊。老舍先生不仅写了祝贺文章，而且集张恨水所撰六部小说之名，写了一首贺诗，发表于同年的《万象周刊》：

贺恨水兄

上下古今牛马走,文章啼笑结姻缘。

世家金粉春明史,热血之花三十年。

《新民报》的主笔罗承烈在《新民报》发表文章,代表报社同人为恨
老祝寿,他称赞道:

> 有许多不认识恨水先生的人,或者以为他那样会谈情说爱,一
> 定是个"纵情声色"的浪漫主义者罢,其实他持有非常严肃,对人非
> 常诚挚有礼。或者以为他那样透达人情世故,一定是个随俗沉浮,
> 八面逢源的多边主义者罢。其实他一生只是写文卖文,并无半点
> 非分之想,与丝毫不义之得。

当时重庆的报纸还以《张恨水避寿南泉》为标题,报道了张恨水辞
谢庆祝活动的事情。事后,张恨水写了一篇《总答谢》,发表在《新民
报》上,用"桃花潭水深千尺"来形容朋友和读者对他的情意和给予的
厚爱,并用幽默的语言说明他为什么坚持反对庆贺的仪式,他说:
"……我想到物价的数字,我也立刻想到不应当由我这百无一用的书
生而浪费。而且我的朋友,不是忙人,就是穷人。对忙朋友,不应该分
散他的时间;对穷朋友,不应当分散他的法币,于是我变为恳切的
婉谢。"

尤为重要的是,在《总答谢》中,张恨水还向读者第一次阐述了他如
何看待自己那颇有争议的章回小说:

> 我毫不讳言,我曾受民初蝴蝶鸳鸯派的影响,但我拿稿子送到
> 报上去登的时候,上派已经没落,《礼拜六》杂志,风行一时了。现
> 代人不知,以为蝴蝶鸳鸯派就是礼拜六派,其实那是一个绝大的错
> 误。后者,比前派思想前进得多,文字的组织也完密远过十倍。但
> 我这样说,并不以为我是礼拜六派,远胜鸳蝴派。其实到了我拿小
> 说卖钱的时候,已是民国八、九年,礼拜六派,也以"五四"文化运动

的巨浪而吞没了。我就算是礼拜六派，也不是再传的孟子，而是三四传的荀子了……在"五四"的时候，几个知己的朋友，曾以我写章回小说感到不快，劝我改写新体，我未加深辨。自《春明外史》发行，略引起了新兴文艺家的注意。《啼笑因缘》出，简直认为是个奇迹。大家有这一个感想，丢进了茅厕的章回小说，还有这样问世的可能吗？这时，有些前辈，颇认为我对文化运动起反动作用。而前进的青年，简直要扫除这棵花圃中的臭草，但是，我依然未加深辨。我为什么这样缄默？又为什么这样冥顽不灵？我也有一点点意见。我觉得章回小说，不尽是要遗弃的东西，不然，《红楼》、《水浒》，何以成为世界名著呢？自然，章回小说，有其缺点存在，但这个缺点，不是无可挽救的（挽救的当然不是我）。而新派小说，虽一切前进，而文法上的组织，非习惯读中国书、说中国话的普通民众所能接受。正如雅颂之诗，高则高矣，美则美矣，而匹夫匹妇对之莫名其妙。我们没有理由遗弃这一班人，也无法把西洋文法组织的文字，硬灌入这一批人的脑袋。窃不自量，我愿为这班人工作。

从这段话中我们也可以看出，张恨水是一个平民作家，他有着浓厚的服务意识，他知道自己的小说是写给谁看的，也知道哪些人爱看他的小说。这是因为他的小说几乎都是先在报纸的副刊发表的，是中国报纸副刊的衍生产品，他的小说受制于报纸读者的品位，而他的小说的品位又直接影响了报纸的生存，因此张恨水与报纸的关系是一种鱼与水的关系，依靠报纸，张恨水由原来被传统社会甩出来的边缘人转变成可以通过自己的写作在大众媒介中安身立命的职业作家。

在张恨水之前，中国的旧式章回小说，浩如烟海，但并没有跟随时代前进，写来写去总是侠客口中吐白光、才子中状元、佳人后花园私订终身的故事，是张恨水为这种体裁加入了新的元素。

166

据说鲁迅的母亲非常喜欢看张恨水的小说，并不十分喜欢看鲁迅的小说，包括鲁迅写的关于故乡绍兴的小说。在《鲁迅全集》中收有鲁迅1934年5月16日写给他母亲的信，其中有这样的记载："三日前曾买《金粉世家》一部十一本，又《美人恩》一部三本，皆张恨水所作，分二包，由世界书局寄上……"在今天的鲁迅博物馆，里边还有许多张恨水的小说，那都是鲁迅买来寄给母亲看的。

事实上，张恨水的小说不仅在老百姓中广泛流传，一些著名的学者也常读他的书来消遣。在吴宓的日记中就记载，陈寅恪1944年年底做了眼科手术，吴宓1945年元旦去看望他时，就带了张恨水的小说《天河配》送给陈寅恪。陈寅恪先生晚年双目失明，就曾经请同事到学校的图书馆去借张恨水的小说，借来之后由他的太太念给他听。这是否可能说明张恨水的小说真的是雅俗共赏？

在1938年进入《新民报》之前，张恨水已经颇有文名，是"国内惟一的妇孺皆知的作家"（老舍语）。上世纪20年代，他分别在北平《世界晚报》的副刊《夜光》、《世界日报》的副刊《明珠》、上海《新闻报》的副刊《快活林》连载三部长篇小说《春明外史》、《金粉世家》和《啼笑因缘》，风行全中国，声名大振，被称为报纸的摇钱树。

报纸连载小说这种形式，可以说是中国报纸副刊的一种传统。张恨水在《世界晚报》上连载他著名的作品《春明外史》，一天五六百字，见报才几天，就引起了许多人的注意。因为张恨水旧文学的造诣很深，对文字把握能力强，他在报纸上连载的小说文白皆用，雅俗共赏，有学问的可以看，识字不多的太太小姐也可以看。一两个月后，有人看上了瘾，每天非读不可。自此以后，他无论在哪家报社担任何种职务，总归要兼编一个副刊，自撰一篇、甚至两篇小说，按日连载，这成了惯例。《春明外史》共有一百多万字，从1924年写到1929年才告结束。《金粉世家》从1927年2月13日起开始在《世界日报》刊登，连载了两千一百九十六次,1932 年才刊完,成为风靡一时的小说,吸引了大量的读者。如今我们很难想象,会有读者数年坚持读一部连载小说。当时《世界晚报》是下午四点左右出版,而三点钟就有人在报社门前等候,他们并不是关心国事,而是等着看张恨水的那几百字小说。

其实写章回体的旧式小说,在报刊上连载,最能检验一部作品的生命力——倘使作品不好,没有多少人喜欢,连载便无法继续,只有作品招大众待见,才能南北两地若干家报刊都来约稿。在北方红遍半边天的张恨水很快成为上海人的最爱。《啼笑因缘》1929 年开始在《新闻报》连载,连载期间,轰动一时:上海市民见面,常把《啼笑因缘》中故事作为谈话题材。《新闻报》是当时发行最多、面向全国的报纸。长篇小说,在它是聊备一格,看作与印数多少无关的。谁知登了《啼笑因缘》,销数猛增;广告刊户纷纷要求靠近小说的地位。张恨水成了《新闻报》的财神,读者崇拜的偶像。以前《新闻报》连载小说,是由所谓“名家”轮流执笔的;自此以后,这个席位就归张恨水包办了。陆续发表的有《太平花》、《现代青年》、《燕归来》、《夜深沉》、《秦淮世家》、《水浒新传》等长篇,一直到上海被日寇占领、和内地邮件不通时为止。

《啼笑因缘》还成就了张恨水一段美满的婚姻。他的第一个妻子徐文淑是母亲为他娶的,两人并没有多少共同语言,但他尽己所能,负责到底。1920 年代初,张恨水刚到北京,一次偶然的相遇使他结识了胡秋霞。他从贫民习艺所领出孤女胡秋霞,不仅给了她一个家,还教给她文化,给了她一生的依靠。胡秋霞是个四川女子,刚烈坚强,果敢泼辣。1949 年张恨水的全部积蓄被人骗走,自己又突然中风,也是胡秋霞拿出全部首饰为张恨水医治。但是胡秋霞性格粗放,并不能全部满足张恨水内心深处的爱情理想。1929 年,张恨水已是声名鹊起的一代大家,北京春明女中的学生周淑云一家都爱看他的小说,也很崇拜他。经人撮合,两人结为连理。张恨水取《诗经·国风》里“周南”雅致之意,为他的新婚妻子改名周南。从此,张恨水的情感世界终于有了归属。

在他创作的高峰,张恨水经常是同时为五六家报纸写长篇连载。每天晚上九点,等稿的人排着队等在门口,他低着头在特制的折叠成一摞的稿纸上奋笔疾书,几千字一气呵成。五六篇文稿各交来人,五六个长篇中的人物从不会打架,前后也不会矛盾。

当年报纸刊登长篇连载,作家们很少有全部写完后再拿去发表的,一般是随登随写、随写随登。于是读者最忌的便是中断。有些作家偏偏老犯这个毛病,报上常见"续稿未到暂停"字样,破坏了读者情趣,影响了编者安排,非常不好。张恨水非常注意这一点,尽量不让自己的作品在连载中有一天脱节。在《金粉世家》的自序中,他说:"当我写到《金粉世家》最后一页的时候,家里遭了一件不幸的事件,我'最小偏怜'岁半的女孩子康儿,她害猩红热死了。我虽二十分的负责任,在这样的时候,实在不能按住悲恸和书中人去收场,没有法子,只好让发表的报纸,停登一天。过了二十四小时以后,究竟为责任的关系,把最后一页作完了。"一部连载五六年的作品,因为女儿不幸夭折中断了一天,张恨水居然抱恨不已,大家可以想见他对于小说和读者的责任感有多强!

当时关于张恨水的传说非常多。文友们传说,一天他坐在麻将桌打上了瘾,报馆派人来催稿子,他左手打麻将,右手写,照样按时交了稿。事实上,张恨水并不爱好打麻将,也没有那么多时间容他消磨。张恨水有一个庞大的家庭,父亲在他十八岁时去世,母亲孀居,下面还有五个弟妹,一家老小的生活、弟妹们的教育和婚嫁都得他一个人负担。他最大的理想便是通过自己的写作让自己和家人过上体面的生活。为此他不停地写作,以应付庞大的开支。张恨水在《写作生涯回忆》中讲:"我是一个推磨的驴子,每日总得工作,除了生病或旅行,我没有工作就比不吃饭还难受。我是个贱命,我不欢迎假期,也不需要长时间的休息。"

抗日战争的爆发，国家的兴亡、民族的灾难和国民党政府的腐败，激发了张恨水作为一个有骨气有良知的中国文人的战斗激情，他的小说、散文与诗词创作进入了一个厚积薄发的新时期，如果说之前在北平所发表的小说还有些脂粉气的话，在重庆这个大后方他的文风更加成熟洗炼，从容不迫中透着泼辣犀利，思想感情更加深沉内敛，所呈现的世界也更加宽阔宏远。张恨水尤为痛恨的是那些不知亡国恨，依然过着奢侈糜烂生活的人，他通过自己的笔一方面歌颂那些浴血献身、出生入死的人，表扬那些敌忾同仇、毁家纾难的人，一方面鞭挞大后方那些口头抗战、心里投降的政府官员，争权夺利、枪口向内的新军阀，贪污腐化、对人民残酷压迫剥削的官僚。张恨水先后在重庆《新民报》连载的作品有：《疯狂》、《偶像》、《牛马走》(解放后出书，改名《魍魉世界》)、《八十一梦》、《第二条路》(后改名《傲霜花》)。

在二三十部抗战小说中，代表作无疑是1939年开始在重庆《新民报》上连载的长篇小说《八十一梦》。用作者自己的话说，这部小说最大的优点就是痛快。这是一部寓言式的小说，"我"是主角，"我"的梦就是一个个故事，通过一些荒诞不经的故事揭露当时社会上政治上的丑闻与内幕，在引起读者憎恨的同时唤起大家一致抗战的决心。张恨水用嬉笑怒骂的笔调，对腐朽丑恶的现象给予无情的抨击、鞭挞，痛快淋漓。民众看了心头解气称快，国民党当局对之则咬牙切齿。重庆有位孔二小姐，因为她的汽车违反交通规则被拦阻，就跳下车来打警察的耳光。这样的新闻报纸是无法刊出的，《八十一梦》里就写了一个潘金莲打警察，说这潘金莲的丈夫西门大官人，是十家银行的董事与行长，独资或合资开了一百二十家公司。读者自然都了解这指的是谁，但小说代替了新闻，作案人是哑巴吃黄连，无处发泄。

小说名为《八十一梦》，最后只写了八九个梦。其馀的呢？张恨水在单行本"楔子"中说：被耗子咬掉了。这"耗子"自然是有所指的。《八十一梦》在报上连载的那些日子里,被揭发、被谴责的一小撮人,脸上无光,很不好过。他们不但不反躬自省,痛改前非,反倒恼羞成怒,要和作者为难。只因小说究竟是小说,纵然有所影射,没有指名道姓,谁敢出头承认"那写的就是我"呢?于是他们就滥用权威,授意"新闻检查所",予以"检扣"。"新闻检查所"有检扣新闻的经验,如何检扣小说呢?后来他们就以"不利于团结抗战"这顶大帽子做"法宝",勒令《新民报》停登这部小说。《新民报》自然不会理会这样的无理要求。

一天,张恨水一位在当时"朝廷"做官的安徽同乡(有人考证说是张治中),约他到家里吃饭。那个官员和他促膝谈心,先是慷慨激昂地谈抗战,最后又称赞他的小说,"写得好,骂得对";结局却说:"写到这里,恰到好处,不要再写了!"原来有些人见新闻检查所也奈何不了张恨水,恨得牙根痒痒,就预备下毒手把他绑架到息烽(当时国民党的集中营,关押政治犯的地方)去。张恨水只好就此"打住",说馀下的梦被耗子吃掉了,我们今天看到的也只是一部"未完成的杰作"。连载小说竟也遭到"腰斩",不能不说是中国新闻史上的奇闻。由于是"暗害",杀人不见血,所以很少有人知道这件事。

周恩来在重庆时,一次会见《新民报》的编辑部同仁,专门表扬了张恨水的《八十一梦》。他说:"同反动派作斗争,可以从正面斗,也可以从侧面斗。我觉得用小说体裁揭露黑暗势力,就是一个好办法,也不会弄到'开天窗'。恨水先生写的《八十一梦》,不是就起了一定作用吗?"无独有偶,张恨水1940年2月在上海《新闻报》上连载的长篇小说《水浒新传》写的是梁山英雄招安后抗击金兵、为国捐躯的悲剧,走的是借古喻今的路子,要借古人的骸骨,来"另行吹嘘些生命进去"。其思想主题与同期郭沫若、阳翰笙等人的历史剧是一致的,时代性、政治性十分突出。毛泽东曾对访问延安的中外记者说:"《水浒新传》这本小说写得好,梁山泊英雄抗金,我们八路军抗日。"

狂者进取，狷者有所不为，旧时文人最多这两种，可张恨水却既不是狂者也非狷者，在他平淡冲和的外表下，有的是为国为民的热情。最为可贵的是，他以一介布衣身份，从没有"写而优则仕"的打算。当年他的长篇小说《春明外史》在报上连载时，适逢张学良将军在北京，看了《春明外史》后非常欣赏张恨水的文采，竟自己找到其寓所，交谈甚欢。后来张学良又多次登门拜访，并想拉张恨水去做官。张恨水就开玩笑地说："我们本来是朋友，做了官，岂不成了你的僚属？我不是做官的材料，还是当朋友的好。"

抗战胜利后，毛泽东到重庆谈判，和张恨水进行了长达两个小时的谈话，并送了延安的小米、红枣和手织的布料。据说，当年陈立夫得知重庆《新华日报》和毛泽东、周恩来等中共要人对张恨水都礼遇有加，曾十分生气地埋怨部下："怎么连张恨水这样的人，都被共产党统战统去了？"

当时重庆的一些文化人曾开玩笑说，如果共产党得到天下，至少有两个人是会受重用的，一个是张恨水，一个是浦熙修。但玩笑终归是玩笑，张恨水一生奉行"君子不党"的原则，从未属于任何党派，包括毛泽东与他长达两个小时的谈话的具体内容，他至死都未向任何人透露过。

张恨水在《我的小说过程》中曾经透露自己写作的原则：我作小说，没有其他长处，就是不作淫声，也不作飞斩人头的事。张恨水不止一次指出，报纸刊载的"诗文虽然不妨谈风花雪月，谈酒，谈女人，但必定是另有寄托。不然的话，那还不止是玩物丧志"。

正是这"另有寄托"使他与众不同，使他的小说脱离了黄色小说、鸳鸯蝴蝶派、礼拜六派独成一派，在中国现代小说史上占有极其特殊的一页。

国难当头以笔为剑

张恨水是惟一一个敢拿自己的稿费来办报纸的报人。1936 年他的好友张友鸾想在南京创办一份自己的报纸,张恨水用自己的稿费三千元帮助其创办《南京人报》,并自任社长,兼任副刊《南华经》主编。为了维持报纸的正常运转,张恨水不但要编辑副刊所有的文字,做社会新闻版的标题,还得给别的报纸写小说以赚取稿费,超负荷的工作终于使他病倒。

因为抗日战争的爆发,1937 年 12 月《南京人报》被迫停刊。张恨水被迫迁往重庆,经张友鸾介绍加入了《新民报》。从此一个老派的文人在一张略显激进的民间报纸找到了大展拳脚的舞台,张恨水在《新民报》工作的十年,无论是对于他自己还是对于报纸本身都有太多的精彩片段值得回味。

其实张恨水对于《新民报》并不陌生。在此之前,他也受陈铭德之约,曾在《新民报》上发表过小说《旧时京华》和《屠沽列传》。老板陈铭德的礼贤下士他也早有耳闻,此番盛情相邀,自然令他心动。况且当时他大病初愈,一路颠簸,急需在重庆找到一个安身立命之地,《新民报》自然是个不错的选择,而且据张友鸾介绍,这张民间报纸的同人们和他一样信奉"流自己的汗,吃自己的饭,说自己的话"。

重庆南温泉

张恨水抵达重庆不久，周南就怀抱着两岁的小儿子千里跋涉来渝团聚。他们住在离城五十里远的南温泉。张恨水到《新民报》上班，每天要往返五十里，重庆的山路令他很不适应。南温泉本是一个美丽而宁静的山村，然而张恨水所住的"国难房子"，只是用竹片编成的薄壁，糊以泥巴，苫以茅草，每遇风雨来袭，则"屋外下大雨，屋内雨如注；屋外雨已停，屋内雨淅沥"。常见茶盏内，砚池中，都被淋上雨。于是只得把家中的盆盆罐罐，取来放在漏雨的地方。鉴于此，张恨水将这草屋命名为"待漏斋"。常来待漏斋串门的，是毗邻而居的作家老舍，老舍的房子也有个斋名，叫作"多鼠斋"。只因山间野鼠特多，大白天，天花板上照样有群鼠跑马，夜间则更是闹腾得不亦乐乎。不止残剩的饭菜常被扫荡一空，就连书稿、烟卷、茶叶，也在劫难逃。八年抗战大后方大部分文人的生活是十分艰苦的，吃的是平价米，喝的是粗茶，还要经常躲空袭。当时南温泉一带晚上连电都没有，油灯、蜡烛对于穷酸文人也是奢侈品。"过了黄昏摸黑坐，无灯无烛把窗开，等她明月上山来"，张恨水在一首词中这样写自己的生活。他只好每天早早入睡，天一亮就起来赶写稿子，就这样居然坚持每天写三千字，八年写了八百万字。他自己还解释之所以写这么少，实在是因为当时的稿费太低，千字买不了斗米，所以没有动力。

张恨水曾笑言，我张某人写小说不如唱京剧，唱京剧不如拉胡琴。在重庆的闲暇时间，他居然无师自通地学会了二胡，而周南是北京城里小有名气的票友，夫妇俩在山沟里偶尔也可以夫拉妇唱。张恨水虽是"大嗓门"，却无奈天生是副左嗓子，平日一哼京戏或昆曲什么的，就会走调，周南常会对他打趣说："听你哼戏，非得站在左边不可。"而周南也在张恨水的培养下，学会了写旧体诗，并且达到了发表的水平。他们的琴瑟相和在南温泉也是一道景致。

但文人的情趣毕竟只是大时代中的小插曲，早在抗日战争全面爆发后,张恨水就在一首诗中发出"国如用我何妨死,事总图人大可羞"的誓言,变"采菊东篱下"为"大雪满弓刀",开始了以语言文字唤醒国人,激励民气的编辑生涯。

在《新民报》,张恨水为自己主编的第一个副刊起名叫《最后关头》,在发刊词中,他声称自己将做一个守卒,尽职呐喊:

> "关"这个字,在中国文字里,已够严重。"关"上再加"最后"两个字,这严重性是无待费词了。最后一语,最后一步,最后一举……这些最后,表示着人生就是这一下子。成功,自然由这里前进。不成功,也绝不再有一下子。那暗示着绝对的只有成功,不许失败。事情不许失败,那还有什么考虑,我们只有绝大的努力,去完成这一举,所以这副刊的命名,有充分呐喊的意味包涵在内。
>
> ……
>
> 这呐喊的声里,那意味绝对是热烈的,雄壮的,愤慨的。绝不许有些消极意味。我相信我们总有一天,依然喊到南京新街口去,因为那里,是我们南京报人的。我们绝不放弃新街口。我们呐喊,现在就开始。

他为这个副刊规定的内容是:一、抗战故事(包括短篇小说);二、游击区情况一斑;三、劳苦民众的生活素描;四、不肯空谈的人事批评;五、抗战韵文。为了强调这些,他又在发刊不久,登出启事:"蒙在渝文彦,日以诗章见赐,无任感谢。唯《最后关头》稿件,顾名思义,殊不能纳闲适之作,诸维高明察之。"3月下旬又再一次《告白》曰:"本栏名为《最后关头》,一切诗词小品,必须与抗战及唤起民众有关,此外,虽有杰作,碍于体格只得割爱,均乞原谅。"

众所周知张恨水工于诗词,善于小品,又爱谈戏,所以小说、散文、随笔、杂文、诗词曲赋、四六文体、游记、通讯、政论、考证、尺牍、戏评、影评、画评等,副刊写作的十八般武器,他样样拿得起来,但在抗日战争期间他写得最多的还是小品文,用得最多的则是"皮里阳秋"的讽刺手法。当有人对于稿件的风格进行质疑时,张恨水直截了当地进行了回答:

> 有人说,《最后关头》的稿件,讽刺多于批评。这却不是我们并无所知。也可以说,我们正要这样做。因为慷慨陈辞,垂涕而道,在善颂善祷之群以外,也还大有人在,似乎用不着这豆腐干大的刊物,再去放那不响的炮。

> 我们够不上帮忙,又不愿在今日之下帮闲。无已,且在这个"诤"字上作点功夫。中国先哲,讲个君子有诤臣,父有诤子,士大夫有诤友。于是诤民也是今日所必须的。诤之道不一,贾谊痛哭是诤,东方朔玩玩笑笑是诤,三苏嬉笑怒骂是诤,二程讲学是诤,甚至柳敬亭说书,顿老弹琵琶,也无非是诤。其出发点则无不同。我们倒不十分菲薄自己,愿在国有诤民之下,作个千百分之一的人。说什么闻者足戒,却不敢必。而言者无罪,是自己相信的。因为我们绝不会有二程夫子讲大学士之道的地位,我们就走了柳麻子这条路。此亦孟子所谓不得已也。

除了在自己主编的副刊上发表文章,他还在张慧剑主编的副刊《出师表》、《西方夜谭》发表了大量的小品文,如《上下古今谈》等。《上下古今谈》写了好几年,大概有一千多条,百万字上下,文章的风格是从容不迫的,却夹杂着幽默和讽刺。他自己说:"在重庆新闻检查的时候,稍微有正确性的文字,除了登不出来,而写作的本人,安全是可虑的。我实在没有那以卵碰石的勇气,不过我谈了谈宇宙与苍蝇,这就无所谓。我利用了我生平读历史的所得,利用了我一点普通科学常识,社会上每有一个问题发生,我就在历史上找一件相近的事谈,或者找一件大自然的事物来比拟。例如说孔公馆,我们就可以谈谈贾似道的半闲堂;说夫人之流,我们可以谈杨贵妃;说到大贪污,我们可以说和珅;提到了重庆政治的污浊,我们可以说雾;提到狗坐飞机,我们可以说淮南王鸡犬升天。

这样谈法,读者可以作个会心的微笑。但我并没有触犯到当前的人物。

让我们看一看张恨水的《半闲堂》是怎样讽刺孔祥熙的:

当元兵久围襄樊,将逼长江的时候,南宋惟一的权贵贾似道,却在西湖葛岭筑了一座半闲堂。除了声色荒淫之外,还作了些别人没干过的事。泥塑自己的尊容,供在堂上,雇道士来敬神上供。一方面又邀集他许多如夫人,蹲在地上斗蟋蟀。我们能猜度这种人是什么心肠吗?

但是,他似乎还没有忘了是南宋一位名称太子太师卫国公的权相,多少替国家作点事。所以,虽然是五日一入都堂,也不便公然称为闲人,只好在堂名上用个"半闲"。这就是他命运不如后人之处,终于是名败身死。假使南宋也像现在这样物质文明,他就有办法了,把钱多买外汇,存在外国银行,一旦有事,坐飞机到外国,半天云里看文天祥傻小子厮杀,多么有趣。

那时,在伦敦,建起洋房,不必顾忌,就可题名为"全闲堂"了。

他还写过一篇《狮子输血》的文章,对当时官僚大肆贪污,却鼓动百姓献金的行为进行挖苦:

小时候,念过这么一篇童话:狮子病了,需要输血,就吩咐狐狸出去找输血的动物。狐狸这东西虽然十分狡猾,可是欺善怕恶。它走出小洞,将大的自田鼠蝙蝠起,小的至蜜蜂蚂蚁为止,捉了几千几百,送到狮子面前输血。但自朝至暮不断的输血,蚂蚁蜜蜂因血尽而死的很是不少,但对于狮子的病,并没有起色。一只百灵鸟飞到狮子面前说:"大王,若是这样输血,杀生很多,与千岁贵恙,并无益处。依臣之见,只要三人,便可治大王的病。"狮子说:"谁呢?"百灵鸟说:"大王洞后,藏有一只大虎;大王洞前,跪有一头大狼,他们平时吃着小动物,身上有的是血。只要他们肯在身上一割,足治大王的病。便是捉我们的狐狸,它的血也多出我们千倍。大王舍近求远、舍易求难，微臣实在莫测高深。"狮子将信将疑，姑且把虎狼狐狸捉了来输血。果然不到一半，病就好了。

张恨水通过在《新民报》的编辑生涯，总结自己过去在《世界日报》、《世界晚报》的副刊经验，逐步形成了自己关于副刊的独特见解，这些见解至今仍有现实的启示意义。如他认为，报纸是新闻纸，副刊的内容即使是文史小品、杂文随笔，也要针对当前的问题有感而发。张恨水还主张副刊多做侧面文章，他说，正论有正论的表现法，闲谈有闲谈的表现法，有道是："观今宜鉴古"；"他山之石，可以攻玉"。这些主张在其主编《最后关头》以及为《新民报》的其他副刊《西方夜谈》、《出师表》所写的文章中都得到了体现。

当时重庆《新民报》总有"报屁股"等着他来"补白"——夜深了，所有的新闻稿件都来了，版面差不多快拼好了，却独独还缺那么三五百字。忙了大半个晚上的张恨水，喝着重庆的沱茶，不由自主地想起了南京夫子庙的茶馆，想起了北平的早茶……略一沉吟，他重新铺纸抬笔，一篇篇北京和南京的旧事旧景便汩汩而出。"白门之杨柳"、"日暮过秦淮"、"翠拂行人首"、"秋意侵城北"、"乱苇隐寒塘"、"听鸦叹夕阳"……单看这些题目，就都是一幅幅意境悠远的水墨画。而所有文章均不过几百字，两个都市的神韵已经跃然纸上。这也是张恨水编副刊的特点，凡是他编辑的副刊文章，大都含蓄蕴藉，并且具有很强的可读性。后人将之概括为小、巧、灵三个字。所谓小，就是作品不作高声之语，不发长篇宏论，多涉常情常理，为一般读者喜爱。巧，就是角度新颖，文思灵活，不枯不滞。灵，即笔法灵活，飘逸潇洒，不拘一格。

新闻苦力卖文一生

张恨水终其一生，都像在小说《金粉世家》的"楔子"中写到的那样，是个"文章直至饥臣朔，斧钺终难屈董狐"的"文丐"。

抗战结束后，寓居在重庆、成都的文人们都思归心切。《新民报》的其他同人有的留在四川,有的赶赴南京复刊,张恨水十分想念离别八年的北平,陈铭德正想将《新民报》拓展至北平,于是任命成名于北平且在北平极有人缘的张恨水为北平《新民报》社的经理。张恨水带着一家老小先回安徽探望了自己的母亲和其他家人,并于1946年3月重新回到了他所热爱的北平。

为了打开局面,张恨水为《新民报》设计了三个副刊:《北海》、《天桥》、《鼓楼》。这三个以北平地名命名的独具风格的副刊,一下了就拉近了报纸与读者的距离,颇有号召力。《北海》由张恨水亲自担任主编,融新旧文学、史地掌故、名人轶事为一体,出版不久便成为北平《新民报》的招牌栏目。创刊初期,张恨水利用自己的人脉,组到了茅盾的中篇小说《生活之一页》、老舍的长篇小说《八方风雨》以及郭沫若、柳亚子、沈尹默、于右任等名家的诗词。这样的名家荟萃,在百废待兴的北平可谓是鹤立鸡群,其雅俗共赏的风格不但继承了重庆《新民报》副刊的细腻传统,也借鉴了北方副刊的大气,成为副刊中的精品。

由于社务繁忙,张恨水还得负责报纸社评的写作,这个副刊只编了几个月,他便请原来在《世界日报》的旧相识左笑鸿来兼职。张恨水的小说自然是北平《新民报》的主打产品,他在重庆的一些旧作由于战争一直无缘与北平的读者见面,应广大读者的要求,北平《新民报》的副刊刊登了张恨水的旧作《巴山夜雨》、《雾中花》等著作。讽刺小说《五子登科》则是抗日战争胜利后张恨水在北平发表的惟一一部新作,在这部作品中,张恨水沿用《八十一梦》中的笔墨,对国民党接收大员"搂金子、占房子、抢车子、吃馆子、玩女子"的罪行进行了淋漓尽致的揭露,令人拍手称快。

北平《新民报》自创刊起便受到国民党的重重压力。比如国民党强迫各报对中国人民解放军一律称之为匪军,北平《新民报》不但以各种理由进行抵制,而且还对北平的学生运动进行了报道,从而成为国民党的眼中钉。后来国民党当局多次逼令报纸刊登新闻标题涉及解放军时必须用"匪"字,张恨水坚持认为"如果放弃这最后一道防线,势必使整个报纸变质",但其他编辑认为保存报纸要紧,两派意见相持不下,张恨水遭到内外夹攻。再加上一直以来为了纸张供应、人员改组等问题而大伤脑筋,1948年底,张恨水坚决辞去了《新民报》的职务,准备专心从事写作。

虽然离开了《新民报》,张恨水还坚持为《新民报》的副刊供稿,如他总结自己写作经验的《我的写作生涯》就一直在北平《新民报》连载。1949年1月北平和平解放,《新民报》获准继续出版。3月的一天,吃过早点,张恨水照例拿起了《新民报》,头版头条的标题是《北京〈新民报〉在国特统治下被迫害的一页》,他一行行仔细读下去,背上骇出了冷汗:该文章给他捏造了大量的罪名,把他过去迫于压力不得不写的社评说成是蓄意为之,并且将他几乎说成是国民党的特务和帮凶。

屋漏偏逢连夜雨。不久前他一生的积蓄刚刚被人卷走,家人本来一直瞒着他母亲去世的消息,一不小心又被亲戚泄露了,再加上这种不负责任、乱扣帽子的政治诬陷,张恨水重重地倒下了!在人生的黄金时代,在接二连三的打击下,这个被张友鸾称为小说"单干户"的作家再也支撑不住了,突如其来的脑溢血袭击了很少生病的他,这一病几乎毁掉了张恨水的后半生。

为了给张恨水治病,周南卖掉了先前的大四合院,一家住进砖塔胡同43号的一个小院子。张恨水一家的困境,经周扬向周恩来总理汇报,引起了中央的重视。文化部特聘他为顾问,享受供给制,每月六百斤米。山穷水尽之际的雪中送炭,使张恨水有了生的力量。几个月后,他刚刚能够坐稳,就又拿起了笔,歪歪斜斜地写,断断续续地写。几年里,他为香港《大公报》和中国新闻社写下了《梁山伯与祝英台》、《白蛇传》、《孔雀东南飞》、《孟姜女》等十几部长篇小说,他又开始了自己的

"卖文生涯"，通过他的一支笔，全家人的生计又可以维持了。

1954年，张恨水的旧作《八十一梦》要再版发行，这是他的旧作在建国后的第一次再版，出版社希望作者自己能写一篇序。然而张恨水对于新的理论新的文风十分生疏，自己也没有什么心情，只好请张友鸾代笔。张友鸾义不容辞地写了序，这就是大家熟知的1954年由通俗文艺出版社出版的《八十一梦》中张恨水的"自序"。这种由别人代笔、自己署名的文章，在张恨水的一生中可说是绝无仅有，只此一例。

1956年，张恨水的妻子周南因奔波劳碌过度，患上了癌症，虽经两次手术，仍然没有根本改善。1959年秋天，禁不住病魔的煎熬，周南完全地休息了。张恨水又一次跌入人生的低谷，生命不可阻挡地进入了黄昏。在周南埋葬后的一个月里，他几乎一周就要去一次墓地，直到天黑时才返回。他写了大量的诗，表达自己的悼念之情。本来就疾病缠身的张恨水，越发不爱讲话，深居简出。张友鸾等好友常来看望这位"老大哥"，慢慢地竟形成规律，一月一聚，他们给每次的见面起了个名字："七翁会"，所谓的七翁是：张恨水、吴范寰、季乃时、张友鸾、万枚子、左笑鸿、张友鹤。这七个人从20世纪30年代延续下来的友谊给了张恨水人生莫大的安慰。

在张恨水七十寿辰时，陈铭德、张友鸾等人为他举办了庆祝会，席间大家问他一生所写的小说到底有多少？但他自己也不记得了，仅仅回答说："一百多部吧！"这样的数量是惊人的，这也难怪一些不了解情况的人，认为他必有几位秘书当助手，社会上甚至谣传，某某几部小说，是别人的代笔。

1966年"文化大革命"爆发，张恨水的诸位好友大多落网。12月中旬，女儿张明明由四川返京探亲。当她问父亲是否害怕"文化大革命"时，张恨水拿出文史馆的聘书说："红卫兵来了，我告诉他，是周总理让我到文史馆去的。"由于有关部门的保护，张恨水得以免遭冲击。

1967 年的春节是个寂寞肃杀的寒冬。大年初六的早晨,张恨水从包油条的半张传单上看到了老舍投湖的消息。第二天凌晨,窗口刚刚露出一缕光亮,这个智慧一生的老人,好像感觉到了什么,慢慢起床,穿好衣服,正要低头穿鞋,却往床上一仰,停止了心跳。那一天是 2 月 15 日,据说 14 日的早上他还坐在座位上写字。这个一生不曾停止写作的人终于可以歇息了。

他是"三张一赵"中最先离去的。若干年后,他的小说纷纷再版,大部头的《张恨水全集》也得以问世,《啼笑因缘》、《金粉世家》等小说一而再再而三地被搬上银屏,这个通俗小说家得到了更多人的认可,走进了更多人的视野。

二、独领风骚数十年:张友鸾

张友鸾是中国历史上第一代大学新闻系毕业生,是民国著名记者邵飘萍的高徒,在同时代的老报人中,是为数不多的接受过正规新闻教育的人。他从二十一岁参加新闻工作,前后经历十四家报纸,而且在每张报纸中都起着举足轻重的作用。在上世纪 40 年代的重庆,张友鸾在重庆新闻界被尊称为"张大先生",经他培养提携的记者编辑人数众多,活跃在当时的大报小报,人称张家弟子"独领风骚数十年"。

平易,温和,幽默,旷达散淡,倜傥不拘,潇洒自如……张友鸾被当时的同行称为是"最风趣的报人"。1990 年,他在南京病逝,前来悼念的人络绎不绝。在灵堂里挂有舒芜写的一副挽联:"新闻奇才,章回大师,校注名家,殊绩自有评说;北李弟子,人报遭砸,胡子情长,邦国久为萦念。"大家认为这副挽联准确地概括了张友鸾一生的功绩。

新闻全才标题王

张友鸾(1904-1990),安徽怀宁人。怀宁不但是黄梅戏的故乡,而且产生过程长庚、杨月楼、杨小楼等徽剧名伶。"新文化运动"的骁将陈独秀和"两弹元勋"邓稼先也都是从这里走出去的,有趣的是陈独秀与邓稼先的父亲居然是好朋友,曾一起留学日本。

在颇有人文气息的环境下,张友鸾接受了完整的传统私塾教育,打下了扎实的古文功底,为他以后成为古典文学专家、校注名家奠定了基础。同时他还在新式的学校接受了新式教育,接受了新文化的启蒙。张友鸾虽然写得一手好古文,却热衷于提倡白话文,因此还赢得了"小胡适之"的称呼。

1922 年张友鸾结束了安庆一中的生活,考入北京的平民大学,在报业系就读。报业系主任就是《京报》社长邵飘萍。当时的报业系有"三鸟",指的就是左笑鸿、张友鸾、吴隼,都是新闻奇才,张友鸾尤其得到邵飘萍的赏识。1924 年,邵飘萍让他主编《京报》的《文学周刊》。这位二十岁的主编在一年间发表了鲁迅的《诗歌之敌》,周作人译的日本狂言《发迹》,以及郁达夫、徐志摩、王统照、石评梅、蹇先艾、赵景深、焦菊隐、潘汉年等众多文人的作品,这些人后来都名声显赫,足可以看出他的文学鉴赏能力。

1925 年 7 月,在平民大学的学业尚未结束,张友鸾便进入了由成舍我主办的《世界日报》。他被推荐到《世界日报》时非常年轻,老板成舍我先是同意,后见他年轻又反悔。张友鸾年轻气盛,写信去骂他,其中有一句"狐埋狐骨,反复无常"。看了这一句出自《国语》的责骂,成舍我不但不生气,还大加激赏,说:"此人虽出言不逊,但骂得痛快,文章写得漂亮,有才气,此人非用不可!"后来张友鸾成为成舍我最为倚重的大将,不久便担任了《世界日报》的总编辑。成舍我以后到南京办《民生报》、上海办《立报》,张友鸾都是他的总编辑。张友鸾曾对自己的后人说:"一到报纸工作,我就是总编辑级的。"这话一点都不假。

1926 年,张友鸾的恩师邵飘萍被奉系军阀杀害。张友鸾极其悲愤,决心终生从事报业,为民众说话。次年,李大钊又遭杀害,张友鸾在他

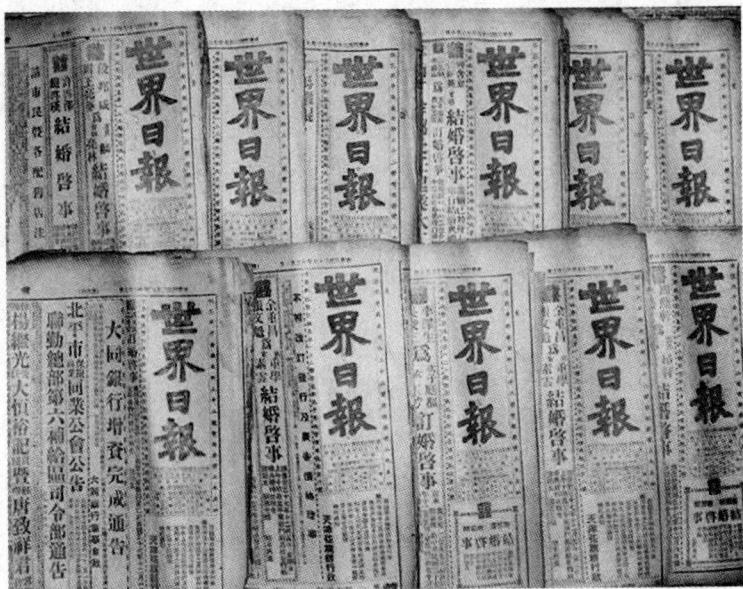

《世界日报》

主持的《世界日报》上发表文章《莫谈国事》，抨击军阀对新闻界大加杀伐的罪行。在张友鸾的一生中，他继承了恩师刚直不阿、嫉恶如仇的风格，为争取言论自由而不惜与各种恶势力进行斗争。

1934年5月，他在南京的《民生报》公开揭露行政院政务处长彭学沛（汪精卫部属）贪污舞弊一事，引起轩然大波，并由此导致报纸被封，永久不得在南京复刊，成舍我因此还坐了四十天的大牢；在上海办《立报》时，张友鸾因为独家报道青帮头子顾竹轩杀人受审的状况，几次收到帮会寄来的子弹恫吓信；在成都办《新民报》时，他报道黄包车车夫一家五口因贫困交加而自杀的消息，得罪了成都市长，被勒令"驱逐出境"。抗战胜利后，他创办《南京人报》，呼吁和平民主，反对内战独裁，几次遭到反动当局的迫害，屡屡致使报社被特务打砸。南京《新民报》被封时，张友鸾秉书直言，强烈谴责国民党扼杀新闻自由的行径，最终《南京人报》也没有逃过被勒令停办的命运。在他"书生办报"的生涯中,先后有四家报纸被查封,有两家受到过威胁和恫吓,此书生真的不简单。张友鸾曾说,大家都知道当时言论不自由,但骨鲠在喉总是不吐不快,况且"言者无罪闻者戒",每个人都可以为民主的推进尽绵薄之力。

1927年,张友鸾结婚了,夫人姓崔名伯萍,而且与他生日是同一天,同为平民大学的同学。其时张友鸾正在研究《西厢记》、《牡丹亭》。张恨水就写了一幅贺词:"银缸烛下双双拜,今生完了西厢债。"这贺词传诵一时。周作人也写了一副贺联:"文章魁首,仕女班头。"都是以张生、崔莺莺来打趣他俩。两人相濡以沫几十年,到张友鸾七十寿辰那天,他的老同学左笑鸿旧话重提,也写了一阕贺词,内中有句:"依旧张郎,依旧崔娘,白首相聚老更香。"这样的佳话也是那个时代的文人独有的浪漫。

1929年冬,张友鸾跨入了《新民报》的大门,很快便成为这张报纸的总编辑,《新民报》的编辑模式就是在张友鸾手里奠定,并在抗日战争期间趋向成熟的。作为总编辑,他为这张跨世纪的报纸开了一个为人称道的好头;当记者,他有高度的新闻敏感,善于捕捉重大新闻;当编辑,他能画龙点睛拟出令人叫绝的标题。从版面安排到撰写评论、小说、诗词,他几乎无所不能。他还当过《新民报》的经理,制定了广告、发行、会计、印刷部门的计划,使报纸管理规范化。

"张氏标题"和张氏社会新闻一直是《新民报》最大的卖点之一。1931年"九·一八"事变之后,各地青年学生到南京请愿希望政府抗日,请愿学生在政府门前挂了口钟,不断地敲打,钟声敲打在每个人的心上,张友鸾做了一个非常感情化的标题:"国府门前钟声鸣,声声请出兵。"

一次南京阴雨连绵,张友鸾根据气象台的预报,制作了这样一则标题:"潇潇雨,犹未歇,说不定,落一月。"

有一次《新民报》刊登了一则为前线将士征募寒衣的新闻,张友鸾的标题是这样的:"西风紧,战袍单,征人身上寒。"颇有中国小令的韵致。

做标题对张友鸾很多时候是一种乐趣,是举手之劳。当时有一组报道介绍林语堂到成都的活动,因为林语堂是坐邮车来的,张友鸾便在标题中注明:邮车寄到林语堂。

林语堂对美食颇有兴趣,在成都吃了名菜豌豆烧肥肠,赞不绝口,张大先生又诙谐地大笔一挥,美其名曰:"林语堂九转回肠。"

林语堂看过之后亦大笑不止。后来林语堂用英语进行了讲演,张友鸾依然不温不火地起了个标题:"中国林语堂作英语讲演。"

《新民报》经常报道一些花边新闻,张友鸾总是教导编辑们做出趣味来,做出格调来。1945年初,有一位黎东方教授在重庆公开讲演,说君主制度是世界上最好的政体,缺点只在好君主身后不容易有适当继承人,所以秦皇汉武求长生实在是不得已。他又说,农民虽苦,却不知道造反,有文人煽动,才会天下大乱。《新民报》的"本报特写"记录了这些高论,加上大标题曰:"可恨腐儒文乱法,只悲圣主不长生。"幽默风趣,典切工整,一针见血,自然是张友鸾的杰作。

抗战胜利后,传来郁达夫南洋遇难的消息,又风闻王映霞已与某轮船公司总经理结婚,当时交通困难,出川不易,轮船公司是大家羡慕的敏感部门,于是《新民报》将两条消息并在一起,标题曰:"王映霞买舟东下,郁达夫客死南洋。"言外之意令人感慨。

程大千是张友鸾的得意弟子,当时重庆物价飞涨,他给一则新闻做了这样的标题:"物价容易把人抛,薄了烧饼,瘦了油条",成为当时的报坛经典,今日我们很难见到这么精雅的制题了。

郑拾风也是张友鸾亲手培养起来的大将,后来跟着张友鸾去办了《南京人报》,当时国民党的粮食部长徐堪平抑米价然而米价不降反升,郑拾风便做了一个标题讽刺他："徐堪何堪。"后来《新民报》的编辑们在闲谈时还顺便凑了一个对联：胡适不适，徐堪何堪。

现在许多报纸开始重视气象新闻了，如《新京报》专门有一版是气象版，每日的标题很是抒情，但早在上世纪 40 年代《新民报》的气象标题已经做得非常传神了，这里摘录几条，如一则立春特写的标题是："锦城春依旧，物价催人瘦。"

成都的深秋雾很多，《新民报》的一个标题是："秋深矣，霜雾日多；菊花黄，梧桐叶落。"

还有一则标题借天气抒发对前线将士的关心："秋雨连绵两日，山城突转奇凉，重庆如此，前方可知。"

李公朴、闻一多惨案发生后，重庆《新民报》的一篇通讯是这样作标题的："民主潮里人民泪，巴山冷月悼英魂——各界追悼李闻两先生。"

张友鸾把标题技术分为技与巧，技还可以传授学习，巧则需编辑自己平日多加学习。《新民报》曾经对于标题制作的基本规范进行过规定，其中有：为了使读者的精神得到调剂，每天报上应出现一两则有趣的标题，对于次要的消息不妨拟制讽刺或趣味性的标题，对于一般景物或气候可作抒情性标题。还明确规定引用古文、诗词、成语典故、俗话必须符合新闻内容，不得生搬硬套，尤忌削足适履。

标题是最能表达编辑思想与编辑感情的。北平《新民报》在北平解放前曾采访胡适，就读者关心的问题讨教胡适，胡适却顾左右而言他，长篇大论谈起自己的学术研究，《新民报》的编辑毫不客气地起了一个标题："伟哉胡博士，君等嚷和平，我讲水经注。"

抗日战争胜利后，百废待兴，《新民报》重庆版有一个标题令人印象深刻："咬牙重建碎山河。""咬牙"两个字看似通俗却形象有力地表达出了百姓建设家园的意志。

张友鸾所创立的《新民报》的标题风格后来在《新民报》的五社八版

都得到了继承。它的主要特点是富有文学性、幽默感,既有旧诗词的优美,又有民间俚语的生动有趣,令人过目不忘。

张友鸾并不是对所有的社会新闻都持轻松的态度,更多的时候,他是忧国忧民的,和这些文雅之致的标题相比,很多社会新闻他都做得大开大合,通俗易懂,因为社会新闻的主体毕竟是百姓的衣食住行。张友鸾一直认为《新民报》这样的民间报纸在政治新闻方面并无优势,而来自于老百姓的民生新闻才是他们的强项,也是他们提高发行量的主要手段。无论是重庆《新民报》还是成都《新民报》,日刊还是晚刊,社会新闻都占到《新民报》版面的四分之一的篇幅,凡是与市民生活有关的衣食住行、油盐酱醋茶、物价、天气,凡是市民关心的文化人的最新动态,张友鸾都鼓励记者去采访报道。张友鸾曾在重庆的日刊晚刊主持《曲线新闻》与《山城夜曲》两个专栏,都高在社会新闻版上,其主旨都是讽刺揭露社会病态,同情底层人民的疾苦,赞扬普通百姓的忍辱负重。这两个专栏的文章几乎都由张友鸾自己亲笔来写,他的文笔泼辣峻峭,简炼隽永,深受读者喜爱。我们在前面提到过的成都《新民报》报道的怪物大闹市中心以及一胞多胎等社会新闻都是张友鸾精心策划的。

据统计,1941 年重庆《新民报晚刊》在 11 月、12 月两个月,共开大大小小的"天窗"六十五个!张友鸾抑制不住心中的愤怒,以"悠然"为笔名,写了《剪草狂》一文:

> 英国有漫画杂志名 PUNCH,国人曾译之为《笨拙》者……去岁该杂志刊一画,署题目《剪草狂》。绘作一人,爱以利剪除庭前乱草,久之成癖。一旦忽间作,取一巨剪,剪草即尽,复将所植花木,一一剪之。入室,见所悬电灯,亦以为草,则断其垂线。如此而已,兴犹有不足,出门四顾,适见一妇人缓步而前,遂从后骤然剪其辫发,此妇人觉而追逐之,狂人奔驰,闯入法院。时有长髯法官,方高坐堂皇,讯人犯,狂人径登前席,捉其须而并付一剪。画意大略如

此，读者以为必有所指。后若干日，另一杂志撰文以解之曰：此盖以新闻检查员为喻耳。英国人言论素极自由，自与德作战，对报纸乃施行检查，虽未必苛峻，但颇为报人所弗喜。良以报人对国家利益之见识，初不在检查员之下，而检查员一剪在手，兴发如狂，报人无如之何，惟有加以调侃，示其报复云。此画之妙，直到秋毫颠。名画家高龙生先生，尤极欣赏之。不知我读者诸君，亦曾见此画否？

张友鸾不愧为一代新闻大家。这篇杂文以精练的笔触，勾画出这些新闻检查官员的丑陋面目和癫狂心态，读之叫人有一种挠到痒处的痛快。那些为检查官们所害苦的同人莫不拍手称快。不过，他们也担心，张大先生的妙文能不能躲过检查官大人手中的利剪。

果不其然，检查官从"此盖以"起，一路"剪"下去，所有点明画意的文字统统删去。1941 年 12 月 24 日，报纸出版，面对残缺不全的文章，张友鸾和同人们商量后，以作者来信的方式，表示文责自负，要求全文刊登。第二天，报纸将张友鸾（悠然）的信和《剪草狂》全文刊登。《新民报》其他几位大将也出马助阵。程大千写了《开窗有感》，赵超构写了《隐蔽与展露》、《赋得今日论语》等文，声援张友鸾。

在重庆时，张友鸾也要养活一家三代十馀口人，在报社的资助下，张友鸾一家人在编辑部旁边的空地上搭了三间"捆绑房"——上面覆盖的是茅草，底下的墙是用竹片编起来的，再和上泥巴。张恨水称这房子为"惨庐"，而张慧剑则称之为"未完堂"，一是指这房子简陋得像是还没有完工的样子，另一个意思则是暗指张夫人虽然已经生养了五个孩子，但好像要一直生下去，永远没有完结的意思。在这样的房子里，张友鸾吟咏最多的是陆游的《秋夜将晓出篱门迎凉有感》：

　　三万里河东入海，五千仞岳上摩天。

　　遗民泪尽胡尘里，南望王师又一年。

张友鸾也擅长写小说,虽然没有张恨水多产,但也足可称"章回小说大师"。他曾创作了一部反映南京歌女、舞女、女招待等底层人民痛苦,揭露国民党反动统治腐败、堕落现象的言情小说《魂断文德桥》;还将南京的传说故事写成了章回小说《沈万山》、《胭脂井》、《志公传》等。1947年,蒋介石召开"国大"选"总统",他采访积累了大量素材,解放后写出一部《"国大"现形记》(后更名为《秦淮粉墨图》)。这些小说或写人间百态,底层血泪,或写"国(民代表)大(会)"丑剧,末世乱相。时人称张友鸾为"中国的左拉"。

张友鸾两次离开《新民报》都是因为想独立去办一张报纸,这就是《南京人报》。张友鸾一生经历十多家报纸,以《新民报》为最长,初创四年,抗战八年,两进两出,共达十二年。他同《新民报》社长陈铭德、邓季惺夫妇,结成了大半生的友谊。

是真名士自风流

1952年,《南京人报》停刊,张友鸾结束其新闻生涯。1953年,张友鸾被调到人民文学出版社,担任古典部小说组组长。张友鸾古文功底深厚,在新的岗位依然表现出众。他所注释校订的七十一回本《水浒》,是新中国成立后由国家出版社整理出版的第一部中国古典小说,其注释被称誉为"为新的注释之学安放第一块基石"。他所发表的《十五贯》、《魔合罗》、《赛霸王》等中篇说部,引起读者广泛的关注,1957年在北京出版社出版了《十五贯》等六部单行本。他是多部古典小说的责任编辑,他撰写了《金圣叹怎样诬蔑宋江的》、《〈三国演义〉中的张飞》、《〈镜花缘〉的倾向性》等许多古典文学作品研究文章,与冰蔚合作译写了朝鲜古典名著《春香传》,并在上海《新民报》、香港《大公报》发表不少杂文,为中央人民广播电台《成语故事》、《古代寓言》两个固定专栏撰文。

1957年开始整风时,张友鸾已打算离开人民文学出版社,联系回新闻界。因此,机关里的鸣放,他都没有参加。"反右"开始,他的同事舒芜、顾学颉先后被揪出去。舒芜每天低头上下班,张友鸾见了,远远地对他微笑致意。舒芜正为好友幸免于难而暗自庆幸,不料,紧接其后的北京新闻界座谈会上,张友鸾出席并作了《是蜜蜂,不是苍蝇》的发言,由此为自己引来祸端。

《是蜜蜂,不是苍蝇》的发言被刊载于 1957 年 5 月 28 日的《光明日报》上。在这一发言中,张友鸾直言不讳地倾吐了对新闻界的意见,他认为新闻工作者应该得到信任和尊重,他说:

从最近一些被揭发的事实看来,新闻工作者的地位,显然没有得到各方面的重视。许多人对新闻工作者不信任,而更多的人却是对新闻工作者不尊重。新闻工作者在进行工作中,常常得到的是阻力而不是支持。

如果新闻工作者本身存在着"特权思想",要求"见官大一级",这是新闻工作者自己的错误。但是,事实所告诉我们的却并非如此,事实只是某一些人对新闻工作者加以轻视,硬要看作是"逢人低三等"。

有人说,走到什么地方,都遇到新闻记者,讨厌得好像嗡嗡的一群苍蝇。这些话,早二十年,早三十年,旧社会里的新闻记者是不断听到的;没有想到,今天还听到这样的说话。

这句话也有一半是对的,新闻记者走到哪里诚然都是嗡嗡的一群。如果缺少这嗡嗡的一群,我们就会感到缺少很多东西,我们必然诧异这个社会的无声无息。

但是,另一半的话却不对。新闻记者在今天,应该不是苍蝇,而是蜜蜂。尽管苍蝇和蜜蜂同样的是嗡嗡嗡的一群,所发生的作用却大不相同。蜜蜂不仅为人类酿造蜜和蜡,而且在百花齐放之时,还要它传花授粉。用讨厌苍蝇的态度来讨厌蜜蜂,我们应该怜悯这些人的无知。也还另有一些人，他们之讨厌蜜蜂，并非不知道蜜蜂有哪些好处，只是因为蜜蜂有刺。

据姚北桦回忆，在这次座谈会上，张友鸾本不打算开口的，但会议主持人再三动员，他感到自己不讲几句仿佛对不起党的邀请。他觉得自己作为新中国的一员，有责任为新中国新闻事业的健康发展坦陈自己的观点。于是，他更加大胆提出：我们有理由、有必要，让那些主观主义者、官僚主义者、宗派主义者正视新闻工作应有的社会地位，对新闻工作者加以信任和尊重。今天的新闻工作者，一般说来，都是有一定的政治水平和文化水平的。新闻工作者在进行工作的时候，是一个工人在从事劳动，是一个公务人员在执行公务。谁要对新闻工作者的工作加以阻挠，就是破坏劳动、妨碍公务。我们需要时常用这些道理去教育那些糊涂的人。张友鸾甚至敢于肯定资产阶级的新闻学，认为报纸应该有益和有趣，他还认为现在报纸上每天刊登的新闻稿件，写得公式化，好像有一个套子，也不重视标题，今年是"五一盛况几十万人游行"，明年还是"五一盛况几十万人游行"，年年都是"五一盛况几十万人游行"，刻板单调缺乏刺激性。

张友鸾的发言立意严肃，语言幽默，谈笑风生，三千里外也如见其人，如闻其声，新闻界人士读了，无不称快，但自然也引起了一些人的大大不快，离开新闻界很久的他重新成为"焦点人物"。

解放后，在历次政治运动中，面对种种突如其来的灾难，不少知识分子产生绝望心理，有的甚至自杀。可是，张友鸾却显示出坚强的心理承受能力。曾经叱咤风云的他被划为右派后，默默地钻他的故纸堆了。虽然工资降了数级，所幸能在香港的《大公报》、《新晚报》、《文汇报》等多处开辟专栏，可以笔耕不止，稿费均以港币计，生活还算宽裕。摘掉了右派的帽子后，他编校了《史记》选注、《元曲选》。值得一提的是，他对中国古代寓言也有研究。他编选的《中国寓言选》、《古译佛经寓言选》、《中国古代寓言二百篇》就曾被人称道。60年代,他选译的一本《不怕鬼的故事》,更是风靡一时。他还将元曲《清风楼》、《魔合罗》等十馀种改编为白话小说,注解出版了《关汉卿戏曲五种》。他曾说:"莎士比亚和关汉卿是同时代的人,英国人将莎士比亚的戏剧全部改写成故事,广为流传,我们也应将元曲故事全部译出,以流传后世。"

他在困境中所表现出的诙谐与豁达感染了许多人。张友鸾在单位上楼时与舒芜相遇,旁边没有别人,张友鸾向舒芜微微一笑,道:"无言独上西楼。"这令舒芜十分感慨,"此时此地,他还是这样妙语如珠,典切自然"。他被批判以后,还以仁者之心想着别人,他害怕同样被批判的叶由想不开,专门陪伴叶由睡到天明。叶由被发配江北,因前途未卜,寄给张友鸾一诗,表达自己的悲凉心境:"连朝风雨急,落叶满金陵。举世谁知我,途穷涕泪横。"张友鸾马上抄唐朝诗人高适诗送给叶由:"莫愁前路无知己,天下谁人不识君。"这对于当时的叶由来说,无异于雪中送炭。

当时许多《新民报》的旧友,在政治运动中都是"泥菩萨过河",只能"相忘于江湖"了。只有《新民晚报》的赵超构每年进京开人代会时,代替他们去探望张友鸾和陈铭德两家。回来总是说:"好在友鸾是个性格旷达的散淡之人,看上去也并不觉得很颓丧愁苦,每天二两酒一本书,比我的日子好过。"

"文革"中,张友鸾早已退休,虽然不用下放,但由街道监督劳动,每日早晚扫街各一次。张友鸾坦然地说:凡事有两面,我伏案一生,到了晚年,借此锻炼身体,现在无病无痛,若不劳动,也许早已不在人世了。张友鸾一生嗜酒成性。那时虽没有任何稿酬,工资也被降到极低,可他依然会"用这点水和这点泥"。没钱买好酒,就头最便宜的二锅头,自己放点枸杞、白糖,重新酿制,却也陶然自乐;他吸烟量大,买不起好烟,就买二角三分钱的北海牌,仍是一根接一根。张友鸾是个美食家,经常自己下厨,虽是一盘普普通通的炒白菜,在他手里三颠两炒,便成了佳肴美味。他很会享受生活,不拘泥于一事一物,他曾把自家墙上所挂的徐悲鸿《双鹊图》卖了买酒喝,显示出一种少有的洒脱情怀。

老夫再发少年狂

粉碎"四人帮"后,张友鸾莫须有的"右派分子"问题,得到了平反,也恢复了他原有的工资,生活得到了大大的改善,他从两间小平房里,乔迁到团结湖的新单元楼。这一时期,他的心情非常好,进入了又一写作高潮期。除了香港《文汇报》的"燕山新话"专栏、香港《新晚报》的"掀髯谈"专栏之外,他还为《新民晚报》、《南京日报》、《北京晚报》、《旅游》、《百科知识》、《新闻研究资料》等多家报刊撰写文章。这些文章涉及面极广,体裁也多样:既有读书所得、历史掌故,又有亲身经历的政坛、文坛、报坛逸事趣闻;既有感今怀昔的散文随笔,又有人物、事件的新闻特写。不论什么样的内容,在他的笔下都是那么幽默轻松,读来十分有趣。

《胡子的灾难历程》便是其代表作,这篇美文一出,立即不胫而走,被人激赏传诵。他用胡子作为线索,牵连出各重大历史时期的社会生活和政治,那种"我本无心说笑话,谁知笑话从天来"的寓庄于谐的高超技巧,让人在微笑中又会默默地流出眼泪。

张友鸾所留的胡子,竟有一段传奇式的历程。1957年时张友鸾已经留了胡子,而且在发表文章时随便用了一个"胡子长"的笔名,没想到这也成了被批斗的把柄。有人质问他为什么取"胡子长"的笔名,他对此没有思想准备,好在自己学识广博思路灵敏,于是马上"胡扯"道:"今人有胡子昂、胡子婴,古人司马迁字子长,我叫胡子长有什么不可以?"对方听到这样的回答,立即上纲上线,大喝一声说:"你这就是用资产阶级、封建人物做榜样!"张友鸾一听傻了,没想到对方之思路竟也如此"敏捷",且更能胡扯!不仅如此,对方想了一阵,竟又想出其他"道道"

来，呵斥道："想当初，梅兰芳蓄须明志，为的是对抗敌人；你为什么蓄须？明的什么志？不是反党、反社会主义是什么!"这一问还真难倒了向来聪慧的张大先生，他哑口无言，心里有想法但已不敢分辩。此事发生后，张友鸾有意将胡子剃掉，可转念一想：如果这时剃了胡子，岂不是承认留胡子是有那个意思吗？而那个意思我是做梦也不曾想到的。再说，我要是竟然把胡子剃了，那些人会不会指责我以此"表示抗拒"呢？这样一想，张友鸾在矛盾的心理下认真地"养"起了胡子。

"文革"期间，张友鸾的胡子更白了，戴着眼镜，还有点秃顶，显得比他的实际年龄要老得多。没想到，正是这种模样，竟使他躲过不少劫难。张友鸾用"带着辛酸的微笑"这样写道：

> 又有一回，遇见两个戴着红臂箍的娃娃，嘻嘻哈哈指着我议论："这个白胡子老头还活着，真是'胖子拉矢'。"我知道他们的话不怀好意，但我不懂"胖子拉矢"的意思。后来问人才明白，那是北京当时新兴的歇后语，语根是"没劲"。

> "老家伙"、"老厌物"、"老而不死"、"老奸巨滑"，这都是常听到的叱骂。对于我来说，不能与胡子无干。然而我却从不为此动念取消胡子。

> 也许正因为有胡子，得到"恤老怜贫"的"照顾"，除了挖地道、烧砖、砌污池叫我下手之外，只叫我扫街。有人认为这是处罚，我不这样认为；如果这样，岂不一下子贬低了平日扫街者的身份，把那当作贱业吗？他们也承认，社会主义制度下，只有职业分工，并无所谓贵贱嘛！

> 休道我"不以为耻，反以为荣"，扫街还扫得那么洋洋得意；且说有一天，我毕竟也难为情起来。我扫的是一条胡同，胡同外就是大街。那天我刚刚扫到胡同口，却见大街上有几个背着照相机的外国人，正朝这边走来。我慌忙把胡子揣到衣领里，身子缩进了胡

同。所幸他们并没有发现我,一径地过去了。我怕什么?怕的是被他们照了相去,"眼镜、胡子老头扫街图",总不像样。如果通过我而使祖国蒙羞,我将引为终身憾事了。

这件事触发了我,又觉得有把胡子剃掉的必要。无如当时啼笑皆非,动辄得咎,剃胡子变了形象,就会说你"化装",问你"意欲何为",是不是要逃避"挂影图形"?这可是大罪名,担当不起。至于"抗拒"的旧话重提,更是难免。算了吧,多一事不如少一事,胡子已经被骂够了,再骂也只是那几句;剃了胡子哩,倒提供骂的新资料了。最后对自己裁决:不剃!

胡子因此而"苟全性命"。

在那日日夜夜里,我也曾抱怨过自己:早知如此,何必退休呢?朋友听了好笑,他们说:"若是在职,必进'五七干校'。'五七干校'提人问话,照例要揪头发。你无甚头发可揪,胡子倒是现成,只怕几次'牵牛而过堂下',早把胡子薅光了。"这话很有意思,能让我心平气和,辱而知足。

在张友鸾的大量文章中,关于解放前报业掌故的文章最受大家欢迎,从他活泼的文字中读者可以看到当年新闻圈子里的诸多乐事。如他在《有趣的错字》一文中讲述了过去报纸上出现的一些令人捧腹的错别字。如伪国大进行所谓总统选举的时候,《南京人报》为了看国民党狗咬狗的笑话,搞了副总统当选人的预测,预测表旁边有一行说明,大意是讲大总统当然是蒋介石了,副总统却不知道会花落谁家。这张预测表是块活版,连续登了几天,不料有一天大总统变成了犬总统。可能是排字工人把那块活版碰翻了,补排时出了错,白纸黑字,只好含糊其辞地更正了一下,幸亏未被注意。国民党有个外交官,名叫刘文岛,有一次报纸将"刘大使"印作了"刘大便"。这个姓刘的原本经常像一堆烂泥,这一错竟错得很形象化,大家从此将他叫做刘大便,他竟然不以为忤。

对于国民党的新闻检查制度，张友鸾深恶痛绝，在一篇文章中他回忆了大家和新闻检查作斗争的经历。通过读他的文章我们可以知道，新闻检查所在重庆成立之初，要各报逐日送原稿去检查。不许登的稿件就扣下去，没有送检查而径直发表了的，就要受到停刊或处罚之类的处分。于是送检的稿件非常多，总是多于要发的稿子，头天如果检扣的多，第二天送检查的也多。经常是手写的、打字的、油印的、铅印的成捆成捆的送去，检查所里人手不够，看也看不完，甚至在稿件上盖图章都来不及。但只要它漏检了一页，这一页便会出问题。检查所知道这是编辑们与他们耍花招，就改为送校样，要求各报每天打两份清样送去，把他们认为可以刊登的逐条打上图章，检扣的用笔勾画，按照要求，报纸应该将勾画掉的地方填补别的稿件，但是编辑们却说，版已经拼好，无从抽换，只好挖去任它空白，这也是我们今天所知道的"开天窗"。这种抗议手法使社会上知道当时的言论如何不自由，社会上开始有了议论，于是他们又规定不管报社有任何理由一律不许空白，但这依旧让报纸有可乘之机。"皖南事变"后《新华日报》发表的社论与新闻全都被检扣了，于是周恩来总理就题了三幅字，制成锌版，嵌在报纸被控、挖去的地方，其中有一幅便是"千古奇冤，江南一叶；同室操戈，相煎何急"！从此之后，补上的稿件也不能自行填补，需要送审。检查的范围，原来只限于新闻言论，后来连广告也要检查了。

1981 年，张友鸾以近八十高龄，应《新文学史料》之请，写下了洋洋洒洒万馀言论评张恨水的专文，这就是被文学界认为是研究张恨水必读的《章回小说大家张恨水》一文。他在撰写这篇文章时，作了大量的准备工作，重温了张恨水的重要作品。张友鸾一直有为张恨水写传的心愿，但始终忙于文债，一直没有动笔。他对张恨水的儿子说：现在写下了这篇文章，可以算作是还愿，写完总算可以见老友于九泉了。

张友鸾的最后一部小说《清风楼》是应老友赵超构之邀为即将复刊的《新民晚报》写的。1982年元旦,停刊十几年的《新民晚报》复刊。在复刊之前,奉命进行试刊工作的赵超构力邀张友鸾写个连载小说,作为复刊的打炮戏。张友鸾回信说:"八十老翁写连载小说,实在大可笑人,但报纸复刊合当献礼,重以嘱望殷切,鼓励备至,遂不辞谫陋,决定摇笔一试。"张友鸾为《新民晚报》写了复刊后的第一部连载小说,他对小说并不满意,但夜夜伏案,写完后累得小中风,视力减弱,从此再也不能提笔。他真的实践了自己过去所说的为《新民报》写最后一个字的诺言。

1987年,张友鸾离开他生活了三十多年的北京,迁回南京,他对那些舍不得他离开的老友们说:"我生长在长江边,又曾长期在南京工作,叶落归根,还是回到南京的为是。再说慧剑终身未娶,无儿无女,葬在这里,我死后,可以葬在他的墓旁,和慧剑作伴。"

1990年,银须飘洒的张友鸾离开人世。他的女儿张锦用饱含深情的文字描绘了父亲最后的形象:"父亲八十六年的人生旅途,是把他热爱的南京城作为归宿的。1990年7月21日,父亲一反终年卧床的衰疲状态,挣扎起床,下地走动。他的失明的眼睛忽然明亮起来,时而喃喃自语,时而捋须大笑,似乎在同老友倾谈,但只能听到'新闻'、'发稿'、'出版'等单词,讲不出连贯的句子。实际上他是用别人听不懂的语言向世人告别,向他从事半个多世纪的新闻和文学事业告别。一连十几个小时精神亢奋,终于在7月23日凌晨,他无憾地长眠于南京的怀抱之中。"

三、一生慧剑竟空挥:张慧剑

张慧剑,素有"副刊圣手"之称,先后在《新民报》工作达二十年之久,先后主编重庆《新民晚刊》的《西方夜谈》、成都《新民晚刊》的《出师表》、南京《新民晚刊》的《夜航船》、上海《新民报》晚刊的《夜光杯》以及北平《新民报》日刊的《驼铃》。在上世纪四十年代《新民报》每个打开码头的战斗，张慧剑是无役不与。

抗日战争结束后，"弹指八年多少恨"，大家都忙着出川，一票难求。陈铭德好不容易搞到一张机票，本想让邓季惺赶回南京去复刊，但张慧剑也急着回南京，陈铭德对于他总是有求必应，于是将机票给了张慧剑。正是因为这张机票，张慧剑赶上了在南京举行的日军受降仪式，他作为特派记者参加了采访，写回的长篇通讯发表在重庆、成都《新民报》上。

张慧剑的听觉比较差，和他讲话非得提高嗓门不可，因此他和人谈话时，往往大言无忌，不少同事将他视为狂徒。张慧剑也是性情中人，在新闻圈子里以"善批注"而出名，他曾以《水浒》为南京新闻界作点将录，评张恨水为"及时雨宋江"，因为有群雄之首的风范；评张友鸾为"智多星吴用"，因为他点子最多；他说自己是"花和尚鲁智深"，但除了终生未娶之外，他与鲁智深的共同之处真的不多；他评《中央日报》的社长为"大刀关胜"，批注曰"架子不错"，令人喷饭；他评张友鸾的弟弟张友鹤为"扑天雕李应"，批注曰"小虽小，俺也是一庄之主"，只因张友鹤虽然名气不如其兄，但好歹也是《南京晚报》的社长。

他留下的著作远不能与张恨水、张友鸾相比，但小小的一本《辰子说林》，却妙趣横生，令人过目不忘。

但开风气不为师

张慧剑（1906—1970），原名张嘉谷，笔名余苍、石珍等，安徽石埭人。旧时石埭是从徽州到江西的必经之地，地方虽小，但风物殊胜，特别是在清朝前期，石埭因为"衣冠竞尚华丽，山珍海味必备"而被称为"小扬州"，再加上石埭处在黄山与九华山两大名胜之间，于是在许多的武侠小说中都可以看到对于石埭的描写。

但张慧剑却长期寄寓南京，视南京为自己的真正故乡。即使在北平、上海工作,每到秋天必返回南京小住些时日;晚年更是归居南京,在城南白酒坊的小楼里埋头读书、著作,偶尔到白鹭洲公园走走,或坐在池边柳下饮一杯茶。他一生创作了许多描写南京景物的诗词、散文,皆极优美。

少年时张慧剑曾苦心学医,略有所成,但因兴趣不在此,中途放弃转而为文。他也是自学成材,家有丰富藏书,又常买新书,专心研读,治学勤奋,古今中外天文地理无所不通。十几岁就开始写散文、随笔、小说,发表于南北报纸及刊物,弱冠之年,即有文名。

张慧剑二十一岁时到北京《舆论报》主编副刊,后又在南京的《朝报》主编副刊,据说他开起稿费来随心所欲,看到好的文章就会给作者很高的稿酬,致使南京的稿费水涨船高。1932年他接替金满成任南京《新民报》副刊的编辑。从此他的才华在《新民报》的副刊上得到了全面的体现。

据说张慧剑颇多奇思妙想,如果心情愉快,就会别出心裁,给大家编一块好版,如同给大家做一顿好饭。他最善于编专辑,这在报纸副刊编辑中是比较少见的。战时的重庆,一面是朱门酒肉臭,一面是老百姓终年难以见到猪肉。面对此情此状,张慧剑竟在自己编辑的副刊《西方夜谭》连续发了三期关于“猪”的副刊,让读报的人浮想连连心领神会。有一阵子,在成都屡见弃婴,显然是民不聊生,贫困百姓无力抚养只好扔在街头,大家对造成此种惨状的当权者敢怒而不敢言。张慧剑便在副刊编了一期《弃婴》专辑,这一回换成是当局的新闻检查人员敢怒不敢言了。

抗战胜利后,《新民报》在南京复刊,张慧剑为讨论社会问题的副刊取了个好名字《评事街》,这评事街一语双关,不但关乎副刊主旨,而且直接借用了城南的一条街名评事街,老南京人自然是耳熟能详。1946年10月蒋介石六十岁生日,党国要人为其做寿,张慧剑居然编出了“西太后六十寿辰"（慈禧太后生日也正是十月）的专辑。还有一次是1947年国民党总统大选，蒋介石获胜，他的部下正紧锣密鼓筹备登宝座大庆，张慧剑又在《新民报》晚刊编出个《袁世凯》专辑。这两个专辑直指当权者的痛处，却又让其无话可说，同行无不佩服张慧剑的魄力与智慧，而当局者则恨之入骨。

张慧剑编副刊很有自己的特点，一是重时代精神、社会性，虽然是副刊，但新闻性却很强，并非只是不关时局不关痛痒的酸腐文章。二是内容多样化。张慧剑十分擅长组织稿件，开拓稿件来源，被约撰者有文艺界、新闻界等社会各界文士，还有不少老资格的笔杆子。郭沫若、老舍、茅盾、夏衍都是他的副刊"常客"。张慧剑对于副刊版式也是苦心钻研，精心设计，文字安排、图文配合，力求醒目、匀称、美观。每篇文章的字数算得很准确，编排方面二栏、三栏、四栏各占多少宽，多少高，心中均有数，好像有一把无形尺子在操作，工人拼版也很方便。采用稿件，总体上要短而精。

1946年张慧剑为上海《新民报》所起的副刊名字《夜光杯》既符合晚报的特点，又文采飞扬，得到大家的一致肯定。上世纪80年代《新民晚报》复刊时，本来想起一个新的副刊名称，但想来想去大家觉得没有比《夜光杯》更好的，再加上怀念张慧剑，决定还是使用《夜光杯》这个名字。

张慧剑从少年时就自订南北各地报纸多种，特别爱看副刊，自上世纪20年代起剪存京、津、沪《新闻报》《大公报》等副刊文章，积累有年。但他不贴报，而是分类用纸包好，用三个皮箱贮存，大致以山水、思想、人物分类。每类文章又包好小包，在皮箱内分类放置，以备检阅，他觉得这样运用很方便（可惜这些材料在"文革"中在劫难逃，都灰飞烟灭了）。他的本领在于无论什么原材料，经过他的处理，即可化腐朽为神奇，变为相互关联的深有寓意的组合。

图文并茂的上海《新民晚报》《夜光杯》副刊

　　张慧剑编副刊并不完全是闭户剪裁，他一个人没有家室之累，习惯出门云游，自采自写，尤其喜欢到市井的下层社会中去采访。1937 年 6 月他经人介绍，得以独家访问到幽居在北平一处四合院的军阀吴佩孚。

当时的吴佩孚虽然幽居,但声望与影响依然被日本人看重,日本人正竭力拉拢,愿意出钱出力帮助吴佩孚东山再起,与汪精卫一起组成伪政府,对抗蒋介石南京政府,因而吴佩孚的宅院每天有日本的特务、蒋介石派出的特工以及害怕分散自己权力的汪精卫的人员同时出没,平静中暗藏杀机。而张慧剑采写的访问记,用近乎白描的手法使人们看到了一个真实的吴佩孚,既傲慢自大,又刚愎自用,但却也有着不失可爱的一面,传诵一时。后来张慧剑在《辰子说林》中还专门写了《吴佩孚之人物谈》,记录了这次采访的细节:

> 时北平方有人为康氏举行纪念会,吴亦遣人往致词,故予以康、章与吴氏之关系为问,吴答曰:"皆好友也,两人之性格甚相似,以年龄与时代之差,致成就之不同。南海年较高,出较早,为保皇党之魁率;太炎年较幼,才气横溢,非南海以下之空间所能容,遂激而入于革命。使两人易地相处,南海可为太炎,太炎亦可为南海也。"予深异其言之别成逻辑,顾不欲辩,吴氏复慨然曰:"两人逝后中国不复有文学之士,两人弟子虽众,乃无足承其业者。"予欲试探其对于新文学之见解,则挑之曰:"太炎有弟子周树人笔名鲁迅,文学优美,君尝读其书乎?"吴氏意颇恍惚,若不知其名者,索笔书"鲁迅"两字示之,吴益茫然,既乃自掩曰:"我不读民国以来书也!"

传说吴佩孚后来因为拒绝与日本人合作而被暗害于北平,人们对他的印象多是一名简单的武夫,张慧剑寥寥数语为我们描述的却是一个对文坛人物随意臧否的另类形象,今天读来依然觉得颇有趣味。

1942年湘赣大溃退之时,国军官兵在东线连拖带熬,一触即溃,达官显贵们豕突狼奔,逃难灾民更是哭声漫天。张慧剑的《浙皖行记》真实记录了无数悲惨故事。日本投降时张慧剑正好在南京,及时地见证了日军受降的全过程,写回的通讯别开生面。1946年夏天张慧剑去北平,特别去采访了赛金花生前的仆妇顾妈、以及鲁迅的原配夫人朱安,以"北楼偶札"为题在成都《新民报》晚刊的副刊《出师表》上连载,向广大读者提供了关于赛金花与朱安的最新信息,都是当时的独家新闻。可惜他的这些作品散见于20年代至50年代的报刊,未能整理成书。

他在《新民报》工作期间,陈铭德特准他每年有几个月到外地采风,副刊只好临时抓人代编,这本是外人所不知情的。但经常读副刊的老读者还是可以看出水平的高低与风格的异同。《新民报》的老人曹仲英曾回忆,一次他在街头碰见了国民党中宣部副部长李俊龙,他张口便问:"张慧剑几时回来?"曹问李何以知道张慧剑此时不在南京,李说从南京《新民报》的副刊《夜航船》的编排中可以看出。李俊龙虽然不同于副刊的一般读者,但也可以看出张慧剑的副刊还是有自己的特色,使他明显地区别于他人。

"副刊圣手"——这是新闻界同行对张慧剑的尊称。在中国的新闻出版史上,以编辑副刊而出名的人很多,我们所熟悉的郑逸梅、周瘦鹃、严独鹤、黎烈文、孙伏园、萧乾等等,这些人不但擅长版面工作,而且精于写作,个个都是"杂家",但没有一个人被封为"副刊圣手",由此可见张慧剑的工夫非同一般。但张慧剑对此却一直耿耿于怀,闷闷不乐,他认为"今日之不虞之誉,说不定明日就遭求全之毁"。他只是将自己比喻为掌勺的厨师,因为比较用心,所以熟悉读者的不同口味与消化水平,而且在配菜上注意品种多样,在烹调上力求色香味俱全,甚至在份量上也有心调剂,所以自己烹调出的副刊使读者乐于读而且一读到底。

张慧剑曾说:"副刊是供大家阅读的,海纳百川,乃成其大,才能适合众意。"

书生意气赤子情

张慧剑不仅以精编副刊而闻名于世,而且还善写古体诗,曾有"半个黄仲则"之誉。自古以来,凡是能摇笔杆子的,大多自命不凡,瞧不起同行,遂有"文人相轻"之说。然而在清代,所有的文人学士,对黄仲则的诗,都赞不绝口。也许是黄仲则十七岁时写就的名句"十有九人堪白眼,百无一用是书生"道尽了天下读书人的心声吧,同为江苏常州之人的瞿秋白就对自己的同乡推崇备至。张恨水认为黄仲则的《都门秋思》中的"全家都在风声里,九月衣裳未剪裁"一句写尽寒士悲酸之气。

"小楼寂寂夜灯青,茗畔讴歌带醉听。客渐白头君亦媪,凄凉一曲雨霖铃。"这是张慧剑晚年的一首诗作,如果你认识那个高大威猛、脾气略怪的张慧剑,肯定不会相信这是他的作品。诗中的忧郁与多情和传统的文人一脉相承。

据张友鸾评价,张慧剑写散文,文字优美;写评论,尖锐泼辣,浑成一家。如他写月下南京钟山的绝美:钟山迤逦于前,峰半受月现乳酪色,崇美幽玄不可名状,其目力所不及处,蓊然内凹,峄报微光,仰之弥高,青苍压眉,意大舒适。寥寥数语,颇有柳宗元、苏东坡散文的清遒洗炼。

然而就是这样一个文人,却对军事史颇有研究,古今中外的军事家、经典的大会战他都烂熟在胸,因而在他编辑的副刊中,关于军事人物的奇闻逸事非常多。他的一本小册子《辰子说林》汇编了他在成都《新民报》主编副刊时撰写的两百多篇专栏文章,其中关于军事的篇章就很多,也许是因为中国当时正处于战争中,而战争最容易考验一个人、一国国民的性格与品质。他所写的关于军事的文章正是为了激励大家的士气,鞭挞那些叛国的行径。这些文章熔文学、历史、社会生活于一炉,继承古代笔记传统,参用杂文笔法,文字简洁,一般三五百字,短者百数十字,短小精炼,亦庄亦谐,回味无穷。试举一二:

《新莽门》:袁世凯既为总统,又复称帝,欲网罗全国士俊为己用。章太炎先生以此因缘,被召入都,关于先生为表现气节佯作狂放论这种种事实,谈者已多,相传某日先生行过"新华门",大声读曰:"新莽门",同行者皆失色。

《见佛像而思抗战》：瞻礼一兰若，见释迦牟尼趺坐之像，气态之美，不可言状。因思历史对于此割肉喂鹰之百世大杰，夸说其坚忍、安详、定慧、苦修、严肃诸德，一一皆如为我战时国家写照，谓释迦牟尼即"抗战中国"之象征可也。

《惟能败者能胜》：在美国独立战争前期，华盛顿统十三州之兵与英国强大之雇佣兵作战，每战辄败，纽约等重要口岸沦陷，而华氏愈败愈勇，且深切了解兵法"避其锐进，击其惰归"之旨，一年以后，乃于萨刺拓加获得一转变之胜利，美国独立之局遂定……惟能败者能胜……

还有一篇名为《国粹》的短文也给人很大的启发，至少可以让我们明白上个世纪40年代时国人对于"国粹"的观念已经比今天的我们成熟许多：

蒋百里有言："国粹者，特色而带有世界性者也，非然也癖而已矣。"蒋说之可以举例者，瓦格纳之音乐沉鸷肃穆，纯乎德国色彩也，而含有世界性，虽仇德之法人亦不能无所感也。莎士比亚之戏曲博大阔深，纯乎英国色彩也，而含有世界性，虽仇英之德人亦不能无所动也。乃至拿破仑兵法，轻捷爽利而扼要，纯乎法国色彩也，而含有世界性，虽刚愎固执之老毛奇亦不能不就而学也。此种国粹有空间之文化价值，是世界文化合奏之基调，非抱残守缺之所谓"国粹"所得而比拟也。

抗日战争期间，张慧剑一次经过资阳，跟一位老人闲话。老人言谈极富幽默感，他说，现在的四川可谓五味俱全了，概言之，就是甜内江（产糖），咸自贡（产盐），辣资阳（特产辣味食品），酸保宁（特产为醋）。张慧剑便问：酸甜咸辣都有了，那么苦呢？老人脱口而出：苦重庆。那时候重庆敌机日夜狂轰滥炸，人们如果没有坚忍的吃苦精神就无法生存。事后张慧剑以"五味"为题撰文刊于副刊专栏，文的结尾云："此叟之言,隽而壮。重庆现时已为民族之胆,胆味苦,可与叟论相合。"

后来《新民报》的同事用黄甘草(《新民报》编辑),金满成(《新民报》编辑),红线女、白淑贤、蓝天野(三人皆著名演员),凑成"五色"来对张慧剑的"五味",名人对名城,可谓相映成趣。

解放后回到上海,张慧剑主编上海《新民晚报》副刊《夜光杯》。他且编且写,发表过《杨乃武与小白菜》、《慈禧杀肃顺》、《珍妃》连载长文。尤其是在前一篇刊登过程中,收到不少读者来信,他一边连载,一边答复,文情并茂,深受读者欢迎。1953年公私合营后,张慧剑成了报社内部专职的自由撰稿人,1956年中共中央召开了关于知识分子问题的会议,调整了知识分子政策,经上海市委宣传、统战部门研究决定,《新民晚报》的赵超构、程大千、张慧剑、张林岚四人享受高级知识分子待遇,这在新中国成立后还是第一次。几个《新民报》的老人深受鼓舞,决心进行改革,在《新民晚报》恢复一些《新民报》副刊的好做法,多刊登一些艺文杂谈、文史拾零之类短小活泼的文章,于是请张慧剑开设了专栏《小树繁花阁笔记》。后来由于新闻版的稿件质量太差,报社还将张慧剑的《小树繁花》移到新闻版刊登,不料这却引起一些年轻记者的意见,认为自己采写的新闻都登不出来,反倒在新闻版刊登老报人没有新闻性的专栏,抢了年轻党团员的饭碗。虽然张慧剑的很多专栏文章都是配合新闻而写的,而且赵超构、程大千等报社主要领导人也认为这些文章信息量很大,提供给读者的新闻线索并不少,且寓教于乐,完全符合"百花齐放"的精神,使沉闷的副刊变得灵动,但年轻记者的无知与蛮横大大伤了张慧剑的心。喜欢游山玩水的张慧剑不想再在报社呆下去了。报社特许他再一次外出旅游,张慧剑特意重游了四川,勉强写了一组游记发表。不久他迁居南京老家,结束了自己的报人生涯。

1953年,夏衍组织创作电影《李时珍》,一时没有合适的编剧人选,遍寻下来,最后还是选择了张慧剑。张慧剑原本就学过中医,对中国医药史就有研究,但为写好作品,他仍下功夫查考了不下数十种资料,仔细研读了《本草纲目》,并两次去李时珍的故乡收集第一手资料。对于电影剧本《李时珍》,夏衍非常满意,并一再交代,一定要找好导演、好演员。此片由沈浮导演,赵丹主演,演出后效果非常好,至今仍被公认为是最好的故事片之一。夏衍还建议他写电影剧本《李冰父子》、《徐霞客》等,张慧剑曾认真搜集了一些资料,可惜没有来得及再写。

除了创作,张慧剑还校注古典文学,他为人民文学出版社注释的《儒林外史》,就因他熟悉明清两代人物的风貌、典章制度,被公认为学术价值极高,现在我们看到的《儒林外史》依然用的是他校注过的本子。

张慧剑逝世后,上世纪80年代后期,南京作协有出版他遗作选集的打算,夏衍答应作序,并叮嘱:"一定要抓紧进行,迟了恐怕我写不动了。"由于他的遗文散见各报刊,一时难以收集,因而搁浅。后来出版社根据张慧剑多年来积累的专题资料(原始材料录于数十册旧式白纸本上)分类排比、考辨,编成《江苏明清文人年表》一书。全书一百一十万字,引书多达一千数百种,共收人物四千三百七十九人,著录他们的生卒年代、交游、创作著述活动,时间起于1368年,即明朱元璋洪武元年,止于清道光二十年即1840年,时间跨度四百七十二年。内容广泛丰富,材料信实可靠,直到今天依然是研究明清文学和学术文化史的重要参考资料及工具书。

张慧剑生平并无多少嗜好,一生钟爱于书,近在苏、沪、宁,远至川、陕、冀,所到之地,一心觅书,不重版本而重内容,所收单本的罕见书甚多,虽重点在明、清、近代文史,但于群书几乎无所不收。所收旧版平装书很多,也收线装书。专题收藏为年谱、日记、笔记、画册诗文集等,前者不下二三百种。上世纪60年代,北京有位嗜古版本的客人,不知从哪儿打听到他藏有一部明刻本《董西厢》,就向他借书一饱眼福。谁知此书一到北京就泥牛入海,说是"康老"看了高兴,搁下了。张慧剑一听,说"书是一定要还的!"弄得借书者费了好大的周折,才把这书要回来。可他藏有另一部很珍贵的清代施鸿保的《读杜诗说》,成都杜甫草堂1963年商量借去展览,他却干脆就将此书送给了他们。这一"要"一"借",就足可看出他爱憎分明的立场了。

张慧剑终身未娶,长兄早亡,次兄过继堂伯,少年独自承欢膝下,备受宠爱。他晚年的生活靠胞侄孝熙、侄媳陈汝和照料。但是不是真的像他人所说张慧剑"老死情丝无半缕"呢?据说他在年轻时曾经喜欢一位青楼女子,苦恋无果,遂看破红尘,不再执著于情色男女。好在他为人正直,待人热情诚恳,乐于助人,身边从来不缺朋友。平日里他喜欢请朋友吃小馆子,常去的有一北方小馆,售饼食,饼如盆大,很软,佐料为甜面酱一碟,大葱一盆,小棵嫩白菜一盆,食时取饼一块,匙摊甜酱,置葱、菜其中卷而食之。另有炒菜,姜丝蒜泥等,别有风味。友人也常约他去夫子庙、茶楼吃干丝、烧饼,或者去他家打牌。他也喜欢去齐芳阁的鸣凤茶楼看刘保全的《单刀会》。

"文革"中张慧剑被打成"反动学术权威",某晚在家中忽被一批青年学生捉去,家人四出寻访,不知下落。多日后才知被拘于某大学牛棚,后来被送到镇江附近某五七干校。1970年夏初因身体不佳获准回南京看病,不幸于5月14日猝逝于南京,时年六十四岁,长眠于牛首山。

四、一笔曾当百万师:赵超构

1992年2月12日晚,82岁的报坛巨笔赵超构与世长辞。

"一笔曾当百万师,手不停椽至去时。铮铮雄文传千古,赤赤丹心照汗池。"他的同行用诗为他送行。对于更多的人来说,他的名字是与中国的晚报、与《新民晚报》紧密联系在一起的,而他上世纪40年代在《新民报》的历史却提得很少。

然而,那是他新闻生涯的起点。是不是可以这样说,陈铭德与邓季惺以及"三张一赵"所开拓的《新民报》具有独特的精神气质,而因为赵超构的坚持,"新民气质"才有了如此旺盛的生命力。解放前《新民报》所拥有的力量、传统、精神经过赵超构的手较好地渗透到了《新民晚报》的版面中。《新民晚报》能够在众多的晚报中长期一枝独秀是因为它继承了一份与众不同的财富。

在几乎所有的旧时代报人、包括《新民报》的老人们都退出历史舞台的时候,赵超构依然活跃在新闻的第一线,忠实地实践着他们那一代人所追求的新闻理想,直到生命的最后时刻⋯⋯

有新闻同行为这位新闻界的巨擘归纳出三宗伟业:一是被誉为"中国的《西行漫记》"的《延安一月》的发表;二是使1982年复刊的《新民晚报》"飞入寻常百姓家",探索出一条中国晚报的生存之道;三是六十年写作不止,短小而犀利的杂文自成一派。

《今日论语》点评天下

《延安一月》的发表使赵超构名满天下,但他的成功不是偶然的,我们考察赵超构的人生轨道以及其在《新民报》的杂文,就会发现他早已经具备了这样的能力,由他来完成这样的一次采访是历史再合适不过的一次选择。

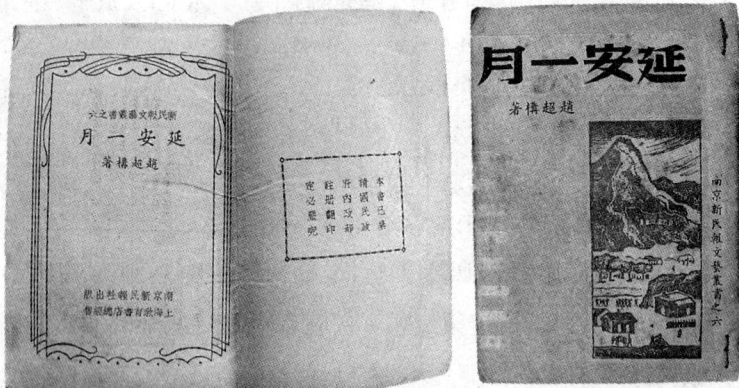

赵超构《延安一月》

赵超构,祖籍瑞安,是浙南山区一个小县。1910 年 5 月 4 日赵超构出生于青田。这里是刘伯温的故乡。我们今天从龙川赵氏大宗祠壁上大书特书的谱牒上看到,赵家是北宋太祖赵匡胤、太宗赵光义兄弟之后。令人不解的是,如此显赫的家世,赵超构却讳莫如深,从来没有提起过一个字。倒是毛泽东记得,1945 年毛泽东第二次见到赵超构时,谈笑中对他提起了宋高宗赵构,后来也曾拿他开玩笑说他是赵构的哥哥。

　　刘伯温曾说:"夫大夫能左右天下者,必先能左右自己。曰:大其心,容天下之物;虚其心,受天下之善;平其心,论天下之事;潜其心,观天下之势;定其心,应天下之变。"这样的思想教育,对赵超构后来的论天下之事,观天下之势,应天下之变,不可能不产生影响。读书时他很喜欢邹韬奋《生活》上的小言论:宣传抗日救亡运动的,解答青年各种问题的,剖析国际国内政治、揭露社会黑暗的,无不切中时弊。以后,凡是韬奋的书如《经历》、《小言论》三集和《萍踪忆语》等,一出来就买来读。他自己认为日后选新闻工作为终身职业,写杂文式的小言论五六十年,受邹韬奋的影响很大。

　　"九·一八"事变再一次激发赵超构的爱国热情,他开始学着邹韬奋的笔法写短篇时事评论,向南京、上海的报刊投稿。当年发表于南京《新民报》副刊《新园地》的文章,有抨击国民党政府腆颜媚日的不抵抗主义政策的《亲家冤家》、《合力—弹力》、《郎才女貌》三篇,这是近年发现的赵超构最早的杂文。

　　1931 年秋季赵超构上了中国公学。中国公学开设在上海吴淞,是一所新办的私立大学。教授有陶载良、匡互生、徐志摩、沈从文、褚辅成、罗隆基等人,是一所思想比较开放、注重社会学科的学校。由曾任孙中山临时政府实业部次长的广西人马君武任校长。胡适也做过一任校长。中国公学不是名牌大学,但也出过不少人才,历史学家吴晗、罗尔纲和名记者石西民,都在这里上过学。

赵超构在"中公"的最后一年并没有读完,除了自修,就是跑图书馆找资料,写研究国际金融问题的毕业论文。1934年初春,《南京朝报》缺一个编国际新闻版的编辑,不足二十五岁的赵超构一脚踏入了新闻界。《朝报》是一张面向南京一般市民的私营报纸,老板是《中央日报》出身,与国民党方面保持一定联系。总编辑朱虚白,办报有些经验,也擅长撰写时事评论,抗战胜利后做过上海市政府新闻处处长。赵超构后来的好友张慧剑在那里主编副刊,应该说能够从这里开始自己的新闻生涯,赵超构是相当满意的。

上世纪八十年代初期,赵超构有几次与青年记者座谈新闻写作时,是这样回忆那段历史的:"这是一张刚刚创办的商业性报纸,工作很紧张。我一个人编国际版一版,每天还要交一篇'言论'。天天夜里七点去上班,做到次日凌晨三点才下班,睡到中午又得爬起来写'言论'稿。"

"就这样,我被逼迫了三年,也是锻炼了三年……一日一篇,千日千篇,长此锻炼,也就熟练了。写作终于成为我生活的重要组成部分,直到现在。有时候,一天不写,就会觉得空虚无聊,好像日子就白过了。"

据说《朝报》的老板对记者编辑的要求"很低",那就是不要大张旗鼓地反对蒋委员长,除此之外可以自由施展才华。赵超构很快就显示了自己过人的洞察力与思想水平。但不久因为抗日战争的爆发,《朝报》停刊。1938年7月,经张慧剑介绍,赵超构去见了《新民报》社长陈铭德。报社虽已有了张恨水、张友鸾、张慧剑等一些老报人,但还缺一个国际新闻版编辑。赵超构在南京《朝报》原是编国际版的,业务娴熟,对夜生活也习惯,年纪又轻,一到报社就接上了手。

他不但主编一个版面,还每天写几段只有二三百字的时事小言论。开始时偏重国际政治方面的题材,后来扩大取材范围,纵论二次世界大战的欧洲战场、天下大势,抨击英法绥靖主义和法国维希政府的投降主义之馀,也挞伐明的暗的汉奸卖国贼和对敌妥协退让、对内制造磨擦的国民党当局。至于市井琐事,社会黑暗,国民党四大家族统治下各级政府腐败无能、残害人民的种种罪恶,都是罄竹难书的。他常常说:"批评的材料有的是,这个社会已是百孔千疮,我只要随手戳一枪就是一个窟窿!"

他的这个杂文式的时评小专栏,栏目叫《今日论语》,署名一个"沙"字。别人好奇,总要盘问以沙字为笔名的用意。国民党方面的人说他是含沙射影之沙,意在攻讦政府;朋友间有人强作解人,说他是用了周穆王南征,一军尽化,"君子变猿鹤,小人为沙虫"的典故,自居于小人沙虫地位。他自己解释:"沙子虽小,也能建设,看你怎么用了。"

《今日论语》出现在报上不久,就引起报社内外读者和同事的好评。陈铭德等人也看出了他意气纵横,笔扫千军的才情。罗承烈、张恨水这时都已四五十岁,见赵超构的小言论不同凡响,都觉得后生可畏。

赵超构在《新民报》的主笔中年资较浅,两耳重听,很少发表意见。他进城时也找朋友谈天打牌,找点刺激,上小馆子打个"牙祭",但交往的朋友不多。报社采访部主任浦熙修,人称浦二姐,是新闻界的活跃人物,豪爽好客,交游也广。浦二姐的寓所犹庄,是新闻界进步记者和民主人士的沙龙,赵超构也常去坐坐。他与夏衍、石西民等人相识,大约也是在这个时期。"聋子不出门,能知天下事",许多小言论题材的得来,一部分是他向民间采风,一部分应当归功于这些朋友。

他和"三张"一样对国民党统治集团中一帮满口"礼义廉耻"的道德说教者深恶痛绝,他在言论中毫不客气地称这些假道学"外面披着羊皮,里面却是残暴的狼",而大量的伪君子则"在他们平整的燕尾服里面拖着一根狐狸尾巴,在古本《论语》的下面放着一本《金瓶梅》"。这样的文字自然得到了张恨水等人的肯定。赵超构写过一篇《冷气与人情》,说:"冬天所以还有人冻死,那并非冷气之过,是因为人情的冷酷,比冷气更冷的缘故。假如我们人间是充满着人道与同情的温暖空气的,大

上海《新民晚报》《夜光杯》刊登的赵超构的《今日论语》与夏衍的《桅灯录》

家都能发挥点同胞爱,我们尽可以保证路无冻死骨。"重庆自杀的人多,他写了《最可悲的自杀》,说:"一个人穷到绝望了,看不到自己的前途,不自杀也要饿死。在那种情形中的自杀,实在和被杀没有什么两样……因为这种自杀,是赤裸裸地指示出这社会中有一班吸血鬼在侵吞着弱者的生存机会。"社会上百业萧条,可是金店银楼比比皆是,正显示贫富两极分化,他写了《"黄金"时代》。优秀的人才在受难与死亡,投机取巧的人逸乐奢侈,他认为绝不是公道的事:"战时固然贫穷,但贫穷是否可安? 没有公道是否可乐?"这是他写的《此道未可乐》。

因为他常常为文揭露黑暗,攻讦政要,引起了国民党方面的不满。有些熟人也善意地警告他,说他的文章虽然犀利,但"太会杀风景了"。再这样写下去,触怒当局,有人(当然是蒋介石的爪牙)会不满意的。"我倒要请教:好风景在哪里?"他反问一句。"好风景固然看不见,不看也就是了。""恶人之所好,好人之所恶,这种怪脾性,我自信还没有。但假如本来只是一只臭马桶,教我来做一个马桶盖,金漆花边,夸示于人,而曰如何如何漂亮、如何不臭,那也是我不屑为的啊! 揭开马桶盖还觉不到臭气的人,他那鼻子一定有点毛病。对于这种人,也就顾不到他喜欢不喜欢了。"

从这些言论中我们不难看出,赵超构虽然年轻,但已经对中国的社会现状有了入木三分的了解,对于其中不合理的现象进行了认真的思考,而国民党的腐败尤其令他不满,对于中国的前途他一直进行着思考。到延安采访之前,他肚子里已经装了一大堆的问题,这些问题也是当时的知识分子都考虑的问题,延安的采访能否找到答案呢?

《延安一月》:讲述一个真实的延安

1944 年初夏赵超构到延安的访问以及随后《延安一月》的发表,不只是改变《新民报》历史的大事,也是改变赵超构未来的大事——因为这次访问,日后成为中国新领袖的毛泽东记住了赵超构,在解放后风云变幻的政治大潮里,由于毛泽东的特殊关照,赵超构与《新民晚报》的历史有了许多的曲折。

1941 年 5 月,在山西南部的中条山,国民党守军二十万居然在日军五万人的袭击下全线溃败,两万人投降,十万人被俘。而共产党领导的八路军却连连克敌,解救了危局。消息传来后方舆论哗然,一致指责国民党当局的无能,国民党政府则说八路军"游而不击"、"坐视不救",于是重庆新闻界提议组织记者团赴晋南前线考察,了解事情真相。6月5日《新民报》发表社论,建议尽快成立记者团。国民党自然不会答应。

1944年,美国副总统华莱士即将访华,美国驻华大使也提出组记者团到延安访问的要求,这一次国民党当局不好再推脱,勉强同意了组织一个"中外记者西北参观团",意在参观而不是采访,考察的范围也是西北而不仅仅是延安,意在淡化政治色彩。参团的外国记者有六人,分别是美联社兼《基督教科学箴言报》记者史坦因,美国《时代》杂志兼《纽约时报》记者爱泼斯坦,合众社兼伦敦《泰晤士报》记者福尔曼,路透社兼《巴尔的摩太阳报》记者武道,美国天主教《讯号》杂志兼《中国通讯》记者夏南汉,苏联塔斯社记者普金科。中国记者九人,分别是《中央日报》主笔张文伯,《商务日报》金东平,《大公报》孔昭恺,《扫荡报》采访主任谢爽秋,《时报新报》赵炳,《国民公报》周本渊,中央社采访主任徐兆镛、杨嘉勇以及《新民报》的赵超构。

《新民报》选报的人选本来是浦熙修,国民党方面认为她思想左倾,一定会替共产党做宣传,以"女记者加入参观团长途跋涉诸多不便"为由取消了她的资格。她的丈夫袁子英也不愿让她远赴西北活动,来找陈铭德劝阻,她只好放弃。为争取读者,扩大报纸影响,陈铭德有意让五十二岁的张恨水出马跑一趟,利用张恨水的知名度提高报纸的发行量。张恨水也有意到延安看看,为自己写小说积累资料。国民党方面认为张恨水在政治上态度比较中立,也表示同意,但最后因家人生病张恨水只好放弃。这样,报社便想到了赵超构。国民党方面见他两耳重听,又讲一口难懂的温州官话,料他到了延安不会擅自行动,说不定劳而无功白跑一趟,所以爽快地答应了。

就是这样一个历史的巧合让我们拥有了一个最真实的毛泽东的形象,赵超构眼中的毛泽东与斯诺的《西行漫记》以及子冈后来所写的《毛泽东先生到重庆》中的形象并不一样：

> 身材颀长，并不奇伟。一套毛呢制服，显见已是陈旧的了。领扣是照例没有扣的，一如他的照相画像那样露着衬衣。眼睛盯着介绍人，好像在极力听取对方的名字。谈话时，依然满口的湖南口音，不知道是否因为工作紧张的缘故，显露疲乏的样子，在谈话中简直未见笑颜。然而态度儒雅，音节清楚，词令的安排恰当而有条理。我们依次听下去，从头至尾是理论的说明，却不是煽动性的演说。听取谈话中我有更多的馀暇审视他。浓厚的长发，微胖的脸庞，并不是行动家的模样，然而广阔的额部和那个隆起而端正的鼻梁却露出了贵族的气概，一双眼睛老是向前凝视，显得这个人的思虑是很深的。

> 九十分钟的话，如并作一句话，就是希望国民政府，国民党及一切党派，从各方面实行民主。他认为唯有在民主的基础上才有真正的统一，也唯有民主的政治，才能发挥最大的力量。这种议论本是我所预料的，我并不感到多大的惊异，使我觉得意外的，倒是他的词句异常的审慎平易，语气虽坚决，可不像一般延安朋友那种张脉偾兴的样子。我当时想，假如把毛先生这一番关于民主的谈话摘出来，放在重庆任何一家报纸上做社评，也不至于引起特别感觉的。

从1944年7月30日起，《延安一月》同时在《新民报》重庆、成都两版刊出，比较系统地报道了毛泽东及共产党的其他领导人的言论，报道了边区的军事、政治、经济、文化、卫生等多方面的真实情况，着重介绍了从国统区到延安的文化人的精神面貌和取得的文化成就，为国统区人民了解真实的共产党打开了一扇窗。尽管发表时有许多章节被删节，但因为赵超构貌似客观的写法与很多的曲笔，保留下来的文字依然比较全面地报道了真实的延安，受到读者的热烈欢迎。

毛泽东、朱德在延安

《延安一月》之所以大受欢迎，主要是因为赵超构既没有说延安是神圣的天堂，什么缺点都没有，也没有说延安什么都不好，而是忠实地记录了他在当时的"国中之国"延安的所见、所闻、所思。

他自称"始终不过是新闻记事，它只能代表一个新闻记者对边区的看法，它不是什么正式的调查书或裁判词"。正如陈铭德在序言中所说，他"对于延安事物，虽然有时是介绍，有时是批评，但自始至终，看不到有一句话是离开国民的公正观点的"。"忠实的介绍与自由的批评，是新闻记者应有的责任"。

即使在今天，我们重读《延安一月》，依然不得不佩服赵超构过人的观察力与独立的思考能力。作为一个来自国统区的普通记者，能够在短短的时间，敏锐地洞察毛泽东思想的基本内容与成功的主要原因，这需要怎样的理论储备与政治智慧？要知道，有很多共产党员虽然信仰毛泽东思想，热爱共产党，但终其一生也没有真正理解这个党明白这个党的领导人是如何成功的，如果蒋介石认真地读过《延安一月》，重视赵超构文字背后的深意，他也许就会明白自己的失败是必然的。

让我们看看这些充满智慧的文字：

不管我们喜欢不喜欢，毛泽东目前在边区以内的权威是绝对的。共产党的朋友虽然不屑提倡英雄主义，他们对于毛氏却用尽了英雄主义的方式来宣传拥护。凡有三人以上的公众场所，总有

"毛主席"的像,所有的工厂学校,都有毛氏的题字。今年春节,延安书店所发售的要人图像中,毛氏的图像不仅超过其他要人的图像,而且是二三倍地超过。

"毛主席怎样说"虽然不是经典,但是"响应毛主席的号召"依然是边区干部动员民众的有力口号。毛泽东说一声"组织起来",于是通过干部,通过报纸,以至于无知识的乡农都说"组织起来"。口号宣传是共产党宣传工作的有力武器,而毛先生所提的口号,其魅力有如神符,在工农分子眼中,"毛主席"的话是绝对的,保险的。

自然单从宣传的作用上去理解毛氏的权威,这是不公道的。在造成毛氏权威的因素中,他本身的特点是绝不能抹杀。他本身的特点在哪里呢?我曾以这个问题就教于许多共产党人,同时自己也冷眼地观察,综合起来,可以这样说:"毛泽东是一个最能熟习中国历史传统的共产党行动家!"

我们知道共产党是舶来品,在过去所有的共党领袖中,都有一个共同的缺点,那就是原版翻印共产党理论,却不知道怎样活用到中国的社会来。在以农民占大多数的中国社会,这种作风的不受欢迎,是无可避免的。毛泽东则不然,他精通共产党理论,而同时更熟悉中国历史。据说从中学生时代起,历史是他最喜欢的课程,在他的行动中,《资治通鉴》和列宁、史丹林的全集有同等的支配力。中国的史书包括许多统治民众经验,同时也指示许多中国社会的特性,精通了这些,然后可以知道在某种程度以内尊重传统的力量,或利用旧社会的形式,以避免不必要的磨擦。此外再加上共产党所有的组织宣传,以及列宁史丹林的经验,毛泽东成功了。

在我们想象,边区一定是共产理论像洪水一样泛滥的世界。然而不然,马列主义固然是边区的基本思想,但已经不再以本来的面目出现了,因为现在边区马列主义已经照毛氏所提的口号化装

过,那便是"马列主义民族化"。换一句话说,马克思和列宁,不再
以西装革履的姿态出现,却已穿起了中国的长袍马褂或农民的粗
布短袄了。小如变工队、秧歌队、合作社,大如新民主主义,我们都
可发现,是马列理论的内容和民族形式的外衣的综合品。

延安抗大女学生开赴前线

延安的女性算不上一个特殊群体,她们几乎已完全融入这个高度
"革命化"、"一致化"的男性社会。"由于党性,同志爱必然超过对党外
人的友谊;由于党性,个人的行动必须服从党的支配;由于党性,个人的
认识与思想必须以党策为依归;由于党性,决不容许党员的'个人主
义'、'英雄主义'、'独立主义'、'分散主义'、'宗派主义'。"毫无疑问,在
那里,党性高于人性,尤其是"从那些'女同志'身上,我们最可以看出一
种政治环境,怎样改换了一个人的气质品性"。她们以"不像女人"为
荣,"为什么一定要像女人"是她们执拗的回答。"政治生活粉碎了她们
爱美的本能,作为女性特征的羞涩娇柔之态,也被工作上的交际来往冲
淡了。因此,原始母权中心时代女性所有的粗糙面目,便逐渐在她们身
上复活了。而我们也可以从她们身上直感到思想宣传对于一个人的气

质具有何等深刻的意义"！赵超构发现,"至于女党员的丈夫,那就一定是有党籍的人；女党员嫁给非共产党的男人,可以说绝对没有"。被极力夸张的"同志爱"影响着恋爱和结婚的标准化。在那个时代无数有关延安的报道中,像这样细致而锐利的眼光还是罕有的。

赵超构以很多笔墨写到丁玲,在文艺界座谈会后的午餐上,"她豪饮,健谈,难于令人相信她是女性……当甜食上桌时,她捡了两件点心,郑重地用纸包起来,似乎有点不好意思,解释道：'带给我的孩子。'然后非常亲切地讲了一阵孩子的事情。只有在这时,丁玲露出了她母性的原形"。

赵超构的观察可谓准确,他的眼睛看到了许多记者并不在意的东西："延安有许多事情出乎意料之外,比如鲁迅的作品,我们总以为是应该大受延安人欢迎的了,而事实上则并不流行。"在延安的各个书店中,文艺书籍印得最多的是秧歌和其他通俗读物,还有高尔基的书,"鲁迅的作品,我非常奇怪,竟是一本也没有"。尽管延安文艺界尊崇鲁迅,"然而在目前的延安却用不到鲁迅的武器。鲁迅的杂文,好像利刃,好像炸弹,用作对付'敌人'的武器,自然非常有效；可是,如果对自己人玩起这个武器来,却是非常危险的"。除了"鲁迅艺术学院"和在高岗书架上看到过一部红面精装的《鲁迅全集》之外,"我们实在看不到鲁迅精神在延安有多大的权威。他的辛辣的讽刺,他的博识的杂文,并没有在延安留下种子来。惟一的理由,就是目前的边区只需要积极的善意的文艺,不需要鲁迅式的讽刺与暴露。要是需要的话,那也只有在对'敌人'斗争的时候"。

通过这次采访,赵超构奠定了自己在《新民报》的领军地位,在陈铭德的心中这个年轻人无疑具备了独挡一面的能力。抗日战争胜利后,陈铭德便派他到上海去创办《新民报》上海版,也就是我们今天所说的《新民晚报》。上海那个地方,世事难料,竞争激烈,派赵超构去,陈铭德是出于怎样的考虑？但最后的结果却是最出人意料的，在历史的沧海劫波中，一度辉煌的南京社、重庆社、成都社都成为了过眼烟云，只有创立时便困难重重、最早经历停刊处分又屈辱复刊的《新民晚报》存活至今。历史很难假设，我们很难想象如果不是赵超构在上海主持工作，《新民晚报》的历史命运会如何？

与毛泽东的多次见面

1945 年 8 月底，毛泽东到重庆谈判，期间曾邀请赵超构、张恨水到八路军办事处谈话，毛当面说他"是个自由主义者"，其实这是婉转的批评，但在赵超构当时听来无异是最大的褒奖。毛泽东和赵超构就这样奠定了不同寻常的关系。

红岩村八路军驻重庆办事处

和毛泽东的再次正式见面是十多年后了。1957 年春，中央召开全国宣传工作会议，毛泽东抽空接见新闻界部分人士，赵超构正在其中。毛泽东见到赵超构就说："你们的报纸，另具一格，我喜欢看。"言谈间，一位同行谈到赵超构倡议的新闻改革，并引述了赵超构在《新民报》内部所提的"短些,再短些;广些,再广些;软些,再软些"三句口号。毛泽东听后,首肯了前二句,对后一句表示要考虑一下,他说:"软些,再软些,软到那里去呢?报纸文章对读者要亲切些,平等待人不摆架子这是对的,但要软中有硬。"他还举鲁迅文章为例,说鲁迅的散文就不太软,但也不太硬,不难看。这对于赵超构进一步办好《新民报》很有启发。

在 1957 年开始的"大鸣大放"运动中,《新民报》动作很快,报纸上发表了许多提意见的文章。赵超构也连着发表了数篇观点尖锐的言论。据原新华社社长吴冷西回忆,1957 年党中央决定开始整风后不久,5 月 18 日晚上,毛泽东在他住所——中南海丰泽园菊香书屋,召开政治局常委会议。刘少奇、周恩来、邓小平、彭真、陆定一、胡乔木等同志都在座。毛泽东扬起一张报纸,冲着吴冷西问:"你看过 5 月 13 日的《新民报》没有?报上有一篇文章,题目叫做《先锋何在?》,署名林放即赵超构,内容相当尖锐,但文笔比较客气。"毛泽东把当时新闻界已发表的议论归纳为四点:一是嫌现在新闻太少,旧闻太多。二是嫌现在新闻自由太少,统制太多,新华社和《人民日报》包办一切。三是说记者应当是先锋,"先天下之放而放,先天下之鸣而鸣"。过去出过许多名记者,现在没有,个个都是廖化。赵超构的《先锋何在?》一文中说的就是这个意思。记者是先锋,这在原则上不能说不对,问题是怎么样的先锋。蜀中无大将,廖化当先锋。说现在没有真正的先锋,个个都是滥竽充数,这恐怕不好说。四是嫌现在的报纸文风不好,教条主义,党八股,引不起读者兴趣。毛泽东说,教条主义很讨厌,我也不喜欢。我在延安整风开始时就数了党八股的八大罪状。我在 3 月全国宣传工作会议期间,跟新闻出版界人士座谈时也说到,报纸要搞得生动活泼,登些琴棋书画之类,我也爱看。当时《新民报》赵超构提出要"软些、软些、再软些"。我也反对太硬,太硬了读者不爱看。但是我也担心太软了不好,黄色的东西会出来,所以说两个"软些"就行了。上个月去上海,看了几天《新民报》,办得还是比较严肃的。赵超构是有见解而又诚实的人,他1944年访问延安,我同他谈过话,他回去后写了《延安一月》,在国民党统治区影响很大。

因为毛泽东的网开一面,赵超构在反右斗争开始后并没有受到冲击,写了几篇深刻的检讨侥幸过了关,继续回去当自己的总编辑。后来在上海只有徐铸成的《文汇报》成为重灾区。

这一年的6月30日,毛泽东又邀赵超构去中南海见面,对他在大鸣大放期间写的几篇文章,只是恳切地指出错误所在,并没有大加责罚,这使赵超构长出了一口气。在与毛泽东共进午餐时,还谈到了写杂文的事,毛泽东笑道:"我想做个杂文家,为《人民日报》写点杂文,可惜我现在没有这个自由。杂文家难得,因此我要保护一些杂文家。"送别时,毛泽东又叮嘱道:"听说你在上海平日常到城隍庙去坐茶馆。这个,我倒不反对,但是总不能整日泡在茶馆里吧,希望你有空接触接触工农群众。"

1958年1月6日夜间,毛泽东从西湖刘庄致电上海,邀赵超构、周谷城、谈家桢三人乘他的专机,到杭州一谈。皓月当空的良宵,在西子湖畔一所庭院中,四人围坐喝茶,话题如天马行空,生物学、遗传学、逻辑学、哲学、文学、新闻工作和移风易俗等,无所不及。毛泽东又一次叮嘱赵超构要"走出书斋到工农群众当中去,看看社会主义生产建设"。他说:"我看你可以回自己家乡去走走,一个人对自己的家乡最熟悉,最能对比出新旧两个社会的变化。"

遵照毛泽东的劝告,赵超构当年5、6月间回到家乡温州,在附近的各县城参观了解了两个月后,在《新民晚报》上刊出连载十三日的《吾自故乡来》的长篇通讯,讲述家乡解放前后的翻天巨变。这是赵超构解放后第一次采写这样大篇幅的长篇报道。通讯发表后,受到了毛泽东的关注和上海市委领导的肯定。

毛泽东还曾打趣地把赵超构说成是"赵构的哥哥",但在与主席的交往中,赵超构一直处于诚惶诚恐的态度中,他也并不觉得与伟人有这样直接而特殊的关系有什么值得炫耀的。而且随着"文化大革命"的爆发,全国的局势一片混乱,毛泽东似乎也无法再掌控形势的发展,自然也就无法再保护《新民晚报》与赵超构。

　　据好事者统计,从在延安采访第一次见面算起,赵超构与毛泽东一共见过七次面。这对于一名无党派的、从旧社会走过来的、民营报纸的报人来说,好像有些不同寻常。

名字与晚报共存

　　"文化大革命"中,《新民晚报》被迫停刊,赵超构下放到五七干校劳动了几年。七十年代中,他参加了《辞海》的修订工作。1978 年落实政策,赵超构由资料员成为新成立的上海辞书出版社的副总编辑,那时他已经年过七十,他和老友聚会时常说:"不想再办报了,杂文也不敢再写了,何必再去自讨苦吃!"他甚至开玩笑说:"我们的晚报原来是个美貌的小姑娘,现在复出已是一个面如鸡皮、形容枯槁的老太婆,读者还要看吗?"

　　1982 年元旦,经过一年多的筹备,《新民晚报》终于复刊了。赵超构被请出来重新主持《新民晚报》工作,并担任《新民晚报》社社长,开始了自己人生的又一次春天。以"林放"为笔名的杂文专栏"未晚谈"也再次与读者见面。在题为《暂别归来》的开篇中,赵超构深情地写道:"一个冬天的沉默,再加上一个冬天的酝酿,《新民晚报》这棵饱经风霜的五十多年的老树终于重发新姿,绿叶成荫,吸取阳光雨露,散发清新空气……"据说,复刊当日《新民晚报》的发行量便达到 58 万份,为报纸有史以来最高的发行量,第二个月开始更以每月 5 万份的速度递增,不到年底便超过百万。正像赵超构所形容的,《新民晚报》像一只报春的燕子,飞入了寻常百姓家,真正做到了"为国家分忧,与百姓同乐,跟千家万户同结善缘"。1991年12月为庆祝《新民晚报》复刊十周年,当时的中共中央总书记江泽民亲自题词:宣传政策,传播知识,移风易俗,丰富生活。这十六个字正是《新民晚报》复刊时赵超构总结自己多年的办报经验,为晚报定下的基本方向。《新民晚报》的发展证明了这一方向的正确。

"真正的记者,不到生命的终点,是放不下笔也不愿放下笔的。"赵超构一直这样要求《新民晚报》的年轻人,而他自己更是身体力行,从不放下自己写作的笔,即使工作再繁忙,即使在医院的病床上,也会坚持写作,60年的写作给后人留下数量巨大的一笔精神财富。更难能可贵的是他一生坚持写短文章,亲自实践了自己所提倡的"短些、短些、再短些"的原则。坚持以"贫贱不能移、富贵不能淫、威武不能屈"的精神,仗义执言,直抒胸臆,在晚年更赢得了"林放文章老更成"的美誉。

赵超构一生从未参加过任何政党,晚年他担任了全国政协常委、上海市政协副主席、全国晚报工作者协会会长等职,可以说是执全国新闻界之牛耳,但他并未因此而改变自己敢讲真话的个性,多次对我国新闻工作的现状提出改进意见,在"两会"期间多次呼吁新闻立法,呼吁新闻改革,可谓是共产党的"诤友"。

前后伴随《新民晚报》达五十四载,这个当年《新民报》最年轻的主笔成为在《新民报》工作最久的人!因为有他,《新民报》的风格与传统得以继承与发扬,可以说是他将《新民报》从过去带到了未来。现在全国已经有百余种晚报,但《新民晚报》依然独树一帜,它的社会新闻与副刊依然充溢着上世纪40年代的知识分子所追求的那种雅致,那种温暖的关怀。

五、桃花潭水深千尺:报人情谊

在"三张一赵"中,张慧剑与张友鸾同庚,都生于1904年,张恨水年长他们 9 岁，故他们一生都尊他为"大哥"、"恨老"。赵超构生于 1910年，年龄最小。四个人各自的故事已经十分精彩，但他们之间的故事却更加传奇，在坊间流传甚广。

"三张"合影。左起：张慧剑、张恨水、张友鸾

张恨水与张友鸾都家住长江边的安庆古城，他们之间的交往也总充满了诗意。两人的第一次共事在北京，张恨水任《世界日报》总编辑，因故辞职，同乡吴范寰介绍张友鸾继任，算是认识；第二次是在 1935年，成舍我约他俩同到上海办《立报》，张友鸾任总编，张恨水编副刊，写连载。那时他们同住在德邻公寓，由于对文学的共同爱好和对时局看法的一致，对办报宗旨的共识，使他们之间的友谊大增。

两人还商量着合办一张自己的报纸——这就是两人 1936 年创办《南京人报》的缘起，也是他们的第三次共事。关于这次办报，张友鸾后来曾深情地回忆道：用自己的稿费办报，唯有恨水一人。为了实现这"书生办报"的理想，张恨水与张友鸾可以说是倾家荡产，张恨水拿出三千元大洋，连夫人的首饰都变卖了，最后还累出一场大病。因为抗日战争的爆发，报纸不得不停刊，本想迁到重庆继续出版，终因困难重重而放弃。后来抗日战争胜利，张友鸾劝张恨水和他一起去南京收复《南京人报》，重振旗鼓，但张恨水想念北平，便把《南京人报》送给了张友鸾，让他自己去经营了。

两个人的第四次共事就是在重庆的《新民报》了。尽管当时生活异常艰难,但他们之间的友谊却愈加深厚,两家因此也成了"合家之好"。张友鸾喜欢喝酒,也喜欢打麻将,而打麻将恰与张恨水夫人周南同好,因此他就常常在张家打牌,对此,张恨水曾写诗:日常睡起无情思,闲看夫人打小牌。为了让他们开心地打牌,张友鸾就带着子女们上山采撷花草。

"文革"中张恨水不幸病逝,张友鸾后来成为张恨水小说的研究者,他认为现代文学史家对于张恨水这样一位有影响的作家,全都避而不谈,是一种失职。他将老友的小说写作分为四个时期,将他的小说进行了梳理与定位,大力肯定其在中国新文学史上的作用,对于加在张恨水小说上的不实之词也进行了一一的批驳。他认为,张恨水的作品,不但不是黄色小说,也不是什么鸳鸯蝴蝶派、礼拜六派,而是自成一家。凭他的百来部小说,实在要列为流派,只能叫做"张恨水派"。张友鸾通过这种方式来表达自己对老友的思念。

张友鸾与张慧剑在上世纪 20 年代已经互相知名,但他们之间真正的交往却是在重庆《新民报》时期。他们曾有段时间都住在报社的寝室里,一道上夜班,一道吃午饭。有一天,警报声大作,日机又来轰炸了,两人丢下饭碗就跑,跑着,跑着,张友鸾就要钻进附近的一个隧道里躲一躲,但张慧剑不由分说,硬是拖着他回到了报社七星岗的洞子里。恰好,那天日机狂轰滥炸,大隧道的几个出口都被封死,数千人被活活闷死,造成震惊中外的"大隧道惨案"。后来张友鸾回忆说:"幸亏慧剑的犟脾气,救了我一命。"仿佛从那时起,两人就结下了生死盟约:生为挚友,死亦为邻。张慧剑去世后,他的侄子将他葬在了南京郊外的牛首山下。张友鸾知道后,十分伤感,独自去张慧剑的故居和牛首山的墓地凭吊了一番。1990 年,张友鸾在南京过世,子女们便按照他临终的要求,将他葬在牛首山旁,与张慧剑的墓地相距仅数十步之遥,陪伴着无儿无女的张慧剑。

张慧剑是三张之中最早认识赵超构的，他们曾在《朝报》共事，赵超构是经张慧剑介绍加入《新民报》的。后来，张慧剑又与赵超构一起在上海《新民晚报》共事，一起担任晚报的编委。赵超构对于张慧剑编的副刊赞不绝口，不但在《新民报》为他开了专栏，而且经常将张慧剑写的好的专栏放到新闻版上，因为他觉得年轻记者写的新闻还没有张慧剑的专栏有新闻性和可读性。时间一长年轻的记者自然有意见，赵超构手中权力有限，而且知道年轻人的力量不可小视，只好让张慧剑云游四方，排解郁闷。后来张慧剑便不顾赵超构的挽留离开上海《新民晚报》回南京了。

许多年前，香港有数家报纸，在载文介绍张恨水时，都说他有三个弟弟，都是报界高手，依次为张友鸾、张慧剑、张友鹤，这自然是大错特错的讹传，但也由此可以看出张恨水和张友鸾、张慧剑、张友鹤（友鸾之弟）诸先生几十年的知交，虽没有血缘关系，更不是亲兄弟，却甚似亲兄弟。

还有一个细节可以说明他们的友谊。张友鸾一心想为张恨水写本传记，于是潜心收集关于张恨水的各种资料，并都剪辑成册，珍藏了几十年。张慧剑在上世纪40年代还专门写了张恨水身世考，同时也帮着张友鸾一起做剪报。正是因为这样的信任，张恨水才舍得将他一生中最大的一笔财产《南京人报》送给张友鸾去独自经营复刊。

1989年正逢《新民报》创刊六十周年纪念，赵超构在南京开会，特地扶杖去探望了张友鸾。其时，张友鸾已经重病失语，赵超构则两耳失聪。据说，那天俩人就坐在病榻前，双手紧握，热泪双流，坐着，望着；望着，坐着。张友鸾的夫人看在眼里，禁不住叹息道："你俩，真是一对天聋对地哑啊！"在座的人听了，心里都不由得一阵发酸。

1990年7月张友鸾病逝，他是"三张"中最后一个离去的。也在病

中的赵超构无法出席追悼会，只发来一份让人扼腕的唁电："三张俱逝，
一赵何堪？临电悲怆，不知所言。"

　　就在两年之后，赵超构在他的上海寓所走完了他生命的最后里程。
至此，在《新民报》史上，在中国新闻史上赫赫一时、遐迩闻名的"三张一
赵"就这样消失了，只留下后人在红尘中跟随他们的传说，追寻他们的
足迹。

尾声
不立异以鸣高，不逆情以沽誉

直到 1980 年，陈铭德与邓季惺的右派帽子才摘掉。陈铭德担任了全国政协委员、政协常委，以及民革中央委员、常委；邓季惺也担任了全国政协委员、民建中央委员、全国工商联委员等职。然而他们的人生已经步入暮年，他们既为自己看到了国家重新振兴的一天而高兴，也为自己的心有馀力不足而伤感……

在解放后的三十多年中基本靠边站的《新民报》老人至少又可以和他们的铭公一起吃饭喝茶了。历经劫波之后，他们更珍惜曾经的友谊，更怀念曾经的峥嵘岁月。报社的老人们回忆起陈铭德，最为深刻的便是他们的铭公终日忙碌于请客吃饭，从政府的高官要员到民间的明星演员，他都能请到，他在不知不觉中建立起庞大的关系网，在关键的时刻能够神通广大左右逢源。陈铭德的请客吃饭与他人有何不同呢？据吴敬琏回忆，小时候经常看到他在饭局之后回到厨房再吃泡饭，开始还百思不得其解，后来才明白在饭桌上陈铭德的主要精力都放在了谈论事情上，肚子饱不饱并不关注。

陈铭德和邓季惺晚年做的一件重要的事情就是整理有关《新民报》

的资料,在他们的努力下,《新民报》的老人们打开记忆的门,将自己知道的《新民报》的故事写了下来,出版了一本《〈新民报〉春秋》,这也是目前我们所能找到的关于《新民报》的最详细的资料。

与此同时,经过多方的努力,《新民晚报》终于复刊了,赵超构邀请陈铭德与邓季惺担任报纸的顾问,两人欣然接受,他们在回信中深情地写道:"自审老年多病,不能有所报效,实觉愧不敢当。"

很多《新民报》的老人已经不能如赵超构一样老当益壮了,但他们都真诚地关心《新民晚报》的成长,或为副刊写作,或代为联系文化人,或推荐年轻才俊。《新民晚报》复刊后的飞速发展离不开《新民报》老人的添砖加瓦。

1989 年 2 月,陈铭德病逝,享年九十二岁。

这一年本是《新民报》六十年的大庆,五社八版中惟一存活的上海《新民晚报》正在隆重地准备这一庆典,报社的老人们商量着好好聚一聚,而创始人之一的陈铭德却等不到了。

新华社的电讯是这样介绍和评价他的一生的:

> 出生于四川省长寿县的陈铭德先生 20 世纪 20 年代初叶便开始了新闻记者的生涯。1929 年他发起创办的《新民报》以版面新颖、文章富有特色和鲜明的对日抗战的态度,引起读者的注意。在此期间,陈先生不断追求进步,成为中国共产党的挚友。在"七七"事变一周年时,周恩来同志为《新民报》亲笔题词:全民团结,持久斗争。抗战必胜,建国必成。陈铭德先生和夫人邓季惺在十分困难的条件下,呕心沥血,艰苦创业。一批优秀的人才,一批著名的进步作家,成了《新民报》的长期撰稿人和版面主编。在他的主持下,《新民报》以反映民间疾苦,争取民主为己任,支持进步学生运动,并用很多篇幅反映人民生活的苦难,揭露了旧社会的黑暗,使《新民报》成为大后方有较大影响的报纸。

这样的评价应该说还是中肯的,多少让他走得安心一些。在为陈铭德举行的追思会上,相濡以沫五十多年的老伴邓季惺感慨万千,说出了压在自己心里多年的话:

他这个人凡是和他接触过的,都感到如坐春风,因此觉得他这个人不一定有什么坚定的理想(但我们共同生活几十年,我知道他是有坚定理想的。他的理想就是坚持民主自由,想用办报通过新闻来推动社会进步,就是作育新民,继承和贯彻中山先生的那一套主张)。在解放前的二十年,那样一个社会那样一个复杂的环境里,他不能不在一定的限度内作适当的让步,在报馆里,他去当外交部长,为了《新民报》的生存,有时要对有权有势者磕头作揖。要是让我来的话,我不会说话,磕头作揖更办不到。《新民报》早就玉碎不能瓦全了。铭德为了《新民报》的生存不能不委曲求全,有些人便误认为看不出铭德这个人内心有什么坚定的理想。但是几十年的实践证明,我们的生活经历证明,在政治上,他没有拿报纸去做敲门砖,解放前他没有做过国民党的官,在经济上,他没有藉办报敛财,蓄积私产,两袖清风……

在中国这样一个封建主义直到现在其残馀影响还未清除的社会里,办什么民间报,就必然是坎坷一生。在国民党时代,那是个什么样的日子,半夜三更还经常来电话训斥责问,直到最后并未瓦全,南京《新民报》还是被封了门,还要逮捕我们送"特刑庭"。解放后这四十年环境比国民党时期好多了,但加给我们俩的两顶帽子也是够人受的,第一顶叫"报业资本家"……在那时"左"的思想的指导下,这顶帽子是不好受的。第二顶帽子,就是五七年了,这一来就是二十多年,也是不好受的。所以这四十年处境也是坎坷的。铭德选择了办民间报这个职业,注定了在坎坷中度过了他的一生。邓季惺代替陈铭德参加了《新民报》六十年的大庆。邓季惺见到了报纸的另一创始人刘正华、重庆社总编辑陈理源、成都社总编辑赵纯继及夫人陈琴仙、南京社总编辑曹仲英。这也是他们最后的一次聚会。在此之前，邓季惺还陪着当时《新民晚报》的总编辑丁法章等人拜会了因年老多病不能赴会的夏衍、阳翰笙、胡子昂等人，他们都曾对《新民报》的发展起过重要的作用。

1995年8月，邓季惺辞世，享年八十八岁。

二老的骨灰安放在八宝山公墓，墓上刻着：

陈邓两人毕生追求新闻自由、民主法治和民族富强，即使身处逆境，依然保持坚定执著的信念，相濡以沫，共度艰难岁月……

又过了几年，吴敬琏的名字在中国的经济舞台上变得如日中天，通过吴敬琏，越来越多的年轻人认识了他的母亲邓季惺、他的继父陈铭德。吴敬琏不止一次撰文回忆母亲对他一生的影响，据说这个中国最令人尊敬的经济学家关于股份制的理解，最早还是从母亲那里得到的。而他一直固执地认为，目前我国国有大中型企业的管理水平还不如母亲邓季惺那时高。更为重要的是他从母亲身上看到了以母亲为代表的那一代人为追求国家民主、富强所做出的努力与牺牲。

就这样，历史以另外一种方式让《新民报》及《新民报》人重新进入大众的眼帘，虽然对于他们曾经创造的辉煌人们依然知之甚少。

陈铭德从办报的第一天起就认为人有人格，报纸理当有自己的报格。和许多自由主义知识分子一样，深受西方自由主义思想影响的他，固执地认为人的见解可能有局限，判断可能不够准确，但不能改变对公正、客观、无私的追求。只有胸中不染尘埃，面对民生疾苦和时政得失，才能明辨是非，而"富贵不能淫，贫贱不能移，威武不能屈"既可以成为一个人的品格，也能够成为一个报纸的追求。

笔者曾经问一位看过《新民报》报史的普通记者，有什么让他印象最为深刻，他说，"出自己的汗，吃自己的饭，说自己的话"这几句话，在任何社会任何时代也只能是理想，但《新民报》人能够以此为理想，并抱着"虽不能至，心向往之"的精神去努力实践，这非常了不起。

"不立异以鸣高，不逆情以沽誉"。《新民报》的老人曾经这样概括自己所钟爱的报纸的风格。这样的字句在《新民报》的社论中也几次出现，看来这样平实的境界也是大多数《新民报》的从业人员所愿意达到的高度。这种清高和自律在当时的报界并不多见，而在今天这样喧哗的报业竞争中，更是绝响了。

唯其珍贵，我们才会不遗馀力地追寻他们散落在历史迷雾中的碎片，从中窥探历史的真相……

附：

陈铭德生平年表

1897 年 2 月生于四川长寿，今天重庆市长寿县。

1904 年七岁，父亲去世。

1919 年夏季中学毕业，出四川考入北京政法大学，专攻政治经济学，受"五四"精神影响，立志追求国家的民主、自由和富强。

1922 年还是大学生的陈铭德经谢持、张继介绍加入国民党。

课馀兼任北京《国民日报》编辑，开始从事新闻工作。

1924 年夏，大学毕业；秋，离京返川，任成都政法学校教员，兼任成都《新川报》总编辑。

1925 年与范瑶宾在成都结婚，婚后育有一子一女。

1926 年任重庆《大中华日报》主笔，同事有吴竹似（又名吴念椿，1925 年与邓季惺结婚）。

1928 年应余惟一之邀，至南京任中国国民党"中央通讯社"编辑，一度兼任《华北日报》驻京特派员。

1929 年 9 月 9 日，因不满"中央社"之言论专制，与吴竹似、刘正华在南京创刊民间报纸《新民报》，报头三字由吴竹似从孙中山先生之遗墨中摹写下来,社址在南京新街口。陈铭德任社长兼编辑,吴竹似任总编辑,初为四开一张,1930 年改为对开一张,1936 年改为对开两张。《新民报》以版面新颖,文章富有民间特色逐步引起读者注意。

1930 年张友鸾继因肺病请辞的吴竹似为总编辑,金满成为副刊《葫芦》主编。

1930 年 8 月,陈铭德与夫人范瑶宾离婚。

1933 年 1 月,与邓季惺在北平结婚,婚礼在南河沿"欧美同学会"举行,采用开会形式,新郎时年三十七,新娘时年二十七。

1935 年 5 月,聘请罗承烈为《新民报》主笔,其后主持该报言论达十六年之久,并参与策划领导《新民报》在各时期之大政方针和主要事务。

1935 年 12 月 9 日,北平爆发"一二·九"运动,各大、中学生要求停止内战,《新民报》发表题为《平市学生万岁》的社论支持学生运动。26日,因刊登北平学生来函、寻人启事,被国民党中央宣传部勒令停刊三日。

1936 年春,由夫人邓季惺、经理张君鼎陪同前往日本,向《读卖新闻》购置一台旧轮转印刷机,添置新字模,并考察日本新闻事业,又至千叶县寻访郭沫若。

岁末,报纸的发行量达一万六千份,广告收入占总营业额百分之五十以上,经济上实现自给自足。

1937 年 7 月 1 日,《新民报》社改组为"新民报股份公司",资本五万元,中央社社长萧同兹任董事会的董事长,由陈铭德任总经理,邓季惺任经理。

1937 年 7 月 27 日,《新民报》在南京出版最后一张报纸——第二九一六号后,即行停刊,筹备内迁。

1938 年 1 月 15 日,《新民报》在重庆复刊,回复到四开一张之小型报。自复刊之日起,即积极呼吁团结一致,共同抗日。

"三张一赵"张恨水、张友鸾、张慧剑、赵超构聚于《新民报》,成为大后方的美谈。

7月7日,周恩来于"七七事变"一周年之日,为《新民报》题词:"全国团结,持久斗争。抗战必胜,建国必成。"

1939年5月6日,《新民报》、《大公报》、《新蜀报》等十家报纸因日机滥炸,印刷困难,奉命停刊,由各报发行联合版。《新民报》承担印刷任务,8月12日,联合版结束,《新民报》恢复单独出版。

1941年11月1日,《新民报》晚刊创刊,为重庆惟一一张晚报。晚刊四开一张,由崔心一任总编辑,张友鸾主编社会新闻版,张慧剑主编副刊《西方夜谭》,刚发行时日销一万五千份,旋跃增至四万馀份,为日报之四倍,达到"以报养报"之目标。

1942年秋,周恩来由郭沫若陪同至重庆陈铭德家中做客,畅谈国事。

1944年6月18日,《新民报》成都版晚刊创刊,社址在成都盐市口。

1945年1月2日,成都版增出日刊,由孙伏园任主笔兼副刊《天府》主编。成都版日刊和晚刊的副刊集中了大后方知识分子和文艺界的精华。

3月,胜利在望,"新民报股份公司"召开股东大会,为复刊南京版作准备,决定增资为二千万元。

4月23日,陈铭德任国民参政会四届参政员,代表四川省。

6月,为准备胜利后上海版创刊,另组一"重庆新闻公司",集资三千万元。

10月10日,南京版日刊复刊。

11月14日,《新民报》重庆版晚刊副刊《西方夜谭》发表毛泽东词《沁园春·雪》,引起极大反响。

1946年陈铭德五十寿辰。春,郭沫若赋五律一首祝贺陈铭德五十寿辰,诗云:"昨夜三斤酒,今朝醉未休。高歌怀远志,屹立挽狂流。知命须澄澈,新民贵自由。魔高庸一丈,更上万层楼。"

4月4日,《新民报》北平版创刊,创刊之日即发行一万二千多份,半年后高达五万份,稳居北平小型报发行之首位。

5月1日,《新民报》上海版晚刊创刊,社址在上海圆明园路,创刊时四开一张,报童叫卖时称之为《新民晚报》,由赵超构任总编辑。

至此《新民报》攀上新高,拥有五社(重庆、成都、南京、北平、上海)、八版(重庆、成都、南京均为日、晚两刊),成为中国最大之民营报业系统,被誉为中国报业巨子。

5月,蒋介石国民政府还都南京,陈铭德率《新民报》总管理处人员复员南京。

11月,任制宪国民大会代表。

1947年3月4日,《新民报》上海版晚刊副刊《夜光杯》因刊载愚者之《冥国国歌》,被勒令停刊一天。

4月14日,新民报股份公司在南京举行董事、监察联席会议,陈铭德在会议上作题为"本报言论编辑方针总检讨"的发言,通过了在总管理处设总编辑一职的决议,由彭革陈出任。

5月25日,淞沪警备司令部以"连续登载妨害军事之消息,及意图颠覆政府破坏公共秩序之言论与新闻"为由,勒令上海《文汇报》、《新民报》上海版晚刊、《联合日报》晚刊停刊。

7月30日,《新民报》上海版晚刊接受复刊条件后,宣告复刊。

1948年7月8日,内政部勒令《新民报》南京版日、晚刊永久停刊。陈铭德接到停刊令后,一面四处托人疏通,一面请江庸、章士钊、江一平等六位名律师代撰万言"诉愿书",要求内政部撤销处分。

12月,王健民建议陈铭德将《新民报》迁往台湾出版,遭到拒绝。陈铭德出走香港。

1949 年 8 月，陈铭德由香港潜回上海。

11 月，陈铭德由张治中、邵力子介绍加入中国国民党革命委员会，获准参加中国人民政治协商会议。

陈铭德与邓季惺申请将北平、上海《新民报》收归国有或公私合营。

1950 年 9 月，《新民报》北京版与民革中央公私合营，由李济深、邵力子任正、副董事长，朱学范等任董事，陈铭德任总经理，黄苗子任公方代表兼副总经理。

1952 年三反、五反运动开始，陈铭德因为是报业资本家，受到一定程度的冲击。

4 月，北京《新民报》由北京市委收购，作价两万元。

10 月，改名为《北京日报》出版。

同年陈铭德任北京市政府社会福利事业局副局长、北京市政府政法委员会委员，并当选为北京市人大代表、北京市政协副秘书长、中华全国新闻工作者协会理事等职。

1953 年上海《新民报》公私合营，邓季惺任顾问，陈铭德任副社长。

1954 年 12 月，陈铭德、邓季惺任第二届政协委员。陈铭德属特别邀请人士，邓季惺代表新闻出版界。

1957 年 5 月，陈铭德、邓季惺分别参加"新闻界座谈会""北京市党外人士座谈会"等会议，进行"大鸣大放"，因主张新闻报刊多样化和加强舆论监督，双双受到批判。

12 月，陈铭德与邓季惺被划为"右派分子"，免去一切职务。

1961 年陈铭德任全国政协文化俱乐部书画组顾问。

1978 年 2 月，陈铭德与邓季惺任五届政协委员，两人同属特别邀请人士。

6 月，两人在《文史资料选辑》第 63 辑联名发表《〈新民报〉二十年》一文。

10 月,陈铭德任"民革"五届中央委员。

1982 年 1 月 1 日,上海《新民晚报》于中断出版十五年后复刊,陈铭德与邓季惺任《新民晚报》社顾问。复刊后不久陈铭德与邓季惺自费前往上海,参观复刊后之报社,与上海《新民报》老人聚会。

1983 年 5 月,陈铭德与邓季惺任六届政协委员。

6 月,任六届政协常务委员。

12 月,任民革六届中央常务委员兼中央团结委员会主任。

1988 年 3 月,与邓季惺任七届政协委员,同月任七届政协常委。

1989 年 2 月 11 日,因病在北京协和医院去世,时年九十二岁。临终前留有遗言,要求后事从简,不举行追悼会和遗体告别仪式,遗体捐赠医院供研究之用。

邓季惺生平年表

1907 年出生于四川重庆,祖籍四川奉节。祖父邓徽绩 1891 年创办了四川第一家近代工厂——森昌泰火柴厂,父亲邓孝然一生从事实业,曾任成都中国银行的行长,叔父邓孝可是四川保路同志会的副会长。

1921 年考入重庆省立第二女子师范读书,恽代英、张闻天、肖楚女都曾是她的老师。

1924 年曾赴上海的中国公学大学预科求学。

1925 年底 18 岁的邓季惺与吴竹似结婚,婚后育二女(吴敬媛、吴敬瑜)一子(吴敬琏)。

1926 年秋季,邓季惺与吴竹似由上海返回重庆,吴竹似受聘于《大中华日报》担任编辑,认识了同在这份报纸工作的陈铭德。

1930 年邓季惺陪吴竹似到北平养病,插班朝阳大学法律系学习。

1931 年 7 月,吴竹似病逝北平,邓季惺的三个孩子中最大的只有五岁,最小的才一岁多。

1933 年 1 月与陈铭德结婚。夏天从朝阳大学毕业,回到南京,任司法行政部民事司科员。后在南京、镇江两地做挂牌律师。

1935 年从事女权运动,任南京私立第一托儿所所长。与曹孟君、谭惕吾等主编《新民报》副刊《新妇女》周刊。1934年1月,值结婚一周年,徐悲鸿绘两画相赠,其一为《八哥图》,题句为:"幸有立场容饶舌,如今为政在多言。"其二为"风雨鸡鸣图",取"风雨如晦,鸡鸣不已"之意。

1937年6月任《新民报》副经理,掌管经营管理和财务,上任后建立严格的财会制度,《新民报》的大发展得益于此。

1945年9月18日,邓季惺一人由重庆率先飞回南京。不到一个月的时间,1945年10月10日国庆日时,《新民报》南京版日刊就复刊了。三个月后,1946年的元旦,《新民报》南京版的晚刊也出版了。除了国民党的《中央日报》,《新民报》是在南京复刊的头一家报纸。邓季惺办事效率之高令报业的同仁们大吃一惊。

11月,邓季惺又独自飞往北平,创建《新民报》北平社,购入东交民巷之瑞金大楼作为社址。

1946年5月1日,《新民报》上海社成立,发行晚刊,经理邓季惺,总主笔赵超构,总编辑程大千。

1948年5月,通过竞选成为国民政府第一届立法委员,又任立法院文化教育委员会委员。

6月,因提议"反对城市轰炸案"受到其他立法委员的攻击。

1948年10月,因名列黑名单,由南京逃往香港。

1949年初春时节回到北平。

7月12日,周恩来在中南海颐年堂设宴招待新闻界友人,邓季惺与朱启平、高汾、浦熙修、徐盈、彭子冈、储安平、萨空了、胡愈之、刘尊祺、宦乡等参加了宴会。

1952年4月,北京《新民报》资财由北京市人民政府收购,改名《北京日报》;部分人员参加《北京日报》工作,邓季惺任顾问。

1953年1月,上海的《新民报》实行公私合营,重新组建了新的编委会,陈铭德被聘为副社长,邓季惺任顾问。

1954年任北京市民政局副局长。

12月,任第二届政协委员。

1957年5月,参加"北京市党外人士座谈会",因主张新闻报刊多样化、加强法制建设被划为"右派分子",免去一切职务。

1978年2月,任五届政协委员。

6月,与陈铭德在《文史资料选辑》第63辑联名发表《〈新民报〉二十年》一文。

1982年1月1日,上海《新民晚报》于中断出版十五年后复刊,邓季惺与陈铭德任《新民晚报》社顾问。

1984年5月,任六届政协委员。

1986年3月,担任首都女新闻工作者协会名誉会长。

1990年3月,任七届政协委员。

1989年主持《新民晚报》六十年大庆北京地区的座谈会,与丁法章等人拜访夏衍等长期关心《新民报》的老人。

1995年8月29日,邓季惺病逝北京,终年八十八岁。在陈铭德和邓季惺的墓碑上刻有:陈邓两人毕生追求新闻自由、民主法治和民族富强,即使身处逆境,依然保持坚定执著的信念,相濡以沫,共度艰难岁月。